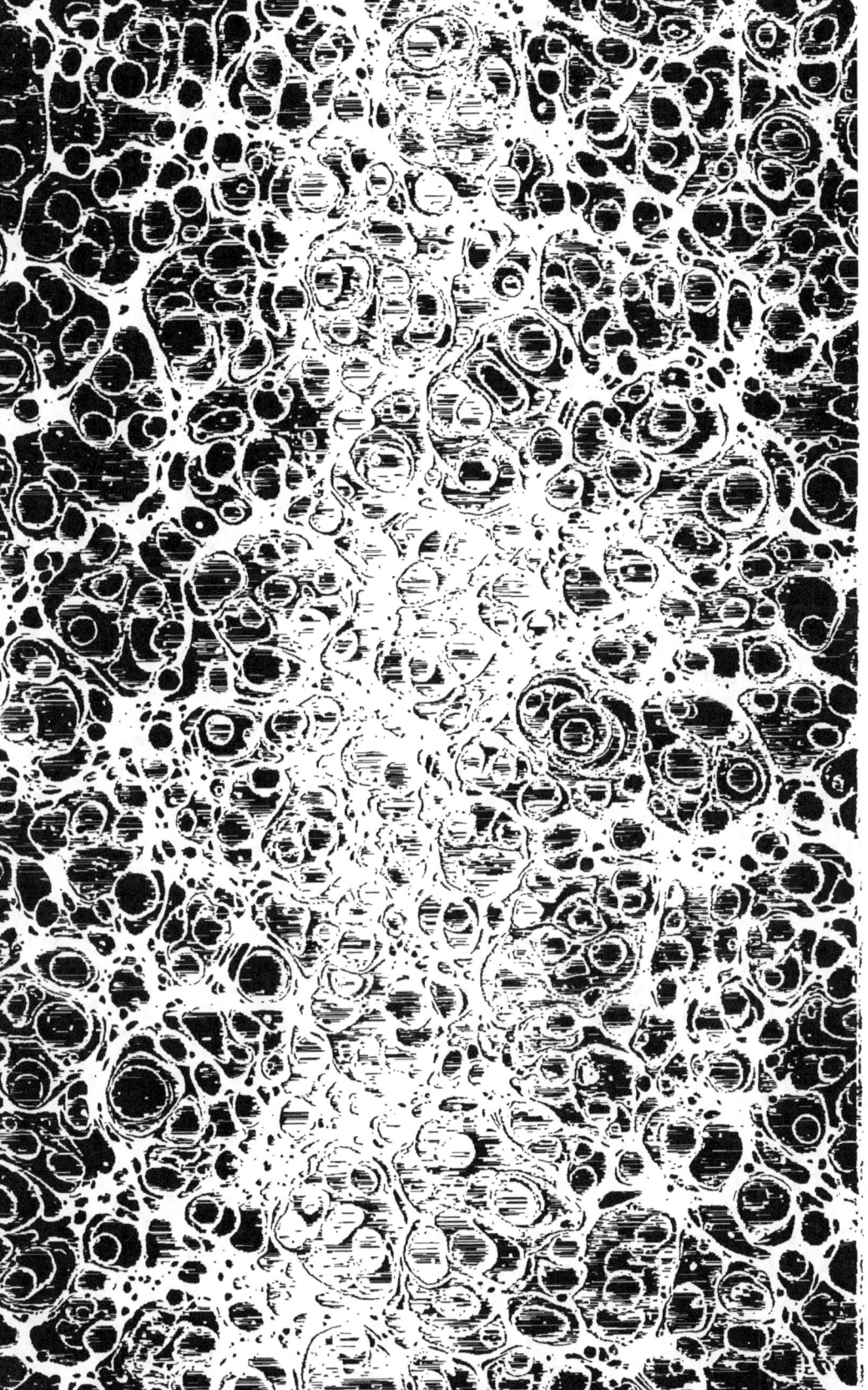

SCÈNES
DE
LA VIE PRIVÉE.

Bibliothèque-Charpentier.

COLLECTION DES MEILLEURS OUVRAGES

Français et Étrangers, Anciens et Modernes,

publiée dans le format anglais, par CHARPENTIER, éditeur.

ADOLPHE, par BENJAMIN CONSTANT, suivi de deux autres ouvrages du même auteur, et d'un Essai sur *Adolphe*, par M. Gustave PLANCHE, un vol............................	3 50
EUGÉNIE GRANDET, par M. DE BALZAC, un vol............	3 50
CORINNE, ou L'ITALIE, par madame de STAEL, avec une préface de M. SAINTE-BEUVE, un vol......................	3 50
PHYSIOLOGIE DU MARIAGE, par M. DE BALZAC, un vol......	2 50
PHYSIOLOGIE DU GOUT, par M. BRILLAT SAVARIN, avec une notice sur l'auteur, par le baron RICHERAND, et un Traité sur les excitans, par M. DE BALZAC, un vol..................	3 50
DELPHINE, par madame DE STAEL, avec une préface par M. SAINTE-BEUVE, un vol...............................	3 50
LE MÉDECIN DE CAMPAGNE, par M. DE BALZAC, un vol.....	3 50
THÉATRE DE GOETHE, traduction nouvelle, avec des notes et un essai sur Goethe, par X. MARMIER, un vol...........	3 50
LA PEAU DE CHAGRIN, par M. DE BALZAC, un vol.........	3 50
MANON LESCAUT, par l'abbé PRÉVOST, avec des notices par MM. SAINTE-BEUVE et Gustave PLANCHE, un vol............	3 50
LE PÈRE GORIOT, par M. DE BALZAC, un vol..............	3 50
DE L'ALLEMAGNE, par madame de STAEL, avec une Préface, par X. MARMIER, un vol.................................	3 50
LE LYS DANS LA VALLÉE, par M. DE BALZAC, un vol.......	3 50
WERTHER, suivi de HERMANN ET DOROTHÉE, par GOETHE, trad. de MM. P. LEROUX et X. MARMIER, un vol............	3 50
LA RECHERCHE DE L'ABSOLU, par M. DE BALZAC, un vol....	3 50
COMTE XAVIER DE MAISTRE (OEUVRES COMPLÈTES), *Voyage autour de ma Chambre. — Expédition nocturne. — Le Lépreux de la cité d'Aoste. — Les Prisonniers du Caucase. — La Jeune Sibérienne*, un vol.............................	3 50
SCÈNES DE LA VIE PRIVÉE, par M. DE BALZAC. *Deux séries* de chacune un vol.; prix de chaque vol..................	3 50
MÉMOIRES D'ALFIÉRI, écrits par lui-même, et traduits par M. A. DE LATOUR, un vol...............................	3 50
SCÈNES DE LA VIE DE PROVINCE, par M. DE BALZAC. *Deux séries* de chacune un vol.; prix de chaque vol............	3 50
SCÈNES DE LA VIE PARISIENNE, par M. DE BALZAC. *Deux séries* de chacune un vol.; prix de chaque vol............	3 50

Chaque ouvrage en un seul volume.

Chaque volume : 3 fr. 50 c.

Typographie BÉTHUNE et PLON.

SCÈNES
DE
LA VIE PRIVÉE,

PAR M. DE BALZAC.

Nouvelle édition, revue et corrigée.

PREMIÈRE SÉRIE.

— Le Bal de Sceaux. —
— Gloire et Malheur. —
— La Fleur des Pois. —
— La Paix du Ménage. —

PARIS,
CHARPENTIER, LIBRAIRE-ÉDITEUR,
6, RUE DES BEAUX-ARTS.

1839.

SCÈNES

DE

LA VIE PRIVÉE.

LE BAL DE SCEAUX.

Monsieur le comte de Fontaine, chef de l'une des plus anciennes familles du Poitou, avait servi la cause des Bourbons avec intelligence et courage pendant les longues guerres que les Vendéens firent à la république. Après avoir eu le bonheur d'échapper à la mort, en courant les dangers dont les soldats royalistes étaient menacés durant cette orageuse et salutaire époque de l'histoire contemporaine, il disait gaîment : Je suis un de ceux qui se sont fait tuer sur les marches du trône! Mais cette plaisanterie n'était pas sans quelque vérité pour un homme laissé parmi les morts à la sanglante journée des Quatre-Chemins. Quoique ruiné par des confiscations, ce fidèle Vendéen refusa constamment de remplir les places lucratives qui lui furent offertes par l'empereur Napoléon. Invariable dans sa religion aristocratique, il en avait aveuglément suivi les maximes quand il jugea convenable de se choisir une compagne. Au mépris des séductions dont l'entourait la famille d'un riche parvenu de la révolution, l'excomte épousa une jeune fille sans fortune qui appartenait à la meilleure maison de la province.

La restauration surprit M. de Fontaine chargé d'une nombreuse famille. Quoiqu'il n'entrât pas dans les idées du généreux gentilhomme de solliciter des grâces, il céda néanmoins aux désirs de sa femme, quitta la petite terre dont le revenu modique suffisait à peine aux besoins de ses enfans, et vint à Paris. Contristé de l'avidité avec laquelle ses anciens camarades convoitaient la curée des places et des dignités créées par l'empire, il allait retourner à sa terre, lorsqu'il reçut une lettre ministérielle, dans laquelle une Excellence assez connue lui annonçait sa nomination au grade de maréchal-de-camp, en vertu de l'ordonnance qui permettait aux officiers des armées catholiques de compter les vingt premières années du règne de Louis XVIII comme années de service. Puis, quelques jours après, le Vendéen reçut, sans aucune sollicitation, et d'office, l'ordre de la Légion-d'Honneur et celui de Saint-Louis.

Ébranlé dans sa résolution par ces grâces successives, dont il se croyait redevable au souvenir du monarque, il pensa qu'il ne devait plus se contenter de mener sa famille, comme il l'avait pieusement fait chaque dimanche, crier vive le Roi dans la salle des maréchaux, quand les princes se rendaient à la chapelle. Il sollicita la faveur d'une entrevue particulière. Cette audience lui fut gracieusement accordée, mais n'eut rien de particulier. Le salon royal était plein de vieux serviteurs dont les têtes poudrées, vues d'une certaine hauteur, ressemblaient à un tapis de neige. Le gentilhomme retrouva beaucoup d'anciens compagnons qui le reçurent d'un air un peu froid. Les princes lui parurent *adorables*. Cette expression d'enthousiasme lui échappa, quand le plus gracieux de ses maîtres, dont il ne se croyait connu que de nom, vint à lui, lui serra la main et le proclama à haute voix le plus pur des Vendéens. Mais aucune de ces royales personnes n'eut l'idée de lui demander ni le compte des pertes qu'il avait subies, ni celui de l'argent qu'il avait versé dans les caisses de l'armée catholique. Il s'aperçut, un peu tard, qu'il avait fait la guerre à ses dépens. Vers la fin de la soirée, il hasarda une allusion fort spirituelle à l'état de ses affaires, état qui devait être celui de bien des gentilshommes. Sa majesté se prit à rire d'assez bon cœur, car tout ce qui était marqué au coin de l'esprit avait le don de lui plaire, mais elle répliqua par une de ces royales plaisanteries dont la douceur est plus à craindre que la colère d'une réprimande. Un des plus intimes confidens du roi ne tarda pas à s'approcher du Vendéen calculateur, et fit entendre à M. de Fontaine, par une phrase fine et polie, que le moment n'était pas encore venu de compter avec les maîtres ; qu'il y avait sur le tapis des mémoires plus arriérés que le sien, et qui devaient sans doute servir à l'histoire de la révolution.

Le comte sortit prudemment du groupe vénérable

qui décrivait un respectueux demi-cercle devant l'auguste famille ; puis après avoir, non sans peine, dégagé son épée parmi les jambes grêles où elle était engagée, il regagna pédestrement, à travers la cour des Tuileries, le fiacre qu'il avait laissé en station sur le quai. Avec cet esprit rétif qui distingue la noblesse de vieille roche, chez laquelle le souvenir de la Ligue et des Barricades n'est pas encore éteint, il se plaignit dans le fiacre, à haute voix et de manière à se compromettre, sur le changement survenu à la cour. — Autrefois, se disait-il, chacun parlait librement au roi de ses petites affaires, et tous les seigneurs pouvaient à leur aise lui demander des grâces et de l'argent. Ne voilà-t-il pas qu'aujourd'hui l'on n'obtiendra pas, sans scandale, de se faire rembourser les sommes avancées pour son service ! Morbleu ! la croix de Saint-Louis et le grade de maréchal-de-camp ne valent pas six cent mille livres que j'ai bel et bien dépensées pour la cause royale. Je veux parler au roi, en face, et dans son cabinet.

Cette scène refroidit d'autant plus le zèle de M. de Fontaine, que ses demandes d'audience restèrent constamment sans réponse, et qu'il vit les intrus de l'empire arriver à quelques-unes des charges réservées sous l'ancienne monarchie aux meilleures maisons.

— Tout est perdu, dit-il un matin. Je crois, morbleu, que le roi s'est fait révolutionnaire. Sans Monsieur, qui au moins ne déroge pas, et console ses fidèles serviteurs, je ne sais en quelles mains irait un jour la couronne de France, si cela continuait. Décidément, ce qu'ils appellent le régime constitutionnel est le plus mauvais de tous les gouvernemens, et ne pourra jamais convenir à la France. Louis XVIII a tout gâté à Saint-Ouen.

Le comte, désespéré, se préparait à retourner à sa terre, en abandonnant avec noblesse ses prétentions à une indemnité. Tout à coup, les événemens du vingt mars annoncèrent une nouvelle tempête qui menaça d'engloutir la légitimité et ses défenseurs. Semblable à ces gens généreux qui ne renvoient pas un serviteur par un temps de pluie, M. de Fontaine emprunta sur sa terre, pour suivre la monarchie en déroute, sans savoir si cette complicité d'émigration lui serait plus propice que son dévoûment passé. Il avait, il est vrai, remarqué qu'à la cour les compagnons de l'exil étaient mieux reçus et plus avancés en faveur que les braves qui avaient protesté, les armes à la main, contre l'établissement de la république ; et peut-être espérait-il trouver dans ce voyage plus de profit que dans un service actif et périlleux à l'intérieur. Ses calculs de courtisanerie ne furent pas une de ces vaines spéculations qui, après avoir promis sur le papier des résultats superbes, ruinent par leur exécution. Il fut un des cinq cents fidèles serviteurs qui partagèrent l'exil de la cour à Gand, et l'un des cinquante mille qui en revinrent.

Pendant cette courte absence de la royauté, M. de

Fontaine eut le bonheur d'être employé par Louis XVIII. Il eut plus d'une occasion de donner au roi des preuves d'une grande probité politique et d'un attachement sincère. Un soir, où le monarque n'avait rien de mieux à faire, il se souvint du bon mot dit par M. de Fontaine aux Tuileries. Le vieux Vendéen ne laissa pas échapper un tel à-propos, et raconta son histoire assez spirituellement pour que ce roi, qui n'oubliait rien, pût se la rappeler en temps utile. L'auguste littérateur remarqua la tournure fine donnée à quelques notes dont il avait confié la rédaction au discret gentilhomme, et cette dernière circonstance inscrivit M. de Fontaine, dans la mémoire du roi, parmi les plus loyaux serviteurs de sa couronne. Au second retour, le comte fut un de ces envoyés extraordinaires qui parcoururent les départemens, avec la mission de juger souverainement les fauteurs de la rébellion. Il usa modérément du terrible pouvoir qui lui était confié ; puis, aussitôt que cette juridiction temporaire eut cessé, il s'assit dans un des fauteuils du conseil-d'état, devint député, parla peu, écouta beaucoup, et changea considérablement d'opinion. Quelques circonstances qui ont échappé à l'investigation des plus curieux biographes, le firent entrer assez avant dans l'intimité du prince, pour qu'un jour le malicieux monarque l'interpellât ainsi en le voyant entrer : — Mon ami Fontaine, je ne m'aviserais pas de vous nommer directeur-général ni ministre ! Ni vous ni moi si nous étions *employés* ne resterions en place, à cause de nos opinions. Le gouvernement représentatif a cela de bon qu'il nous ôte la peine que nous avions jadis, de renvoyer nous-mêmes nos pauvres amis les secrétaires d'état. Notre conseil est une véritable hôtellerie, où l'opinion publique nous envoie souvent de singuliers voyageurs, mais enfin nous saurons toujours où placer nos fidèles serviteurs.

Cette ouverture moqueuse fut suivie d'une ordonnance qui donnait à M. de Fontaine l'administration du domaine extraordinaire de la Couronne. Par suite de l'intelligente attention avec laquelle il écoutait les phrases sardoniques de son royal ami, son nom se trouva sur les lèvres du prince, toutes les fois qu'il fallut créer une commission dont les membres devaient être lucrativement appointés. Il eut le bon esprit de taire la faveur dont l'honorait le monarque, et sut l'entretenir par la manière piquante dont il racontait secrètement, dans une de ces causeries familières dont Louis XVIII était aussi avide que de billets agréablement écrits, toutes les anecdotes politiques, et, s'il est permis de se servir de cette expression, les cancans diplomatiques ou parlementaires dont l'époque était passablement féconde. On sait que les détails de sa *gouvernementabilité*, mot adopté par l'auguste railleur, l'amusaient infiniment. Grâce au bon sens, à l'esprit et à l'adresse de M. le comte de Fontaine, chaque membre de sa nombreuse famille, quelque jeune qu'il fût, finit, ainsi qu'il le disait plaisamment à son maître, par se poser comme un ver-à-soie sur les feuilles du budget. Ainsi, par les bontés du roi, l'aîné de ses fils parvint à une place fort éminente dans la magistrature inamovible. Le second, simple capitaine avant la restauration, obtint une légion immédiatement après son retour de Gand; puis, à la faveur des mouvemens de 1815, pendant lesquels on observa peu les réglemens, il passa dans la garde royale, repassa dans les gardes-du-corps, revint dans la ligne, et se trouva lieutenant-général avec un commandement dans la Garde, après l'affaire du Trocadéro. Le dernier, nommé sous-préfet, ne tarda pas à devenir maître des requêtes et directeur d'une administration municipale de la Ville de Paris, où il était à l'abri des tempêtes législatives. Ces grâces sans éclat, secrètes comme la faveur du comte, passaient inaperçues. Quoique le père et les trois fils eussent chacun assez de sinécures pour jouir d'un revenu budgétif presque aussi considérable que celui d'un directeur-général, leur fortune politique n'excita l'envie de personne. Dans ces temps de premier établissement du système constitutionnel, peu de personnes avaient des idées justes sur les régions paisibles du budget, dans lesquelles d'adroits favoris surent trouver l'équivalent des abbayes détruites. M. le comte de Fontaine, qui naguère encore se vantait de n'avoir pas lu la Charte, et se montrait si courroucé contre l'avidité des courtisans, ne tarda pas à faire voir à son auguste maître qu'il comprenait aussi bien que lui l'esprit et les ressources du *représentatif*.

Cependant, malgré la sécurité des carrières qu'il avait ouvertes à ses trois fils, malgré les avantages pécuniaires qui résultaient du cumul de quatre places, M. de Fontaine se trouvait à la tête d'une famille trop nombreuse pour pouvoir rétablir promptement et facilement sa fortune. Ses trois fils étaient riches d'avenir, de faveur et de talent; mais il avait trois filles, et craignait de lasser la bonté du monarque. Il imagina de ne jamais lui parler que d'une seule de ces vierges pressées d'allumer leur flambeau. Le roi avait trop bon goût pour laisser son œuvre imparfaite. Il aida au mariage de la première avec un receveur-général, par une de ces phrases royales qui ne coûtent rien et valent des millions. Un soir que le monarque était maussade, il se mit à sourire en apprenant qu'il existait encore une demoiselle de Fontaine, et lui trouva pour mari un jeune magistrat d'extraction bourgeoise, il est vrai, mais riche, plein de talent, et qu'il prit plaisir à créer baron. Mais lorsque le Vendéen parla de mademoiselle Émilie de Fontaine, le roi lui répondit, de sa petite voix aigrelette : — *Amicus Plato, sed magis amica Natio*. Puis, quelques jours après, il régala *son ami Fontaine* d'un quatrain assez innocent qu'il appelait une épigramme, et dans lequel il le plaisantait sur ses trois filles si habilement produites sous la forme d'une trinité; c'était, s'il faut en croire la chronique, dans l'unité des trois personnes divines que le monarque avait été chercher son bon mot.

— Si Votre Majesté daignait changer son épigramme en épithalame, dit le comte en essayant de faire tourner cette boutade à son profit.

— Je n'en vois pas la rime, répondit aigrement le roi, qui ne goûta point cette plaisanterie faite sur sa poésie, quelque douce qu'elle fût.

Dès ce jour, son commerce avec M. de Fontaine eut moins d'aménité. Sans doute il s'était lassé de son favori. Comme presque tous les enfans venus les derniers, Émilie de Fontaine était un Benjamin gâté par tout le monde. Le refroidissement du monarque fit donc d'autant plus de peine au comte, que jamais mariage ne fut plus difficile à conclure que l'était celui de cette fille chérie. Pour concevoir tous ces obstacles, il faut pénétrer dans l'enceinte du bel hôtel où l'administrateur était logé aux dépens de la Liste Civile.

Émilie, ayant passé son enfance à la terre de Fontaine, y avait joui de cette abondance qui suffit aux premiers plaisirs de la jeunesse. Ses moindres désirs y étaient des lois pour ses sœurs, pour ses frères, pour sa mère, et même pour son père. Tous ses parens en raffolaient. Arrivée à l'âge de raison, précisément au moment où sa famille fut comblée des faveurs de la fortune, l'enchantement de sa vie continua. Le luxe dont elle fut entourée lui sembla tout aussi naturel que l'étaient cette richesse de fleurs ou de fruits, et cette opulence champêtre qui avaient fait le bonheur de ses premières années. De même qu'elle n'avait éprouvé aucune contrariété dans son enfance, quand elle voulait satisfaire de joyeux désirs ; de même elle se vit encore obéie, lorsqu'à l'âge de quatorze ans elle se lança dans le tourbillon du monde. Comprenant ainsi, par degrés, les jouissances de la fortune, elle apprécia les avantages de la parure, devint amoureuse de l'élégance, s'habitua aux dorures des salons, au luxe des équipages, aux complimens flatteurs, aux recherches de la toilette, aux bijoux, aux parfums des fêtes, aux vanités de la cour. Tout lui souriait. Elle vit de la bienveillance pour elle dans tous les yeux ; et comme la plupart des enfans gâtés, elle en profita pour tyranniser ceux qui l'aimaient, tandis qu'elle réservait ses coquetteries aux indifférens. Ses défauts ne firent que grandir avec elle. Son père et sa mère devaient tôt ou tard recueillir les fruits amers de cette éducation funeste. Mademoiselle Émilie de Fontaine était arrivée à l'âge de dix-neuf ans sans avoir voulu faire de choix parmi les nombreux jeunes gens dont la politique de M. de Fontaine peuplait ses fêtes. Cette jeune personne jouissait dans le monde de toute la liberté d'esprit que peut y avoir une femme mariée. Sa beauté était si remarquable, que, pour elle, paraître dans un salon, c'était y régner. Semblable aux rois, elle n'avait pas d'amis, et devenait partout l'objet d'une flatterie à laquelle un naturel meilleur que le sien n'eût peut-être pas résisté. Aucun homme, fût-ce même un vieillard, n'avait la force de contredire les opinions d'une jeune fille dont un seul regard ranimait l'amour dans un cœur refroidi. Élevée avec des soins qui avaient manqué à ses sœurs, elle peignait assez bien et dessinait encore mieux. Elle était d'une force désespérante sur le piano, avait une voix délicieuse, et savait entretenir une conversation spirituelle sur toutes les littératures. Elle parlait l'italien et l'anglais. Enfin, elle aurait pu faire croire que, comme dit Mascarille, les gens de qualité viennent au monde en sachant tout. Elle éblouissait les gens superficiels ; quant aux gens profonds, son tact naturel l'aidait à les reconnaître, et pour eux elle déployait tant de coquetterie, qu'à la faveur de ses séductions, elle savait échapper à leur examen. Elle raisonnait facilement peinture, italienne, flamande, Moyen-âge, Renaissance, littérature anglaise, jugeait à tort et à travers, faisait ressortir avec une cruelle grâce d'esprit les défauts d'un ouvrage ; et la plus simple de ses phrases était reçue par la foule idolâtre, comme par les Turcs un *fefta* du Sultan. Ce vernis séduisant, cette brillante écorce couvraient un cœur insouciant, l'opinion commune à beaucoup de jeunes filles que personne n'habitait une sphère assez élevée pour pouvoir comprendre l'excellence de son âme, et un orgueil qui s'appuyait autant sur sa naissance que sur sa beauté. En l'absence du sentiment violent qui règne tôt ou tard dans le cœur d'une femme, elle portait sa jeune ardeur dans un amour immodéré des distinctions, et témoignait le plus profond mépris pour tous les gens qui n'étaient pas nobles. Fort impertinente avec la nouvelle noblesse, elle faisait tous ses efforts pour que ses parens marchassent de pair au milieu des familles les plus anciennes du faubourg Saint-Germain.

Ces sentimens n'avaient pas échappé à l'œil observateur de M. de Fontaine, qui plus d'une fois eut à gémir des sarcasmes et des bons mots d'Émilie, lorsqu'il maria ses deux premières filles. Les gens logiques s'étonneront d'avoir vu le vieux Vendéen donner sa première fille à un receveur-général qui, à la vérité, possédait bien quelques anciennes terres seigneuriales, mais dont le nom n'était cependant pas précédé de cette particule à laquelle le trône dut tant de défenseurs, et la seconde, à un magistrat baronnifié, mais trop récemment encore pour faire oublier que le père avait vendu des fagots. Ce notable changement dans les idées du noble Vendéen, et au moment où il atteignait sa soixantième année, époque à laquelle les hommes quittent rarement leurs croyances, n'était pas dû seulement à la déplorable habitation de la moderne Babylone où tous les gens de province finissent par perdre leurs rudesses ; la nouvelle conscience politique du comte de Fontaine était encore le résultat de l'amitié du roi et de ses conseils. Ce prince philosophe avait pris plaisir à convertir le Vendéen aux idées qu'exigeaient la marche du dix-neuvième siècle et la rénovation de la monarchie.

Louis XVIII voulait fondre les partis, comme Napoléon avait fondu les choses et les hommes. Le roi légitime, peut-être aussi spirituel que son rival, agissait en sens contraire. Le chef de la maison de Bourbon était aussi empressé à satisfaire le tiers-état et les gens de l'empire, en contenant le clergé, que le premier des Napoléon avait été jaloux d'attirer auprès de lui les grands seigneurs ou à doter l'église. Confident des royales pensées, le conseiller d'état était insensiblement devenu l'un des chefs les plus influens et les plus sages de ce parti modéré qui désirait vivement, au nom de l'intérêt national, la fusion de toutes les opinions. Il prêchait les coûteux principes du gouvernement constitutionnel et secondait de toute sa puissance les jeux de la bascule politique qui permettait à son maître de gouverner la France au milieu des agitations de la révolution renaissante. Peut-être M. de Fontaine se flattait-il d'arriver à la pairie par un de ces coups de vent législatifs dont il voyait des effets si bizarres; car un de ses principes les plus fixes consistait à ne plus reconnaître en France d'autre noblesse que la pairie, puisque les familles à manteau bleu étaient les seules qui eussent des privilèges. — En effet, disait-il, comment concevoir une noblesse sans privilèges? c'est un manche sans outil. Aussi éloigné du parti de M. de Lafayette que du parti de M. de La Bourdonnaye, il entreprenait avec ardeur la réconciliation générale, d'où devaient sortir une ère nouvelle et de brillantes destinées pour la France. Il cherchait à convaincre toutes les familles chez lesquelles il avait accès, du peu de chances favorables qu'offraient désormais la carrière militaire et l'administration ; il engageait les mères à lancer leurs enfans dans les professions indépendantes et industrielles, en leur donnant à entendre que les emplois militaires et les hautes fonctions du gouvernement finiraient par appartenir très-constitutionnellement aux cadets des familles nobles de la pairie, et que la nation avait conquis une part assez large dans l'administration par son assemblée élective, par les places de la magistrature, et par celles de la finance qui seraient toujours l'apanage des notabilités du tiers-état.

Les nouvelles idées du chef de la famille de Fontaine, et les sages alliances qui en étaient résultées pour ses deux premières filles avaient rencontré une forte opposition au sein de son ménage. La comtesse de Fontaine resta fidèle aux vieilles croyances aristocratiques, peut-être parce qu'elle appartenait aux Montmorency du côté de sa mère. Aussi s'opposa-t-elle un moment au bonheur et à la fortune qui attendaient ses deux filles aînées ; mais elle fut forcée de céder à ces considérations secrètes que les époux se confient le soir quand leurs têtes reposent sur le même oreiller. M. de Fontaine démontra froidement à sa femme, par d'exacts calculs, que le séjour de Paris, l'obligation de représenter, la splendeur de sa maison (splendeur qu'il ne blâmait pas puisqu'elle les dédommageait, quoique tardive, des privations qu'ils avaient courageusement partagées au fond de la Vendée), les dépenses faites pour leurs fils absorbaient la plus grande partie de leur revenu budgétaire. Il fallait donc saisir, comme une faveur céleste, l'occasion qui se présentait pour eux d'établir leurs filles aussi richement ; elles devaient jouir un jour de soixante ou quatre-vingt mille livres de rente ; des mariages aussi avantageux ne se rencontraient pas tous les jours pour des filles sans dot ; enfin, il était temps de penser à économiser, pour augmenter les revenus de la terre de Fontaine afin de reconstruire territorialement l'antique fortune de leur famille. Madame de Fontaine céda, comme toutes les mères l'auraient fait, à sa place, quoique de meilleure grâce peut-être, à des argumens aussi persuasifs ; mais elle déclara qu'au moins sa fille Émilie serait mariée au gré de l'orgueil qu'elle avait malheureusement contribué à développer dans cette jeune âme.

Ainsi les événemens qui auraient dû répandre la joie dans cette famille, y introduisirent un léger levain de discorde. Le receveur-général et le jeune président furent en butte aux froideurs d'un cérémonial tout particulier que la comtesse et sa fille Émilie eurent le talent de créer. Leur étiquette trouva bien plus amplement lieu d'exercer ses tyrannies domestiques, lorsque le lieutenant-général épousa la fille unique d'un banquier ; quand le magistrat se maria avec une demoiselle dont le père, tout millionnaire qu'il était, avait fait le commerce des toiles peintes ; et que le troisième frère se montra fidèle à ces doctrines roturières en prenant sa jeune épouse dans la famille d'un riche notaire de Paris. Les trois belles-sœurs et les deux beaux-frères trouvaient tant de charmes et d'avantages personnels à rester dans la haute sphère des puissances politiques, à parcourir les salons du faubourg Saint-Germain, qu'ils s'accordèrent tous pour former une petite cour à la hautaine Émilie. Ce pacte d'intérêt et d'orgueil n'était cependant pas tellement bien cimenté que la jeune souveraine n'excitât souvent des révolutions dans son petit état. Des scènes que le bon ton ne pouvait entièrement désavouer entretenaient, entre tous les membres de cette puissante famille, une humeur moqueuse qui, sans altérer sensiblement l'amitié affichée en public, dégénérait quelquefois dans l'intérieur en sentimens peu charitables. Ainsi, la femme du lieutenant-général, devenue vicomtesse, se croyait tout aussi noble qu'une Rohan, et prétendait que cent bonnes mille livres de rente lui donnaient le droit d'être aussi impertinente que l'était sa belle-sœur Émilie, à laquelle elle souhaitait parfois avec ironie un mariage heureux, en annonçant que la fille de tel pair venait d'épouser monsieur un tel, tout court. La femme du baron de Fontaine s'amusait à éclipser Émilie, par le bon goût et la richesse qui se faisaient remarquer dans ses toilettes, ses ameublemens et ses équipages. L'air moqueur dont les belles-sœurs et les deux beaux-frères accueillaient quelquefois les prétentions avouées par mademoiselle de Fontaine excitait chez elle un courroux qui ne se calmait jamais que par une grêle d'épigrammes. Lorsque le chef de la famille éprouva quelque refroidissement dans la tacite et précaire amitié du monarque, il trembla d'autant plus, que, par suite des défis railleurs de ses sœurs, jamais sa fille chérie n'avait jeté ses vues si haut.

Ce fut au milieu de ces circonstances et au moment où cette petite lutte domestique était devenue fort grave, que le monarque auprès duquel M. de Fontaine croyait rentrer en grâce, fut attaqué de la maladie dont il devait périr. En effet, le grand politique qui sut si bien conduire sa nauf au sein des orages ne tarda pas à succomber. Incertain de la faveur à venir, le comte de Fontaine fit les plus grands efforts pour rassembler autour de sa dernière fille l'élite des jeunes gens à marier. Ceux qui ont été à même de chercher à résoudre le problème difficile de l'établissement d'une fille orgueilleuse et fantasque, comprendront peut-être les peines que se donna le pauvre Vendéen. Achevée au gré de son enfant chéri, cette dernière entreprise aurait couronné dignement la carrière que le comte parcourait depuis dix ans à Paris. Par la manière dont sa famille envahissait les traitemens de tous les ministères, elle pouvait se comparer à la maison d'Autriche, qui, par ses alliances, menace d'envahir l'Europe. Aussi le vieux Vendéen ne se rebutait-il pas dans ses présentations de prétendus, tant il avait à cœur le bonheur de sa fille. Mais rien n'était plus plaisant que la manière dont l'impertinente créature prononçait ses arrêts et jugeait le mérite de ses adorateurs. On eût dit que, semblable à l'une de ces princesses des Mille et un Jours, elle fût assez riche, assez belle pour avoir le droit de choisir parmi tous les princes du monde. Elle faisait mille objections plus bouffonnes les unes que les autres. Tantôt l'un avait les jambes trop grosses ou les genoux cagneux, l'autre était myope ; celui-ci s'appelait Durand ; celui-là boitait : presque tous étaient trop gras. Et plus vive, plus charmante, plus gaie que jamais, après avoir rejeté deux ou trois prétendus, elle s'élançait vers les fêtes de l'hiver et courait au bal où ses yeux perçans examinaient les célébrités du jour ; où souvent, à l'aide de son ravissant babil, elle parvenait à deviner les secrets du cœur le plus dissimulé, où elle se plaisait à tourmenter tous les jeunes gens et à exciter avec une coquetterie instinctive des demandes qu'elle rejetait toujours.

La nature lui avait donné en profusion les avantages nécessaires au rôle qu'elle jouait. Grande et svelte, Émilie de Fontaine avait une démarche imposante ou folâtre, à son gré. Son cou un peu long lui permettait de prendre de merveilleuses attitudes de dédain et d'impertinence. Elle s'était fait un fécond répertoire de ces airs de tête et de ces gestes féminins qui expliquent si cruellement ou si heureusement les demi-mots et les sourires. De beaux cheveux noirs, des sourcils très-fournis et fortement arqués prêtaient à sa physionomie une expression de fierté que la coquetterie autant que son miroir lui avaient appris à rendre terrible ou à tempérer par la fixité ou par la douceur de son regard, par l'immobilité ou par les légères inflexions de ses lèvres, par la froideur ou la grâce de son souris. Quand Émilie voulait s'emparer d'un cœur, sa voix pure ne manquait pas de mélodie ; mais elle savait aussi lui imprimer une sorte de clarté brève, quand elle entreprenait de paralyser la langue indiscrète d'un cavalier. Sa figure blanche et son front de marbre étaient semblables à la surface limpide d'un lac qui tour à tour se ridait sous l'effort d'une brise ou reprenait sa sérénité joyeuse. Plus d'un jeune homme en proie à ses dédains l'accusait de jouer la comédie ; mais il y avait tant de feu et tant de promesses dans ses yeux noirs, qu'elle faisait bondir les cœurs de ses élégans danseurs, sous leurs fracs noirs. Parmi les jeunes filles à la mode, nulle ne savait mieux qu'elle prendre un air de hauteur en recevant le salut d'un homme qui n'avait que. du talent, déployer cette politesse insultante pour les personnes qu'elle regardait comme ses inférieures, et déverser son impertinence sur tous ceux qui essayaient de marcher de pair avec elle. Elle semblait, partout où elle se trouvait, recevoir plutôt des hommages que des complimens ; et même chez une princesse, sa tournure et ses airs eussent converti le fauteuil sur lequel elle se serait assise en un trône impérial.

Alors, mais trop tard, M. de Fontaine découvrit combien l'éducation de la fille qu'il aimait le plus avait été faussée par la tendresse dont elle était encore l'objet. L'admiration que le monde témoigne d'abord à une jeune personne, et dont il se venge plus tard, avait encore exalté l'orgueil d'Émilie et accru sa confiance en elle-même. Les bontés dont elle était comblée par tous ceux qui l'entouraient, développèrent dans son cœur l'égoïsme naturel aux enfans gâtés qui, semblables à des rois, s'amusent de tout ce qui les approche. En ce moment, la grâce de la jeunesse et le charme des talens cachaient à tous les yeux ces défauts, d'autant plus odieux chez une femme qu'elle ne peut plaire que par le dévoûment et l'abnégation. Mais rien n'échappe à l'œil d'un bon père. M. de Fontaine voulut essayer d'expliquer à sa fille les principales pages du livre énigmatique de la vie, vaine entreprise. Il eut trop souvent à gémir sur l'indocilité capricieuse et la sagesse ironique de sa fille, pour persévérer dans une tâche aussi difficile que l'était celle de corriger un si pernicieux naturel. Il se contenta de donner de temps à autre des conseils pleins de douceur et de bonté ; mais il avait la douleur de voir ses plus tendres paroles glisser sur le cœur de sa fille comme s'il eût été de marbre.

Les yeux d'un père se dessillent si tard, qu'il fallut au vieux Vendéen plus d'une épreuve pour s'apercevoir de l'air de condescendance avec laquelle sa fille lui accordait de rares caresses. Elle ressemblait à ces jeunes enfans qui paraissent dire à leur mère : — Dépêche-toi de m'embrasser pour que j'aille jouer. Enfin, Émilie daignait avoir de la tendresse pour ses parens. Mais souvent par des caprices soudains qui semblent inexplicables chez les jeunes filles, elle s'isolait, et ne se montrait plus que rarement. Elle se plaignait d'avoir à partager avec trop de monde le cœur de son père et de sa mère. Elle devenait jalouse de tout, même de ses frères et de ses sœurs ; et après avoir pris bien de la peine à créer un désert autour d'elle, elle accusait la nature entière de ce qu'elle restait seule. Armée de son expérience de vingt ans, elle condamnait le sort, parce que, ne sachant pas que le premier principe du bonheur est en nous, elle demandait aux choses de la vie de le lui donner. Elle aurait fui au bout du globe, pour éviter des mariages semblables à ceux de ses deux sœurs ; et parfois, elle avait dans le cœur une affreuse jalousie de les voir mariées, riches et heureuses. Enfin, quelquefois elle donnait à penser à sa mère, victime de ses procédés tout autant que M. de Fontaine, qu'elle était en proie à quelque folie. Mais cette aberration était assez explicable. En effet, rien n'est plus commun que cette secrète fierté née au cœur des jeunes personnes que la nature a douées d'une grande beauté, et qui appartiennent à une famille un peu élevée sur l'échelle sociale. Puis elles sont presque toutes persuadées que leurs mères, arrivées à l'âge de quarante ou cinquante ans, ne peuvent plus ni sympathiser avec leurs jeunes âmes, ni en concevoir les fantaisies. Elles s'imaginent que la plupart des mères, jalouses de leurs filles, veulent les habiller à

leur mode dans le dessein prémédité de les éclipser
et de leur ravir des hommages. De là, souvent, des
larmes secrètes ou de sourdes révoltes contre la
prétendue tyrannie maternelle. Au milieu de ces
chagrins qui deviennent réels, quoique assis sur une
base imaginaire, elles ont encore la manie de composer un thème pour leur existence, et se tirent à
elles-mêmes leur horoscope, sans autre magie que
celle de prendre leurs rêves pour des réalités. Ainsi
elles résolvent secrètement dans leurs longues méditations de n'accorder leur cœur et leur main qu'à
l'homme qui possèdera tel ou tel avantage. Elles
dessinent dans leur imagination un type auquel il
faut, bon gré mal gré, que leur futur ressemble,
et ce n'est qu'après avoir expérimenté la vie et fait
les réflexions sérieuses qu'amènent les années, à
force de voir le monde et son train prosaïque, à
force d'exemples malheureux, que les brillantes
couleurs de leur figure idéale s'abolissent, et qu'elles se trouvent un beau jour, au milieu du courant
de la vie, tout étonnées d'être heureuses sans la
nuptiale poésie de leurs rêves. Mademoiselle Émilie de Fontaine avait, suivant cette poétique, arrêté, dans sa fragile sagesse, un programme auquel
devrait se conformer celui qu'elle aimerait. De là
ses dédains et ses impertinens sarcasmes.

— Avant tout, s'était-elle dit, il sera jeune, et
de noblesse ancienne. Encore faut-il qu'il soit pair
de France ou fils aîné d'un pair : il me serait insupportable de ne pas voir mes armes peintes sur

les panneaux de ma voiture au milieu des plis flottans d'un manteau d'azur, et de ne pas courir comme les princes dans la grande allée des Champs-Élysées de Longchamp. Puis, mon père prétend que ce sera un jour la plus belle dignité de France. Je le veux militaire, en me réservant de lui faire donner sa démission; mais je le veux décoré, pour que l'on nous porte les armes.

Ces rares qualités n'étaient rien, si cet être de raison n'avait pas encore une grande amabilité, une jolie tournure, de l'esprit, enfin s'il n'était pas svelte. La maigreur, cette grâce du corps, quelque fugitive qu'elle pût être, surtout dans un gouvernement représentatif, était une qualité de rigueur. Mademoiselle de Fontaine avait une certaine mesure idéale qui lui servait de modèle, et le jeune homme qui, au premier coup-d'œil, ne remplissait pas les conditions voulues par le prospectus, n'obtenait même pas un second regard.

— O mon Dieu! qu'il est gras, était chez elle la plus haute expression de son mépris.

A l'entendre, les gens d'une honnête corpulence étaient incapables de sentimens, mauvais maris et indignes d'entrer dans une société civilisée. Quoique ce fût une beauté recherchée en Orient chez les femmes, l'embonpoint était un malheur; mais, chez un homme, c'était un crime.

Ces opinions paradoxales amusaient, grâces à une certaine gaîté d'élocution; mais M. de Fontaine sentit que plus tard les prétentions de sa fille, dont certains esprits féminins, clairvoyans et peu charitables commençaient à apercevoir le ridicule, deviendraient un fatal sujet de raillerie. Il craignit que les idées bizarres de sa fille ne se changeassent en mauvais ton. Il tremblait même que le monde impitoyable ne se moquât déjà d'une personne qui restait si long-temps en scène sans donner un dénoûment au drame qu'elle y jouait. Plus d'un acteur, mécontent d'un refus, paraissait attendre le moindre incident malheureux pour se venger. Les indifférens, les oisifs, commençaient à se lasser, car l'admiration semble être une fatigue pour l'espèce humaine. Le vieux Vendéen savait mieux que personne que s'il n'existe qu'un moment pour entrer sur les tréteaux du monde, sur ceux de la cour, dans un salon, ou sur la scène, il n'y en a non plus qu'un pour en sortir. Aussi, pendant le premier hiver qui suivit l'avénement de S. M. Charles X au trône, redoubla-t-il d'efforts, conjointement avec ses trois fils et ses gendres, pour réunir dans les brillans salons de son hôtel les meilleurs partis que Paris et les différentes députations des départemens pouvaient présenter. L'éclat de ses fêtes, le luxe de sa salle à manger et ses dîners parfumés de truffes rivalisaient avec les célèbres repas par lesquels les ministres du temps s'assuraient le vote de leurs soldats parlementaires. L'honorable Vendéen fut signalé comme un des plus puissans corrupteurs de la probité législative de cette chambre qui sembla mourir d'indigestion. Chose bizarre! Les efforts qu'il faisait pour marier sa fille le maintinrent dans une éclatante faveur. Peut-être trouva-t-il quelque avantage secret à vendre deux fois ses truffes. Cette accusation due à certains libéraux railleurs, qui se vengeaient, par l'abondance des paroles, de la rareté de leurs adhérens dans la chambre, n'eut aucun succès. La conduite du gentilhomme poitevin était en général si noble et si honorable, qu'il ne reçut pas une seule de ces épigrammes dont les malins journaux de cette époque assaillirent les trois cents votans du centre, les ministres, les cuisiniers, les directeurs généraux, les princes de la fourchette et les défenseurs d'office qui soutenaient l'administration-Villèle.

A la fin de cette campagne, pendant laquelle M. de Fontaine avait, à plusieurs reprises, fait donner toutes ses troupes, il crut que son assemblée de prétendus ne serait pas, cette fois, une fantasmagorie pour sa fille, et qu'il était temps de la consulter. Il avait une certaine satisfaction intérieure d'avoir si bien rempli son devoir de père ; et, comme il avait fait flèche de tout bois, il espérait que, parmi tant de cœurs offerts à la capricieuse Émilie, il pouvait s'en rencontrer au moins un qu'elle eût distingué. Incapable de renouveler cet effort, il était comme lassé de la conduite de sa fille. Vers la fin du carême, un matin que la séance de la chambre ne réclamait pas trop impérieusement son vote, il résolut de faire un coup d'autorité.

Pendant qu'un valet de chambre dessinait artistement, sur son crâne jaune, le delta de poudre qui complétait, avec des ailes de pigeon pendantes, sa coiffure vénérable, le père d'Émilie ordonna, non sans une secrète émotion, à un vieux serviteur d'aller avertir l'orgueilleuse demoiselle de comparaître immédiatement devant le chef de la famille.

— Joseph, dit-il au valet de chambre qui avait achevé sa coiffure, ôtez cette serviette, tirez ces rideaux, mettez ces fauteuils en place, secouez le tapis de la cheminée, essuyez partout..... Allons ! Donnez un peu d'air à mon cabinet en ouvrant la fenêtre.

Le comte, en multipliant ses ordres, essouffla Joseph, qui devina les intentions de son maître, et restitua quelque fraîcheur à cette pièce naturellement la plus négligée de toute la maison. Il réussit à imprimer une sorte d'harmonie à des monceaux de compte, quelque symétrie aux cartons, aux livres et aux meubles de ce sanctuaire où se débattaient les intérêts du domaine de la couronne. Quand Joseph eut achevé de mettre un peu d'ordre dans ce chaos et de placer en évidence, comme dans un magasin de nouveautés, les choses qui pouvaient être les plus agréables à voir et produire par leurs couleurs une sorte de poésie bureaucratique, il s'arrêta au milieu du dédale des paperasses qui, en quelques endroits, étaient étalées même jusque sur le tapis, il s'admira lui-même un moment, hocha la tête et sortit. Mais le sinécuriste ne partagea pas la bonne opinion de son serviteur. Avant de s'asseoir dans son immense fauteuil à oreilles, il jeta un regard de méfiance autour de lui, examina d'un air hostile la blancheur de sa robe de chambre, en chassa quelques grains de tabac, s'essuya soigneusement le nez, rangea les pelles et les pincettes, attisa le feu, releva les quartiers de ses pantoufles, rejeta en arrière sa petite queue qui s'était horizontalement logée entre le col de son gilet et celui de sa robe de chambre; puis, après lui avoir fait reprendre sa position perpendiculaire, il donna un coup de balai aux cendres d'un foyer qui pouvait attester l'obstination de son catarrhe. Enfin le vieux Vendéen ne s'assit qu'après avoir repassé une dernière fois en revue son cabinet, en espérant que rien n'y pourrait donner lieu à ces remarques aussi plaisantes qu'impertinentes par lesquelles sa fille avait coutume de répondre à ses sages avis. En cette occurrence, il ne voulait pas compromettre sa dignité paternelle. Il prit délicatement une prise de tabac, et toussa deux ou trois fois comme s'il se disposait à demander l'appel nominal; car il entendait le pas léger de sa fille qui entra en fredonnant un air de l'opéra d'*il Barbiere*.

— Bonjour, mon père. Que me voulez-vous donc si matin?

Et, après ces paroles jetées comme la ritournelle de l'air qu'elle chantait, elle embrassa le comte, non pas avec cette tendresse familière qui rend le sentiment filial chose si douce, mais avec l'insouciante légèreté d'une maîtresse sûre de toujours plaire, quoi qu'elle fasse.

— Ma chère enfant, dit gravement M. de Fontaine, je t'ai fait venir pour causer très-sérieusement avec toi, sur ton avenir. La nécessité où tu es en ce moment de choisir un mari de manière à assurer ton bonheur...

— Mon bon père, répondit Émilie en employant les sons les plus caressans de sa voix pour l'interrompre, il me semble que l'armistice que nous avons conclu relativement à mes prétendus n'est pas encore expiré.

— Émilie, cessons aujourd'hui de badiner sur un sujet aussi important. Depuis quelque temps les efforts de ceux qui t'aiment véritablement, ma chère enfant, se réunissent pour te procurer un établissement convenable, et ce serait te rendre coupable d'ingratitude que d'accueillir légèrement les marques d'intérêt que je ne suis pas seul à te prodiguer.

En entendant ces paroles la jeune fille avait jeté un regard malicieusement investigateur sur les meubles du cabinet paternel. Elle alla prendre celui des fauteuils qui paraissait avoir le moins servi aux solliciteurs, l'apporta elle-même de l'autre côté de la cheminée, de manière à se placer en face de son père, prit une attitude si grave qu'il était impossible de n'y pas voir les traces d'une moquerie, et se croisa les bras sur la riche garniture d'une pèlerine *à la neige* dont elle froissa les nombreuses ruches de tulle. Après avoir regardé de côté, et en riant,

3.

la figure soucieuse de son vieux père, elle rompit le silence : — Je ne vous ai jamais entendu dire, mon bon père, que le gouvernement fît ses communications en robe de chambre. — Mais, ajouta-t-elle en souriant, n'importe, le peuple n'est pas difficile. Voyons donc vos projets de loi et vos présentations officielles...

— Je n'aurai pas toujours la facilité de vous en faire, jeune folle! Enfin, écoute Émilie? mon intention n'est pas de compromettre plus long-temps mon caractère, qui est une partie de la fortune de mes enfans, à recruter ce régiment de danseurs que tu mets en déroute à chaque printemps. Déjà tu as été la cause innocente de bien des brouilleries dangereuses avec certaines familles, j'espère que tu comprendras mieux aujourd'hui les difficultés de ta position et de la nôtre. Tu as vingt ans, ma fille, et voici près de trois ans que tu devrais être mariée. Tes frères, tes deux sœurs sont tous établis richement et heureusement. Mais, mon enfant, les dépenses que nous ont suscitées ces mariages et le train de maison que tu fais tenir à ta mère ont absorbé tellement nos revenus, que c'est tout au plus si je pourrai te donner cent mille francs de dot. Dès aujourd'hui je veux m'occuper du sort à venir de ta mère qui ne doit pas être sacrifiée à ses enfans. Je veux, Émilie, si je venais à manquer à ma famille, que madame de Fontaine ne soit à la merci de personne, et continue à jouir de l'aisance dont j'ai récompensé trop tard son dévoûment à mes malheurs.

Tu vois, mon enfant, que la faiblesse de ta dot ne saurait être en harmonie avec tes idées de grandeur... Encore sera-ce un sacrifice que je n'ai fait pour aucun autre de mes enfans ; mais ils se sont généreusement accordés à ne pas se prévaloir un jour de l'avantage que nous ferons, ta mère et moi, à un enfant trop chéri.

— Dans leur position ! dit Émilie en agitant la tête avec ironie.

— Ma fille, que je ne vous entende jamais déprécier ainsi ceux qui vous aiment. Sachez qu'il n'y a que les pauvres de généreux ! Les riches ont toujours d'excellentes raisons pour ne pas abandonner vingt mille francs à un parent... Eh bien ! ne boude pas, mon enfant ! et parlons raisonnablement : parmi les jeunes gens de notre société, n'as-tu pas remarqué M. de Montalant ?

— Oh ! il dit *zeu* au lieu de jeu, il regarde toujours son pied parce qu'il le croit petit, et il se mire ! D'ailleurs, il est blond, je n'aime pas les blonds.

— Eh bien! M. de Grosbois ?

— Il n'est pas noble. Il est mal fait et gros. A la vérité il est brun. Il faudrait que ces deux messieurs s'entendissent pour réunir leurs fortunes, et que le premier donnât son corps et son nom au second, qui garderait ses cheveux, et alors... peut-être...

— Qu'as-tu à dire contre M. de Saluces ?

— Il s'est fait banquier.

— M. de Comines?

— Il danse mal ; mais, mon père, tous ces gens-là n'ont pas de titres. Je veux être au moins comtesse comme l'est ma mère.

— Tu n'as donc vu personne cet hiver qui...

— Non, mon père.

— Que veux-tu donc?

— Le fils d'un pair de France.

— Ma fille, dit M. de Fontaine en se levant, vous êtes folle!

Mais tout-à-coup il leva les yeux au ciel, sembla puiser une dose plus forte de résignation dans une pensée religieuse; puis, jetant un regard de pitié paternelle sur son enfant qui devint émue, il lui prit la main, la serra, et lui dit avec attendrissement :

— Dieu m'est témoin! pauvre créature égarée, que j'ai consciencieusement rempli mes devoirs de père envers toi, que dis-je, consciencieusement! avec amour, mon Émilie. Oui, Dieu sait que, cet hiver, j'ai amené près de toi plus d'un honnête homme dont les qualités, les mœurs, le caractère m'étaient connus, et tous nous ont paru dignes de toi. Mon enfant, ma tâche est remplie. D'aujourd'hui, je te rends l'arbitre de ton sort, me trouvant heureux et malheureux tout ensemble de me voir déchargé de la plus lourde des obligations paternelles. Je ne sais pas si long-temps encore tu entendras une voix qui, par malheur, n'a jamais été sévère; mais souviens-toi que le bonheur conjugal ne se fonde pas tant sur des qualités brillantes et sur la fortune, que sur une estime réciproque. Cette félicité est, de sa nature, modeste et sans éclat. Va, ma fille, mon aveu est acquis à celui que tu me présenteras pour gendre ; mais si tu devenais malheureuse, songe que tu n'auras pas le droit d'accuser ton père. Je ne me refuserai pas à faire des démarches et à t'aider ; seulement, si tu fais un choix, qu'il soit définitif ; je ne compromettrai pas deux fois le respect dû à mes cheveux blancs.

L'affection que lui témoignait son père, et l'accent solennel qu'il mit à son onctueuse allocution touchèrent vivement mademoiselle de Fontaine ; mais elle dissimula son attendrissement, sauta sur les genoux du comte qui s'était assis tout tremblant encore, lui fit les caresses les plus douces, et le câlina avec une grâce féminine si suave, que le front du vieillard se dérida. Quand Émilie jugea que son père était remis de sa pénible émotion, elle lui dit à voix basse : — Je vous remercie bien de votre gracieuse attention, mon cher père. Vous avez arrangé votre appartement pour recevoir votre fille chérie. Vous ne saviez peut-être pas la trouver si folle et si rebelle. Mais, mon père, est-ce donc bien difficile d'épouser un pair de France ? Vous prétendiez qu'on en faisait par douzaines. Ah ! vous ne me refuserez pas des conseils au moins !

— Non ! pauvre enfant ! non ! et je te crierai plus d'une fois : Prends garde ! Songe donc que la pairie est un ressort trop nouveau dans notre gouvernementabilité, comme disait le feu roi, pour que les pairs puissent posséder de grandes fortunes. Ceux qui sont riches veulent le devenir encore plus. Le plus opulent de tous les membres de notre pairie n'a pas la moitié du revenu que possède le moins riche lord de la chambre haute du parlement anglais. Or, les pairs de France chercheront tous de riches héritières pour leurs fils, n'importe où elles se trouveront ; et la nécessité où ils sont tous de faire des mariages d'argent durera encore plus d'un siècle. Il est possible qu'en attendant l'heureux hasard que tu désires, recherche qui peut te coûter tes plus belles années, tes charmes (car on s'épouse considérablement par amour dans notre siècle), tes charmes, dis-je, opèrent un prodige. Lorsque l'expérience se cache sous un visage aussi frais que le tien, l'on peut en espérer des merveilles. N'as-tu pas d'abord la facilité de reconnaître les vertus dans le plus ou le moins de volume que prennent les corps. Ce n'est pas un petit mérite. Aussi n'ai-je pas besoin de prévenir une personne aussi sage que toi de toutes les difficultés de l'entreprise. Je suis certain que tu ne supposeras jamais à un inconnu du bon sens en lui voyant une figure flatteuse, ou des vertus, parce qu'il aura une jolie tournure. Enfin, je suis parfaitement de ton avis sur l'obligation dans laquelle sont tous les fils de pair d'avoir un air à eux et une manière tout-à-fait distinctive. Quoique aujourd'hui rien ne marque le haut rang, ces jeunes gens-là auront pour toi, peut-être, un *je ne sais quoi* qui te les révélera. D'ailleurs, tu tiens ton cœur en bride comme un bon cavalier certain de ne pas laisser broncher ton coursier. Ma fille! bonne chance.

— Tu te moques de moi, mon père. Eh bien! je te déclare que j'irai plutôt mourir au couvent de mademoiselle de Condé, que de ne pas être la femme d'un pair de France.

Elle s'échappa des bras de son père, et, toute fière d'être sa maîtresse, elle s'en alla en chantant l'air de *Cara non dubitare* du *Matrimonio secreto*. Ce jour-là, le hasard fit que la famille se trouva réunie pour fêter l'anniversaire d'une fête domestique. Au dessert, madame Bonneval, la femme du receveur général et l'aînée d'Émilie, parla assez hautement d'un jeune Américain, possesseur d'une immense fortune, qui, devenu passionnément épris de sa sœur, lui avait fait des propositions extrêmement brillantes.

— C'est un banquier, je crois, dit négligemment Émilie. Je n'aime pas les gens de finance.

— Mais, Émilie, répondit le baron de Villaine, le mari de la seconde sœur de mademoiselle de Fontaine, vous n'aimez pas non plus la magistrature, de manière que je ne vois pas trop, si vous repoussez les propriétaires non titrés, dans quelle classe vous choisirez un mari.

— Surtout, Émilie, avec ton système de maigreur, ajouta le lieutenant-général.

— Je sais, répondit la jeune fille, ce qu'il me faut.

— Ma sœur veut un grand nom, dit la baronne de Fontaine, et cent mille livres de rente.

— Je sais, ma chère sœur, reprit Émilie, que je ne ferai pas un sot mariage comme j'en ai tant vu faire. D'ailleurs, pour éviter ces discussions nuptiales que j'exècre, je déclare que je regarderai comme les ennemis de mon repos ceux qui me parleront de mariage.

Un oncle d'Émilie, dont la fortune venait de s'augmenter d'une vingtaine de mille livres de rente, par suite de la loi d'indemnité, vieillard septuagénaire qui était en possession de dire de dures vérités à sa petite-nièce dont il raffolait, s'écria, pour dissiper l'aigreur de cette conversation : — Ne tourmentez donc pas cette pauvre Émilie. Ne voyez-vous pas qu'elle attend la majorité du duc de Bordeaux?

Un rire universel accueillit la plaisanterie du vieillard.

— Prenez garde que je ne vous épouse, vieux fou! s'écria la jeune fille dont, heureusement, les dernières paroles furent étouffées par le bruit.

— Mes enfans, dit madame de Fontaine pour adoucir cette impertinence, Émilie ne prendra conseil que de sa mère, de même que vous avez tous pris conseil de votre père.

— O mon Dieu! je n'écouterai que moi dans une affaire qui ne regarde que moi! dit fort distinctement mademoiselle de Fontaine.

Tous les regards se portèrent alors sur le chef de la famille. Chacun semblait être curieux de voir comment il allait s'y prendre pour maintenir sa dignité. Non-seulement le vénérable Vendéen jouissait d'une grande considération dans le monde, mais encore, plus heureux que bien des pères, il était apprécié par sa famille dont tous les membres avaient su reconnaître les qualités solides qui lui servirent à faire la fortune de tous ses parens. Aussi était-il entouré de ce profond respect qui règne dans les familles anglaises et dans quelques maisons aristocratiques du continent pour le représentant de l'arbre généalogique. Il s'établit un profond silence, et les yeux des convives se portèrent alternativement sur la figure boudeuse et altière de l'enfant gâté et sur les visages sévères de monsieur et de madame de Fontaine.

— J'ai laissé ma fille Émilie maîtresse de son sort, fut la réponse que laissa tomber le comte d'un son de voix profond et agité. Tous les parens et les convives regardèrent mademoiselle de Fontaine avec une curiosité mêlée de pitié. Cette parole semblait annoncer que la bonté paternelle s'était lassée de lutter contre un caractère que toute la famille savait être incorrigible. Les gendres murmurèrent, et les frères lancèrent à leurs femmes des sourires moqueurs. Puis, dès ce moment, chacun cessa de s'intéresser au mariage de l'orgueilleuse fille. Son vieil oncle fut le seul qui, en sa qualité d'ancien marin, osât courir des bordées avec elle et essuyer ses boutades, sans être jamais embarrassé de lui rendre feu pour feu.

Quand la belle saison fut venue après le vote du budget, cette famille, véritable modèle des familles parlementaires de l'autre bord de la Manche, qui ont un pied dans toutes les administrations et dix voix aux Communes, s'envola, comme une nichée d'oiseaux, vers les beaux sites d'Aulnay, d'Antony et de Châtenay. L'opulent receveur-général avait récemment acheté, dans ces parages, une maison de campagne pour sa femme, qui ne restait à Paris que pendant les sessions. Quoique la belle Émilie méprisât la roture, ce sentiment n'allait pas jusqu'à dédaigner les avantages de la fortune amassée par des bourgeois. Elle accompagna donc sa sœur à sa *villa* somptueuse, moins par amitié pour les personnes de sa famille qui s'y réfugièrent, que parce que le bon ton ordonne impérieusement à toute femme qui se respecte d'abandonner Paris pendant l'été. Les vertes campagnes de Sceaux remplissaient admirablement bien les conditions du compromis signé entre le bon ton et le devoir des charges publiques. Comme il est un peu douteux que la réputation du bal champêtre de Sceaux ait jamais dépassé la modeste enceinte du département de la Seine, il est nécessaire de donner quelques détails sur cette fête hebdomadaire qui, par son importance, menace de devenir une institution. Les environs de la petite ville de Sceaux jouissent d'une renommée due à des sites qui passent pour être ravissans. Peut-être sont-ils fort ordinaires et ne doivent-ils leur célébrité qu'à la stupidité des bourgeois de

Paris, qui, au sortir des abîmes de moellon où ils sont ensevelis, seraient disposés à admirer une plaine de la Beauce. Cependant les poétiques ombrages d'Aulnay, les collines d'Antony et de Fontenay-aux-Roses étant habités par quelques artistes qui ont voyagé, par des étrangers, gens fort difficiles, et par nombre de jolies femmes qui ne manquent pas de goût, il est à croire que les Parisiens ont raison. Mais Sceaux possède un autre attrait non moins puissant pour le Parisien. Au milieu d'un jardin d'où la vue découvre de délicieux aspects se trouve une immense rotonde, ouverte de toutes parts, dont le dôme, aussi léger que vaste, est soutenu par d'élégans piliers. Sous ce dais champêtre est une salle de danse célèbre. Il est rare que les propriétaires les plus collets-montés du voisinage n'émigrent pas une fois ou deux, pendant la saison, vers ce palais de la Terpsychore villageoise, soit en cavalcades brillantes, soit dans ces élégantes et légères voitures qui saupoudrent de poussière les piétons philosophes. L'espoir de rencontrer là quelques femmes du beau monde et d'en être vu, l'espoir moins souvent trompé d'y voir de jeunes paysannes aussi rusées que des juges, fait accourir le dimanche, au bal de Sceaux, de nombreux essaims de clercs d'avoués, de disciples d'Esculape et de jeunes gens dont le teint blanc et la fraîcheur sont entretenus par l'air humide des arrière-boutiques parisiennes. Aussi, bon nombre de mariages bourgeois ont-ils commencé aux sons de l'orchestre qui occupe le centre de cette salle circulaire. Si le toit pouvait parler, que d'amours ne raconterait-il pas? Cette intéressante mêlée rend le bal de Sceaux plus piquant que ne le sont deux ou trois autres bals des environs de Paris, sur lesquels sa rotonde, la beauté du site et les agrémens de son jardin lui donnent d'incontestables avantages. Émilie fut la première à manifester le désir d'aller *faire peuple* à ce joyeux bal de l'arrondissement, en se promettant un énorme plaisir à se trouver au milieu de cette assemblée. C'était la première fois qu'elle désirait errer au sein d'une telle cohue : l'incognito est, pour les grands, une très-vive jouissance. Mademoiselle de Fontaine se plaisait à se figurer d'avance toutes ces tournures citadines; elle se voyait laissant dans plus d'un cœur bourgeois le souvenir d'un regard et d'un sourire enchanteurs. Elle riait déjà des danseuses à prétentions, et taillait ses crayons pour les scènes dont elle comptait enrichir les pages de son album satirique.

Le dimanche n'arriva jamais assez tôt au gré de son impatience. La société du pavillon Bonneval se mit en route à pied, afin de ne pas commettre d'indiscrétion sur le rang des personnages qui allaient honorer le bal de leur présence. On avait dîné de bonne heure, et, pour comble de plaisir, le mois de mai favorisa cette escapade aristocratique par la plus belle de ses soirées. Mademoiselle de Fontaine fut toute surprise de trouver, sous la rotonde, quelques quadrilles composés de personnes qui paraissaient appartenir à la bonne compagnie. Elle vit

bien, çà et là, quelques jeunes gens qui semblaient
avoir employé les économies d'un mois pour briller
pendant une journée, et reconnut plusieurs couples
dont la joie trop franche n'accusait rien de conjugal ; mais elle n'eut qu'à glaner au lieu de récolter.
Elle s'étonna de voir le plaisir habillé de percale
ressembler si fort au plaisir vêtu de satin, et la
bourgeoisie danser avec autant de grâce que la noblesse, quelquefois mieux. La plupart des toilettes
étaient simples, mais bien portées. Enfin les dépu-
tés qui, dans cette assemblée, représentaient les
suzerains du territoire, c'est-à-dire les paysans, se
tenaient dans leur coin avec une incroyable politesse.
Il fallut même à mademoiselle Émilie une certaine
étude des divers élémens qui composaient cette réunion avant qu'elle pût y trouver un sujet de plaisanterie. Mais elle n'eut ni le temps de se livrer à ses
malicieuses critiques, ni le loisir d'entendre beaucoup de ces propos interrompus que les caricatu-
ristes recueillent avec délices. L'orgueilleuse créature rencontra subitement dans ce vaste champ une
fleur, la métaphore est de saison, dont l'éclat et les
couleurs agirent sur son imagination avec tout le
prestige d'une nouveauté. Il nous arrive souvent de
regarder une robe, une tenture, un papier blanc
avec assez de distraction pour n'y pas apercevoir
sur-le-champ une tache ou quelque point brillant,
qui, plus tard, frappent tout-à-coup notre œil comme
s'ils y survenaient à l'instant seulement où nous les
voyons. Mademoiselle de Fontaine reconnut, par

4.

une espèce de phénomène moral assez semblable à celui-là, dans un jeune homme qui s'offrit à ses regards, le type des perfections extérieures qu'elle rêvait depuis si long-temps. Elle était assise sur une de ces chaises grossières qui décrivaient l'enceinte obligée de la salle, et s'était placée à l'extrémité du groupe formé par sa famille, afin de pouvoir se lever ou s'avancer suivant ses fantaisies. Elle en agissait effectivement avec les tableaux offerts par cette salle, comme si ç'eût été une exposition du musée. Elle braquait avec impertinence son lorgnon sur une figure qui se trouvait à deux pas d'elle, et faisait ses réflexions comme si elle eût critiqué ou loué une tête d'étude, une scène de genre. Ses regards, après avoir erré sur cette vaste toile animée, furent tout-à-coup saisis par une figure qui semblait avoir été mise exprès dans un coin du tableau, sous le plus beau jour, comme un personnage hors de toute proportion avec le reste.

L'inconnu était rêveur et solitaire. Légèrement appuyé sur une des colonnes qui supportent le toit, il avait les bras croisés et se tenait penché comme s'il se fût placé là pour permettre à un peintre de faire son portait. Mais cette attitude pleine d'élégance et de fierté paraissait être une pose sans affectation. Aucun geste ne démontrait qu'il eût mis sa face de trois quarts et faiblement incliné sa tête à droite, comme Alexandre, lord Byron, et quelques autres grands génies, dans le seul but d'attirer sur lui l'attention. Son regard fixe et immobile qui suivait les mouvemens d'une danseuse, prouvait qu'il était absorbé par quelque sentiment profond. Il avait une taille svelte et dégagée qui rappelait à la mémoire les belles proportions de l'Apollon. De beaux cheveux noirs se bouclaient naturellement sur son front élevé. D'un seul coup d'œil mademoiselle de Fontaine remarqua la finesse de son linge, la fraîcheur de ses gants de daim, évidemment pris chez le bon faiseur, et la petitesse d'un pied merveilleusement chaussé dans une botte en peau d'Irlande. Il n'avait sur lui aucun de ces ignobles brimborions dont se chargent les anciens petits-maîtres de la garde nationale, ou les Adonis de comptoir. Seulement un ruban noir auquel était suspendu son lorgnon flottait sur un gilet d'une blancheur irréprochable. Jamais la difficile Émilie n'avait vu les yeux d'un homme ombragés par des cils aussi longs et aussi recourbés. La mélancolie et la passion respiraient dans cette figure d'un teint olivâtre et mâle. Sa bouche semblait toujours prête à sourire et à relever les coins de deux lèvres éloquentes; mais cette disposition n'annonçait pas de gaîté. C'était plutôt une sorte de grâce triste. L'observateur le plus rigide n'aurait pu s'empêcher, en voyant l'inconnu, de le prendre pour un homme de talent attiré par quelque intérêt puissant à cette fête de village. Il y avait trop d'avenir dans cette tête, trop de distinction dans sa personne, pour qu'on pût en dire : — Voilà un bel homme ou un joli homme. Il était un de ces personnages qu'on désire connaître.

Cette masse d'observations ne coûta guère à Émilie qu'un moment d'attention, pendant lequel cet homme privilégié fut soumis à une analyse sévère, après laquelle il devint l'objet d'une secrète admiration. Elle ne se dit pas : — Il faut qu'il soit pair de France ! mais — Oh! s'il est noble, et il doit l'être... Sans achever sa pensée, elle se leva tout à coup, elle alla, suivie de son frère le lieutenant-général, vers cette colonne en paraissant regarder les joyeux quadrilles ; par un artifice d'optique familier à plus d'une dame, elle ne perdait pas un seul des mouvemens du jeune homme dont elle s'approcha ; mais il s'éloigna poliment pour céder la place aux deux survenans, et s'appuya sur une autre colonne. Émilie fut aussi piquée de la politesse de l'étranger qu'elle l'eût été d'une impertinence, et se mit à causer avec son frère en élevant la voix beaucoup plus que le bon ton ne le voulait. Elle prit des airs de tête, fit des gestes gracieux, et rit sans trop en avoir sujet, moins pour amuser son frère, que pour attirer l'attention de l'imperturbable inconnu. Aucun de ces petits artifices ne réussit. Alors mademoiselle de Fontaine suivit la direction que prenaient les regards du jeune homme, et aperçut la cause de cette insouciance apparente. Au milieu du quadrille qui se trouvait devant elle, dansait une jeune personne simple, pâle, et semblable à ces déités écossaises que Girodet a placées dans son immense composition des guerriers français reçus par Ossian. Émilie crut reconnaître en elle une jeune vicomtesse anglaise qui était venue habiter depuis peu une campagne voisine. Elle avait pour cavalier un jeune homme de quinze ans, aux mains rouges, en pantalon de nankin, en habit bleu, en souliers blancs, qui prouvait que son amour pour la danse ne la rendait pas difficile sur le choix de ses partners. Ses mouvemens ne se ressentaient pas de son apparente faiblesse, mais une rougeur légère colorait déjà ses joues blanches, et son teint commençait à s'animer.

Mademoiselle de Fontaine s'approcha du quadrille pour pouvoir examiner l'étrangère au moment où elle reviendrait à sa place, pendant que les vis-à-vis répéteraient la figure qu'elle exécutait alors. Lorsque Émilie commença cet examen, elle vit l'inconnu s'avancer, se pencher vers la jolie danseuse, et put entendre distinctement ces paroles, quoique prononcées d'une voix à la fois impérieuse et douce : — Clara, je ne veux plus que vous dansiez. Clara fit une petite moue boudeuse, inclina la tête en signe d'obéissance et finit par sourire. Après la contredanse, le jeune homme eut les précautions d'un amant, en mettant sur les épaules de la jeune fille un châle de cachemire, et la fit asseoir de manière à ce qu'elle fût à l'abri du vent. Puis bientôt mademoiselle de Fontaine les vit se lever et se promener autour de l'enceinte comme des gens disposés à partir; elle trouva le moyen de les suivre sous prétexte d'admirer les points de vue du jardin, et son frère se prêta avec une malicieuse bonhomie aux caprices d'une marche assez vagabonde. Émilie put voir ce joli couple monter dans un élégant tilbury que gardait un domestique à cheval et en livrée. Au moment où le jeune homme fut assis et tâcha de rendre les guides égales, elle obtint d'abord de lui un de ces regards que l'on jette sans but sur les grandes foules, mais elle eut la faible satisfaction de le voir retourner la tête à deux reprises différentes, et la jeune inconnue l'imita. Était-ce jalousie ?

— Je présume que tu as maintenant assez vu le jardin, lui dit son frère, nous pouvons retourner à la danse.

— Je le veux bien, dit-elle. Je suis sûre que c'est la vicomtesse Abergaveny... J'ai reconnu sa livrée.

Le lendemain, mademoiselle de Fontaine manifesta le désir de faire une promenade à cheval. Insensiblement elle accoutuma son vieil oncle et ses frères à l'accompagner dans certaines courses matinales, très-salutaires, disait-elle, pour sa santé. Elle affectionnait singulièrement les maisons du village habité par la vicomtesse. Malgré ses manœuvres de cavalerie, elle ne rencontra pas l'inconnu aussi promptement que la joyeuse recherche à laquelle elle se livrait pouvait le lui faire espérer. Elle retourna plusieurs fois au bal de Sceaux, sans pouvoir y rencontrer le jeune homme qui était venu tout-à-coup dominer ses rêves et les embellir. Quoique rien n'aiguillonne plus le naissant amour d'une jeune fille qu'un obstacle, il y eut cependant un moment où mademoiselle Émilie de Fontaine fut sur le point d'abandonner son étrange et secrète poursuite, en désespérant presque du succès d'une entreprise dont la singularité peut donner une idée de la hardiesse de son caractère. Elle aurait pu en effet tourner longtemps autour du village de Châtenay sans revoir son inconnu. La jeune Clara, puisque tel est le nom que mademoiselle de Fontaine avait entendu, n'était ni vicomtesse, ni Anglaise; et l'étranger n'habitait pas plus qu'elle les bosquets fleuris et embaumés de Châtenay.

Un soir, Émilie sortit à cheval avec son oncle, qui depuis les beaux jours avait obtenu de sa goutte une assez longue cessation d'hostilités, et rencontra la calèche de la vicomtesse Abergaveny. La véritable étrangère avait pour compagnon un gentlemen très-prude et très-élégant dont la fraîcheur et le coloris, dignes d'une jeune fille, n'annonçaient pas plus la pureté du cœur qu'une brillante toilette n'est un indice de fortune. Hélas! ces deux étrangers n'avaient rien dans leurs traits ni dans leur contenance qui pût ressembler aux deux séduisants portraits que l'amour et la jalousie avaient gravés dans la mémoire d'Émilie. Elle tourna bride sur-le-champ avec le dépit d'une femme frustrée dans son attente. Son oncle eut toutes les peines du monde à la suivre tant elle faisait galoper son petit cheval avec rapidité.

— Apparemment que je suis devenu trop vieux pour comprendre ces esprits de vingt ans, se dit le marin en mettant son cheval au galop, ou peut-être la jeunesse d'aujourd'hui ne ressemble-t-elle plus à celle d'autrefois... J'étais cependant un fin voilier et j'ai toujours bien su prendre le vent. Mais qu'a donc ma nièce? La voilà maintenant qui marche à petits pas comme un gendarme en patrouille dans les rues de Paris. Ne dirait-on pas qu'elle veut cerner ce brave bourgeois qui m'a l'air d'être un auteur rêvassant à ses poésies, car il a, je crois, un *album* en main. Je suis par ma foi un grand sot! Ne serait-ce pas le jeune homme en quête duquel nous sommes.

A cette pensée le vieux marin fit marcher tout doucement son cheval sur le sable, de manière à pouvoir arriver sans bruit auprès de sa nièce. L'ancien voltigeur avait fait trop de noirceurs dans les années 1771 et suivantes, époque de nos annales où la galanterie était en honneur, pour ne pas deviner sur-le-champ qu'Émilie avait, par le plus grand hasard, rencontré l'inconnu du bal de Sceaux. Malgré le voile que l'âge répandait sur ses yeux gris, le comte de Kergarouët sut reconnaître les indices d'une agitation extraordinaire chez sa nièce, en dépit de l'immobilité qu'elle essayait d'imprimer à son visage. Les yeux perçans de la jeune demoiselle étaient fixés avec une sorte de stupeur sur l'étranger qui marchait paisiblement devant elle.

— C'est bien cela! se dit le marin, elle va le suivre comme un vaisseau marchand suit un corsaire dont il a peur. Puis, quand elle l'aura vu s'éloigner, elle sera au désespoir de ne pas savoir qui elle aime, et d'ignorer si c'est un marquis ou un bourgeois. Vraiment les jeunes têtes devraient toujours avoir une vieille perruque comme moi avec elles.....

Alors il poussa tout-à-coup son cheval à l'improviste, de manière à faire partir celui de sa nièce; passa si vite entre elle et le jeune promeneur, qu'il le força de se jeter sur le talus de verdure dont le chemin était encaissé. Arrêtant aussitôt son cheval, le comte, tout en colère, s'écria : — Ne pouviez-vous pas vous ranger?

— Ah! pardon, monsieur! répondit l'inconnu. J'oubliais que c'était à moi de vous faire des excuses de ce que vous avez failli me renverser.

— Eh! l'ami, reprit aigrement le marin en prenant un son de voix dont le ricanement avait quelque chose d'insultant, je suis un vieux loup de mer engravé par ici, ne vous émancipez pas avec moi, morbleu, j'ai la main légère! En même temps le comte leva plaisamment sa cravache comme pour fouetter son cheval, et toucha l'épaule de son interlocuteur.

— Ainsi, blanc-bec, ajouta-t-il, que l'on soit sage en bas de la cale.

Le jeune homme gravit le talus de la route en entendant ce sarcasme, il se croisa les bras et répondit d'un ton fort ému : — Monsieur, je ne puis croire en voyant vos cheveux blancs, que vous vous amusiez encore à chercher des duels.

— Cheveux blancs! s'écria le marin en l'interrompant, tu en as menti par ta gorge, ils ne sont que gris. Bourgeois! si j'ai fait la cour à vos grand'-mères, je n'en suis que plus habile à la faire à vos femmes, si elles en valent la peine toutefois...

5

Une dispute aussi bien commencée devint en quelques secondes si chaude, que le jeune adversaire oublia le ton de modération qu'il s'était efforcé de conserver. Au moment où le comte de Kergarouët vit sa nièce arriver à eux avec toutes les marques d'une vive inquiétude, il donnait son nom à son antagoniste, en lui disant de garder le silence devant la jeune personne confiée à ses soins. L'inconnu ne put s'empêcher de sourire, et remit une carte au vieux marin, en lui faisant observer qu'il habitait une maison de campagne à Chevreuse; après la lui avoir indiquée, il s'éloigna rapidement.

— Vous avez manqué blesser ce pauvre pékin, ma nièce! dit le comte en s'empressant d'aller au-devant d'Émilie. Vous ne savez donc plus tenir votre cheval en bride? Vous me laissez-là compromettre ma dignité pour couvrir vos folies; tandis que si vous étiez restée, un seul de vos regards ou une de vos paroles polies, une de celles que vous dites si joliment quand vous n'êtes pas impertinente, aurait tout raccommodé, lui eussiez-vous cassé le bras.

— Eh! mon cher oncle! c'est votre cheval, et non le mien, qui est cause de cet accident. Je crois en vérité que vous ne pouvez plus monter à cheval, vous n'êtes déjà plus si bon cavalier que vous l'étiez l'année dernière. Mais au lieu de dire des riens...

— Diable! des riens! Ce n'est donc rien que de faire une impertinence à votre oncle?

— Ne devrions-nous pas aller savoir si ce jeune homme est blessé? Il boite, mon oncle, voyez donc...

— Non, il court ! Ah ! je l'ai rudement morigéné.

— Ah ! mon oncle, je vous reconnais là !

— Halte-là, ma nièce, dit le comte en arrêtant le cheval d'Émilie par la bride. Je ne vois pas la nécessité de faire des avances à quelque boutiquier trop heureux d'avoir été jeté à terre par une jeune fille ou par un vieux marin aussi nobles que nous le sommes.

— Pourquoi croyez-vous que ce soit un roturier, mon cher oncle ? Il me semble qu'il a des manières fort distinguées.

— Tout le monde a des manières aujourd'hui, ma nièce.

— Non, mon oncle, tout le monde n'a pas l'air et la tournure que donne l'habitude des salons, et je parierais avec vous volontiers que ce jeune homme est noble.

— Vous n'avez pas trop eu le temps de l'examiner.

— Mais ce n'est pas la première fois que je le vois.

— Et ce n'est pas non plus la première fois que vous le cherchez, lui répliqua le comte en riant.

Émilie rougit, et son oncle se plut à la laisser quelque temps dans l'embarras, puis il lui dit : — Émilie, vous savez que je vous aime comme mon enfant, précisément parce que vous êtes la seule de la famille qui ayez cet orgueil légitime que donne une haute naissance. Corbleu ! ma petite nièce, qui aurait cru que les bons principes deviendraient si rares! Eh bien, je veux être votre confident. Ma chère petite, je vois que ce jeune gentilhomme ne vous est pas indifférent. Chut!... Ils se moqueraient de nous dans la famille, si nous nous embarquions sous un faux pavillon. Vous savez ce que cela veut dire. Ainsi, laissez-moi vous aider, ma nièce. Gardons-nous tous deux le secret, et je vous promets d'amener ce brick-là sous votre feu croisé, au milieu de notre salon.

— Et quand, mon oncle?

— Demain.

— Mais, mon cher oncle, je ne serai obligée à rien?

— A rien du tout, et vous pourrez le bombarder, l'incendier, et le laisser là comme une vieille caraque si cela vous plaît! Ce ne sera pas le premier, n'est-ce pas?

— Êtes-vous bon! mon oncle.

Aussitôt que le comte fut rentré, il mit ses besicles, tira secrètement la carte de sa poche, et lut : M. Maximilien Longueville, rue du Sentier.

— Soyez tranquille, ma chère nièce, dit-il à Émilie, vous pouvez le harponner en toute sécurité de conscience, il appartient à une de nos familles historiques, et s'il n'est pas pair de France, il le sera infailliblement.

— D'où savez-vous cela!

— C'est mon secret.

— Vous connaissez donc son nom?

Le comte inclina en silence sa tête grise, qui ressemblait assez à un vieux tronc de chêne autour duquel auraient voltigé quelques feuilles roulées par le froid de l'automne. A ce signe, sa nièce vint essayer sur lui le pouvoir toujours neuf de ses coquetteries. Instruite dans l'art de cajoler le vieux marin, elle lui prodigua les caresses les plus enfantines, les paroles les plus tendres ; elle alla même jusqu'à l'embrasser, afin d'obtenir de lui la révélation d'un secret aussi important. Le vieillard, qui passait sa vie à faire jouer à sa nièce de ces sortes de scènes, et qui les payait souvent par le prix d'une parure, ou par l'abandon de sa loge aux Italiens, se complut cette fois à se laisser prier et surtout caresser. Mais, comme il faisait durer ses plaisirs trop long-temps, Émilie se fâcha, passa des caresses aux sarcasmes, et bouda. Elle revint dominée par la curiosité. Le marin diplomate obtint solennellement de sa nièce une promesse d'être à l'avenir plus réservée, plus douce, moins volontaire, de dépenser moins d'argent, et surtout de lui tout dire. Le traité conclu et signé par un baiser qu'il déposa sur le front blanc de sa nièce, il l'amena dans un coin du salon, l'assit sur ses genoux, plaça la carte sous ses deux pouces et ses doigts, de manière à la cacher, découvrit lettre à lettre le nom de Longueville, et refusa fort obstinément d'en laisser voir davantage.

Cet événement rendit le sentiment secret de mademoiselle de Fontaine plus intense. Elle déroula pendant une grande partie de la nuit les tableaux les plus brillans des rêves dont elle avait nourri ses espérances. Enfin, graces à ce hasard imploré si souvent, elle avait maintenant tout autre chose qu'un être de raison pour créer une source aux richesses imaginaires dont elle se plaisait à doter sa vie future. Ignorant, comme toutes les jeunes personnes, les dangers de l'amour et du mariage, elle se passionna pour les dehors trompeurs du mariage et de l'amour. N'est-ce pas dire que son sentiment naquit comme naissent presque tous ces caprices du premier âge, douces et cruelles erreurs qui exercent une si fatale influence sur l'existence des jeunes filles assez inexpérimentées pour ne s'en remettre qu'à elles-mêmes du soin de leur bonheur à venir.

Le lendemain matin, avant qu'Émilie fût réveillée, son oncle avait couru à Chevreuse.

En reconnaissant, dans la cour d'un élégant pavillon, le jeune homme qu'il avait si résolument insulté la veille, il alla vers lui avec cette affectueuse politesse des vieillards de l'ancienne cour.

— Eh! mon cher monsieur, qui aurait dit que je me ferais une affaire, à l'âge de soixante-treize ans, avec le fils ou le petit-fils d'un de mes meilleurs amis? Je suis contre-amiral, monsieur, c'est vous dire que je m'embarrasse aussi peu d'un duel que de fumer un cigare de la Havane. Dans mon temps, deux jeunes gens ne pouvaient devenir intimes qu'après avoir vu la couleur de leur sang. Mais, ventre-dieu, hier, j'avais, en ma qualité de marin, embarqué un peu trop de rhum à bord, et j'ai sombré sur vous. Touchez là! J'aimerais mieux recevoir cent coups de cravache d'un Longueville que de causer la moindre peine à sa famille.

Quelque froideur que le jeune homme s'efforçât de marquer au comte de Kergarouët, il ne put longtemps tenir à la franche bonté de ses manières, et se laissa serrer la main.

— Vous alliez monter à cheval, dit le comte, ne vous gênez pas. Mais venez avec moi, à moins que vous n'ayez des projets, je vous invite à dîner aujourd'hui au pavillon de Bonneval. Mon neveu, le comte de Fontaine, y sera, et c'est un homme essentiel à connaître! Ah! je prétends, morbleu! vous dédommager de ma brusquerie en vous présentant à cinq des plus jolies femmes de Paris. Hé! hé! jeune homme, votre front se déride! J'aime les jeunes gens! j'aime à les voir heureux. Leur bonheur me rappelle les bienfaisantes années de 1771, 1772 et autres, où les aventures ne manquaient pas plus que les duels! On était gai, alors! Aujourd'hui, vous raisonnez, et l'on s'inquiète de tout, comme s'il n'y avait eu ni xve ni xvie siècle.

— Mais, monsieur, nous avons, je crois, raison, car le xvie siècle n'a donné que la liberté religieuse à l'Europe, et le xixe...

— Ah! ne parlons pas politique. Je suis une vieille *ganache* d'ultrà, voyez-vous. Mais je n'empêche pas les jeunes gens d'être révolutionnaires, pourvu qu'ils me laissent la liberté de serrer ma petite queue dans son ruban noir.

A quelques pas de là, lorsque le comte et son jeune compagnon furent au milieu des bois, le marin, avisant un jeune bouleau assez mince, arrêta son cheval, prit un de ses pistolets dont il logea la balle au milieu de l'arbre, à quinze pas de distance.

— Vous voyez, mon brave, que je ne crains pas un duel! dit-il avec une gravité comique, en regardant M. Longueville.

— Ni moi non plus, reprit ce dernier, qui arma promptement son pistolet, visa le trou fait par la balle du comte, et ne plaça pas la sienne loin de ce but.

— Voilà ce qui s'appelle un jeune homme bien élevé, s'écria le marin avec une sorte d'enthousiasme.

Pendant la promenade qu'il fit avec celui qu'il regardait déjà comme son neveu, il trouva mille occasions de l'interroger sur toutes les bagatelles dont la parfaite connaissance constituait, selon son code particulier, un gentilhomme accompli.

— Avez-vous des dettes? demanda-t-il enfin à son compagnon après bien des questions.

— Non, monsieur.

— Comment! vous payez tout ce qui vous est fourni?

— Exactement, monsieur, autrement nous perdrions tout crédit et toute espèce de considération.

— Mais au moins vous avez plus d'une maîtresse? Ah, vous rougissez! Ventre-dieu, mon camarade, les mœurs ont bien changé! Avec ces idées d'ordre légal, de kantisme et de liberté, la jeunesse s'est gâtée. Vous n'avez ni Guimard, ni Duthé, ni créanciers, et vous ne savez pas le blason : mais, mon jeune ami, vous n'êtes pas *élevé !* Sachez que celui qui ne fait pas ses folies au printemps les fait en hiver. Mais ventre-dieu! si j'ai eu quatre-vingt mille livres de rente à soixante-dix ans, c'est que j'en avais mangé le double à trente ans. Néanmoins vos imperfections ne m'empêcheront pas de vous annoncer au pavillon Bonneval. Songez que vous m'avez promis d'y venir, et je vous y attends...

— Quel singulier petit vieillard! se dit le jeune Longueville ; il est vert comme un pré, mais tout bon homme qu'il peut paraître, je ne m'y fierais pas. J'irai au pavillon Bonneval, parce qu'il y a de jolies femmes, dit-on ; mais y rester à dîner, il faudrait être fou !

Le lendemain, sur les quatre heures, au moment où toute la compagnie était éparse dans les salons ou au billard, un domestique annonça aux habitans du pavillon de Bonneval : M. *de* Longueville. Au nom du personnage dont le vieux comte de Kergarouët avait entretenu la famille, tout le monde, jusqu'au joueur qui allait faire une bille, accourut, autant pour observer la contenance de mademoiselle de Fontaine, que pour juger le phénix humain qui avait mérité une mention honorable au détriment de tant de rivaux. Une mise aussi élégante que simple, des manières pleines d'aisance, des formes polies, une voix douce et d'un timbre qui faisait vibrer les cordes du cœur, concilièrent à M. Longueville la bienveillance de toute la famille. Il ne sembla pas étranger au luxe oriental de la demeure du fastueux receveur général. Quoique sa conversation fût celle d'un homme du monde, chacun put facilement deviner qu'il avait reçu la plus brillante éducation et que ses connaissances étaient aussi solides qu'étendues. Il trouva si bien le mot propre dans une discussion assez légère suscitée par le vieux marin, sur les constructions navales, qu'une dame lui fit observer qu'il semblait être sorti de l'École Polytechnique.

— Je crois, madame, répondit-il, qu'on peut regarder comme un titre de gloire d'en avoir été l'élève.

Malgré toutes les instances qui lui furent faites, il se refusa avec politesse, mais avec fermeté, au désir qu'on lui témoigna de le garder à dîner, et arrêta les observations des dames en disant qu'il était l'Hippocrate d'une jeune sœur dont la santé très-délicate exigeait beaucoup de soins.

— Monsieur est sans doute médecin? demanda avec ironie une des belles-sœurs d'Émilie.

— Monsieur est sorti de l'École Polytechnique, répondit avec bonté mademoiselle de Fontaine, dont la figure s'anima des teintes les plus riches, au moment où elle apprit que la jeune fille du bal était la sœur de M. Longueville.

— Mais, ma chère, on peut être médecin et

avoir été à l'École Polytechnique, n'est-ce pas, monsieur ?

— Madame, répondit le jeune homme, rien ne s'y oppose.

Tous les yeux se portèrent sur Émilie, qui regardait alors avec une sorte de curiosité inquiète le séduisant inconnu. Elle respira plus librement quand elle l'entendit ajouter en souriant : — Je n'ai pas l'honneur d'être médecin, madame, et j'ai même renoncé à entrer dans le service des ponts-et-chaussées afin de conserver mon indépendance.

— Et vous avez bien fait, dit le comte. Mais comment pouvez-vous regarder comme un honneur d'être médecin? ajouta le noble Breton. Ah! mon jeune ami, pour un homme comme vous!

— Monsieur le comte, je respecte infiniment toutes les professions qui ont un but d'utilité.

— Eh! nous sommes d'accord! Vous respectez ces professions-là, j'imagine, comme un jeune homme respecte une douairière.

La visite de M. Longueville ne fut ni trop longue, ni trop courte. Il se retira au moment où il s'aperçut qu'il avait plu à tout le monde, et que la curiosité de chacun s'était éveillée sur son compte.

— C'est un rusé compère! dit le comte en rentrant au salon, après l'avoir reconduit.

Mademoiselle de Fontaine, qui seule était dans le secret de cette visite, avait fait une toilette assez recherchée pour attirer les regards du jeune homme; mais elle eut le petit chagrin de voir qu'il ne fit pas à elle autant d'attention qu'elle croyait en mériter. La famille fut assez surprise du silence dans lequel elle se renferma. En effet, Émilie était habituée à déployer pour les nouveaux venus tous les trésors de sa coquetterie, toutes les ruses de son babil spirituel, et l'inépuisable éloquence de ses regards et de ses attitudes. Soit que la voix mélodieuse du jeune homme et l'attrait de ses manières l'eussent charmée, ou qu'elle aimât sérieusement, et que ce sentiment eût opéré en elle un changement, son maintien perdit en cette occasion toute affectation. Devenue simple et naturelle, elle dut sans doute paraître plus belle. Quelques-unes de ses sœurs et une vieille dame, amie de la famille, pensèrent que c'était un raffinement de coquetterie. Elles supposèrent que, jugeant le jeune homme digne d'elle, Émilie se proposait peut-être de ne montrer que lentement ses avantages, afin de l'éblouir tout à coup, au moment où elle lui aurait plu.

Toutes les personnes de la famille étaient curieuses de savoir ce que cette capricieuse fille pensait du jeune homme. Mais lorsque, pendant le dîner, chacun prit plaisir à doter M. Longueville d'une qualité nouvelle, en prétendant l'avoir seul découverte, mademoiselle de Fontaine resta muette pendant quelque temps. Mais tout à coup un léger sarcarme de son oncle la réveilla de son apathie. Elle dit d'une manière assez épigrammatique que cette perfection céleste devait couvrir quelque grand défaut, et qu'elle se garderait bien de juger à la première vue un homme qui paraissait être aussi habile. Elle ajouta que ceux qui plaisaient ainsi à tout le monde ne plaisaient à personne, et que le pire de tous les défauts était de n'en avoir aucun. Comme toutes les jeunes filles qui aiment, elle caressait l'espérance de pouvoir cacher son sentiment au fond de son cœur en donnant le change aux Argus dont elle était entourée ; mais, au bout d'une quinzaine de jours, il n'y eut pas un des membres de cette nombreuse famille qui ne fût initié dans ce petit secret domestique.

A la troisième visite que fit M. Longueville, Émilie crut en avoir été le sujet. Cette découverte lui causa un plaisir si enivrant qu'elle l'étonna quand elle put y réfléchir. Il y avait là quelque chose de pénible pour son orgueil. Habituée à se faire le centre du monde, elle était obligée de reconnaître une force qui l'attirait hors d'elle-même. Elle essaya de se révolter, mais elle ne put chasser de son cœur l'élégante image du jeune homme. Puis vinrent bientôt des inquiétudes. En effet, deux qualités de M. Longueville, très-contraires à la curiosité générale, et surtout à celle de mademoiselle de Fontaine, étaient une discrétion et une modestie incroyables. Il ne parlait jamais ni de lui, ni de ses occupations, ni de sa famille. Les finesses dont Émilie semait sa conversation et les piéges qu'elle y tendait pour se faire donner par ce jeune homme des détails sur lui-même étaient tous inutiles. Son amour-propre la rendait avide de révélations. Parlait-elle peinture? M. Longueville répondait en connaisseur. Faisait-elle de la musique? Le jeune homme prouvait sans fatuité qu'il était assez fort sur le piano. Un soir, il avait enchanté toute la compagnie, lorsque sa voix délicieuse s'unit à celle d'Émilie dans un des plus beaux duos de Cimarosa. Mais, quand on essaya de s'informer s'il était artiste, il plaisanta avec tant de grace, qu'il ne laissa pas aux femmes, et même aux plus exercées dans l'art de deviner les sentimens, la possibilité de décider ce qu'il était réellement. Avec quelque courage que le vieil oncle jetât le grappin sur ce bâtiment, Longueville s'esquivait avec tant de souplesse, qu'il sut conserver tout le charme du mystère. Il lui fut d'autant plus facile de rester *le bel inconnu* au pavillon Bonneval, que la curiosité n'y excédait pas les bornes de la politesse. Émilie, tourmentée de cette réserve, espéra tirer meilleur parti de la sœur que du frère pour ces sortes de confidences. Secondée par son oncle, qui s'entendait aussi bien à cette manœuvre qu'à celle d'un bâtiment, elle essaya de mettre en scène le personnage jusqu'alors muet de mademoiselle Clara Longueville. La société du pavillon Bonneval manifesta bientôt le plus grand désir de connaître une aussi aimable personne, et de lui procurer quelque distraction. Un bal sans cérémonie fut proposé et accepté. Les dames ne désespérèrent pas complètement de faire parler une jeune fille de seize ans.

Malgré ces petits nuages amoncelés par ces mystères et créés par la curiosité, un jour éclatant éclairait la vie de mademoiselle de Fontaine qui jouissait délicieusement de l'existence en la rapportant à un autre qu'à elle. Elle commençait à concevoir les rapports sociaux. Soit que le bonheur nous rende meilleurs, soit qu'elle fût trop occupée pour tourmenter les autres, elle devint moins caustique, plus indulgente, plus douce ; et le changement de son caractère enchanta sa famille étonnée. Peut-être, après tout, son amour allait-il être plus tard un égoïsme à deux. Attendre l'arrivée de son timide et secret adorateur, était une joie céleste. Sans qu'un seul mot d'amour eût été prononcé entre eux, elle savait qu'elle était aimée, et avec quel art ne se plaisait-elle pas à faire déployer au jeune inconnu tous les trésors de son instruction ! Elle s'aperçut qu'elle en était observée avec soin, et alors elle essaya de vaincre tous les défauts que son éducation avait laissés croître en elle. C'était déjà un premier hommage rendu à l'amour, et un reproche cruel qu'elle s'adressait à elle-même. Elle voulait plaire, elle enchanta ; elle aimait, elle fut idolâtrée. Sa famille sachant qu'elle était gardée par son orgueil, lui donnait assez de liberté pour qu'elle pût savourer toutes ces petites félicités enfantines qui donnent tant de charme et de violence aux premières amours. Plus d'une fois le jeune homme et mademoiselle de Fontaine se mirent à errer dans les allées d'un parc assez vaste où la nature était parée comme une femme qui va au bal. Plus d'une fois, ils eurent de ces entretiens sans but et sans physionomie dont les phrases les plus vides de sens sont celles qui cachent le plus de sentimens. Ils admirèrent souvent ensemble le soleil couchant et ses riches couleurs ; cueillirent des marguerites, pour les effeuiller ; et chantèrent les duos les plus passionnés, en se servant des notes rassemblées par Pergolèse ou par Rossini, comme de truchemens fidèles pour exprimer leurs secrets.

Le jour du bal arriva. Clara Longueville et son frère, que les valets s'obstinaient à décorer de la noble particule, en furent les héros ; et, pour la première fois de sa vie, mademoiselle de Fontaine vit le triomphe d'une jeune fille avec plaisir. Elle prodigua sincèrement à Clara ces caresses gracieuses et ces petits soins que les femmes ne se rendent ordinairement entre elles que pour exciter la jalousie des hommes. Mais Émilie avait un but, elle voulait surprendre des secrets. Mademoiselle Longueville montra plus de réserve encore que n'en avait montré son frère. Elle déploya même, en sa qualité de fille, plus de finesse et d'esprit ; elle n'eut pas même l'air d'être discrète ; mais elle eut soin de tenir la conversation sur des sujets étrangers à tout intérêt individuel, et sut l'empreindre d'un si grand charme, que mademoiselle de Fontaine en conçut une sorte d'envie, et surnomma Clara *la syrène*. Émilie avait formé le dessein de faire causer Clara, ce fut Clara qui interrogea Émilie. Elle voulait la juger, elle en fut jugée. Elle se dépita souvent d'avoir laissé percer son caractère dans quelques réponses que lui arracha malicieusement Clara, dont l'air modeste et candide éloignait tout soupçon de perfidie. Il y eut un moment où mademoiselle de Fontaine parut fâchée d'avoir fait contre les roturiers une imprudente sortie provoquée par Clara.

— Mademoiselle, lui dit cette charmante créature, j'ai tant entendu parler de vous par Maximilien, que j'avais le plus vif désir de vous connaître par attachement pour lui ; mais vouloir vous connaître, c'est vouloir vous aimer.

— Ma chère Clara, j'avais peur de vous déplaire en parlant ainsi de ceux qui ne sont pas nobles.

— Oh ! rassurez-vous. Aujourd'hui, ces sortes de discussions sont sans objet, et, quant à moi, elles ne m'atteignent pas. Je suis en dehors de la question.

Quelque ambitieuse que fût cette réponse, mademoiselle de Fontaine en ressentit une joie profonde. Semblable à tous les gens passionnés, elle l'expliqua, comme s'expliquent les oracles, dans le sens qui s'accordait avec ses désirs. Alors elle s'élança à la danse, plus joyeuse que jamais, et, en regardant M. Longueville, dont les formes et l'élégance surpassaient peut-être celles de son type imaginaire, elle ressentit une satisfaction de plus en songeant qu'il était noble. Ses yeux noirs scintillèrent, et elle dansa avec tout le plaisir qu'on trouve à ce mystérieux dédale de pas et de mouvemens en présence de celui qu'on aime. Jamais les deux amans ne s'entendirent mieux qu'en ce moment ; et plus d'une fois ils sentirent le bout de leurs doigts

6.

frémir et trembler, lorsque les lois de la contredanse leur imposèrent la douce tâche de les effleurer.

Ils atteignirent le commencement de l'automne, au milieu des fêtes et des plaisirs de la campagne, en se laissant doucement abandonner au courant du sentiment le plus doux de la vie, en le fortifiant par mille petits accidens que chacun peut imaginer, car les amours se ressemblent toujours en quelques points. L'un et l'autre s'étudiaient autant que l'on peut s'étudier quand on aime.

— Enfin, disait le vieil oncle qui suivait les deux jeunes gens de l'œil, comme un naturaliste examine un insecte au microscope, jamais amourette n'a si vite tourné en mariage d'inclination.

Ce mot effraya M. et madame de Fontaine. Le vieux Vendéen cessa d'être aussi indifférent au mariage de sa fille qu'il avait naguère promis de l'être. Il alla chercher à Paris des renseignemens qu'il n'y trouva pas. Inquiet de ce mystère, et ne sachant pas encore quel serait le résultat de l'enquête qu'il avait prié un administrateur parisien de lui faire sur la famille Longueville, il crut devoir avertir sa fille de se conduire prudemment. L'observation paternelle fut reçue avec une feinte obéissance pleine d'ironie.

— Au moins, ma chère Émilie, si vous l'aimez, ne le lui avouez pas!

— Mon père, il est vrai que je l'aime, mais j'attendrai pour le lui dire que vous me le permettiez.

— Cependant, Émilie, songez que vous ignorez encore quelle est sa famille, son état.

— Si je l'ignore, c'est que je le veux bien. Mais, mon père, vous avez souhaité me voir mariée, vous m'avez donné la liberté de faire un choix; le mien est fait irrévocablement. Que faut-il de plus ?

— Il faut savoir, ma chère enfant, si celui que tu as choisi est fils d'un pair de France, répondit ironiquement le vénérable gentilhomme.

Émilie resta un moment silencieuse; puis, elle releva bientôt la tête, regarda son père, et lui dit avec une sorte d'inquiétude : — Est-ce que les Longueville....

— Sont éteints en la personne du vieux duc qui a péri sur l'échafaud en 1793. Il était le dernier rejeton de la dernière branche cadette.

— Mais, mon père, il y a de fort bonnes maisons issues de bâtards. L'histoire de France fourmille de princes qui mettaient des barres à leurs écus.

— Tes idées ont bien changé! dit le vieux gentilhomme en souriant.

Le lendemain était le dernier jour que la famille Fontaine dût passer au pavillon Bonneval. Émilie, que l'avis de son père avait fortement inquiétée, attendit avec une vive impatience l'heure à laquelle M. Longueville avait l'habitude de venir, afin d'obtenir de lui une explication. Elle sortit après le dîner et alla errer dans le parc ; elle savait que l'empressé jeune homme viendrait la surprendre au sein du bosquet sombre où ils causaient souvent. Aussi fut-ce de ce côté qu'elle se dirigea en songeant à la manière dont elle s'y prendrait pour réussir à surprendre, sans se compromettre, un secret si important. C'était chose difficile ; car, jusqu'à présent, aucun aveu direct n'avait sanctionné le sentiment qui l'unissait à M. Longueville. Elle avait secrètement joui, comme lui, de la douceur d'un premier amour ; mais aussi fiers l'un que l'autre, il semblait que chacun d'eux craignît de s'avouer qu'il aimât. Maximilien Longueville, à qui Clara avait inspiré des soupçons qui n'étaient pas sans fondement sur le caractère d'Émilie, se trouvait à chaque instant emporté par la violence d'une passion de jeune homme, et retenu par le désir de connaître et d'éprouver la femme à laquelle il devait confier tout son avenir et le bonheur de sa vie. Il ne voulait essayer de combattre les préjugés qui gâtaient le caractère d'Émilie, préjugés que son amour ne l'avait pas empêché de reconnaître en elle, qu'après s'être assuré qu'il en était aimé, car il ne voulait pas plus hasarder le sort de son amour que celui de sa vie. Il s'était donc constamment tenu dans un silence que ses regards, son attitude et ses moindres actions démentaient. De l'autre côté, la fierté naturelle à une jeune fille, encore augmentée chez mademoiselle de Fontaine par la sotte vanité que lui donnaient sa naissance et sa beauté, l'empêchaient d'aller au-devant d'une déclaration qu'une passion croissante lui persuadait quelquefois de solliciter. Aussi les deux amans avaient-ils instinctivement compris leur situation sans s'expliquer leurs secrets motifs. Il est des momens de la vie où le vague plaît à de jeunes âmes ; et par cela même que l'un et l'autre avaient trop tardé de parler, ils semblaient tous deux se faire un jeu cruel de leur attente. L'un cherchait à découvrir s'il était aimé par l'effort que coûterait un aveu à son orgueilleuse maîtresse ; l'autre espérait voir rompre à tout moment un trop respectueux silence.

Mademoiselle de Fontaine s'était assise sur un banc rustique, et songeait à tous les événemens qui venaient de se passer. Chaque jour de ces trois mois lui semblait être le brillant pétale d'une fleur radieuse et embaumée. Les soupçons de son père étaient les dernières craintes dont son âme pouvait être atteinte. Elle en fit même justice par deux ou trois de ces réflexions de jeune fille inexpérimentée qui lui semblèrent victorieuses. Avant tout, elle convint avec elle-même qu'il était impossible qu'elle se trompât. Pendant toute une saison, elle n'avait pu apercevoir en M. Maximilien, ni un seul geste, ni une seule parole qui indiquassent une origine ou des occupations communes ; il avait dans la discussion une habitude qui décélait un homme occupé des hauts intérêts du pays. — D'ailleurs, se dit-elle, un homme de bureau, un financier ou un commerçant n'aurait pas eu le loisir de rester une saison entière à me faire la cour au milieu des champs et des bois, en dispensant son temps aussi libéralement qu'un noble qui a devant lui toute une vie libre de soins. Elle était plongée dans une méditation beaucoup plus intéressante pour elle que ne l'étaient ces pensées préliminaires, quand un léger bruissement du feuillage lui annonça que depuis un moment elle était sans doute contemplée avec la plus profonde admiration.

— Savez-vous que cela est fort mal, lui dit-elle en souriant, de surprendre ainsi les jeunes filles!

— Surtout, répondit-il, lorsqu'elles sont occupées de leurs secrets.

— Pourquoi n'aurais-je pas les miens, puisque vous avez les vôtres?

— Vous pensiez donc réellement à vos secrets? reprit-il en riant.

— Non, je songeais aux vôtres. Les miens? je les connais.

— Mais, s'écria doucement le jeune homme en saisissant le bras de mademoiselle de Fontaine et le mettant sous le sien, peut-être mes secrets sont-ils les vôtres, et vos secrets les miens.

Ils avaient fait quelques pas et se trouvaient sous un massif d'arbres que les couleurs du couchant enveloppaient comme d'un nuage rouge et brun. Cette magie naturelle imprima une sorte de solennité à ce moment. L'action vive et libre du jeune homme, et surtout l'agitation de son cœur bouillant dont le bras d'Émilie sentait les pulsations précipitées, l'avaient jetée dans une exaltation d'autant plus pénétrante qu'elle n'était excitée que par les accidens les plus simples et les plus innocens. La réserve dans laquelle vivent les jeunes filles du grand monde donne une force incroyable aux explosions de leurs sentimens, et c'est un des plus grands dangers qui puisse les atteindre quand elles rencontrent un amant passionné. Jamais les yeux d'Émilie et de Maximilien n'avaient tant parlé. En proie à cette ivresse, ils oublièrent aisément les petites stipulations de l'orgueil, de la défiance, et les froides considérations de leur raison. Ils ne purent même s'exprimer d'abord que par un serrement de main qui servit d'interprète à leurs joyeuses pensées.

— Monsieur, dit en tremblant et d'une voix émue mademoiselle Fontaine après un long silence et après avoir fait quelques pas avec une certaine lenteur, j'ai une question à vous faire. Mais, songez, de grâce, qu'elle m'est en quelque sorte commandée par la situation assez étrange où je me trouve vis-à-vis de ma famille.

Une pause effrayante pour Émilie succéda à ces phrases qu'elle avait presque bégayées. Pendant le moment que dura le silence, cette jeune fille si fière n'osa soutenir le regard éclatant de celui qu'elle aimait, car elle avait un secret sentiment de la bassesse des mots suivans qu'elle ajouta : — Êtes-vous noble?

Quand ces dernières paroles furent prononcées, elle aurait voulu être au fond d'un lac.

— Mademoiselle, reprit gravement M. Longueville dont la figure attérée contracta une sorte de dignité sévère, je vous promets de répondre sans détour à cette demande quand vous aurez répondu avec sincérité à celle que je vais vous faire. Il quitta le bras de la jeune fille, qui, tout-à-coup, se crut seule dans la vie, et lui dit : — Dans quelle intention me questionnez-vous sur ma naissance ? Elle demeura immobile, froide et muette. — Mademoiselle, reprit Maximilien, n'allons pas plus loin, si nous ne nous comprenons pas. — Je vous aime, ajouta-t-il d'un son de voix profond et attendri. Eh bien, reprit-il d'un air joyeux après avoir entendu l'exclamation de bonheur que ne put retenir la jeune fille, pourquoi me demander si je suis noble ?

— Parlerait-il ainsi s'il ne l'était pas ? s'écria une voix intérieure qu'Émilie crut sortie du fond de son cœur. Elle releva gracieusement la tête, sembla puiser une nouvelle vie dans le regard du jeune homme, et lui tendit le bras comme pour faire une nouvelle alliance.

— Vous avez cru que je tenais beaucoup à des dignités ? demanda-t-elle avec une finesse malicieuse.

— Je n'ai pas de titres à offrir à ma femme, répondit-il d'un air moitié gai, moitié sérieux. Mais si je la prends dans un haut rang et parmi celles que leur fortune a habituées au luxe et aux plaisirs de l'opulence, je sais à quoi un tel choix m'oblige. L'amour donne tout, ajouta-t-il avec gaîté, mais aux amans seulement. Quant aux époux, il leur faut un peu plus que le dôme du ciel, des fruits et le tapis des prairies.

— Il est riche, se dit-elle. Quant aux titres, il

veut peut-être m'éprouver ! On lui aura dit que j'étais entichée de noblesse, et que je n'avais voulu épouser qu'un pair de France. Ce sont mes bégueules de sœurs qui m'auront joué ce tour-là. — Je vous assure, monsieur, que j'ai eu des idées bien exagérées sur la vie et le monde ; mais aujourd'hui, dit-elle en le regardant d'une manière à le rendre fou, je sais où sont nos véritables richesses.

— J'ai besoin de croire que vous parlez à cœur ouvert, répondit-il avec une sorte de gravité douce. Mais cet hiver, ma chère Émilie, dans moins de deux mois peut-être, je serai fier de ce que je pourrai vous offrir, si vous tenez aux jouissances de la fortune. Ce sera le seul secret que je garderai là (il montra son cœur), car de sa réussite dépend mon bonheur, je n'ose dire le nôtre...

— Oh ! dites, dites !

Ce fut au milieu des plus doux propos qu'ils revinrent à pas lents rejoindre la compagnie au salon. Jamais mademoiselle de Fontaine ne trouva son amant plus aimable, ni plus spirituel. Ses formes sveltes, ses manières engageantes lui semblèrent plus charmantes encore depuis une conversation qui venait en quelque sorte de lui confirmer la possession d'un cœur digne d'être envié par toutes les femmes. Ils chantèrent un duo italien avec une expression si ravissante, que l'assemblée les applaudit avec une sorte d'enthousiasme. Leur adieu eut un accent de convention qui cachait le sentiment le plus délicieux. Enfin cette journée devint pour la jeune fille comme une chaîne qui la lia pour toujours à la destinée de l'inconnu. La force et la dignité qu'il avait déployées dans la scène secrète pendant laquelle ils s'étaient révélé leurs sentimens, avaient peut-être aussi imposé à mademoiselle de Fontaine ce respect sans lequel il n'existe pas de véritable amour. Lorsque, restée seule avec son père dans le salon, le vénérable Vendéen s'avança vers elle, lui prit affectueusement les mains, et lui demanda si elle avait acquis quelque lumière sur la fortune, l'état et la famille de M. de Longueville, elle répondit : — Oui, mon cher et bien-aimé père, je suis plus heureuse que je ne pouvais le désirer, et M. de Longueville est le seul homme que je veuille épouser.

— C'est bien, Émilie, reprit le comte, je sais ce qui me reste à faire.

— Connaîtriez-vous quelque obstacle, demanda-t-elle avec une véritable anxiété.

— Ma chère enfant, ce jeune homme est absolument inconnu; mais, à moins que ce ne soit un malhonnête homme, du moment où tu l'aimes, il m'est aussi cher qu'un fils.

— Un malhonnête homme? reprit Émilie, je suis bien tranquille! mon oncle peut vous répondre de lui, car c'est lui qui nous l'a présenté. Dites, cher oncle, a-t-il été flibustier, forban, corsaire?

— Bon! je savais bien que j'allais me trouver là, s'écria le vieux marin en se réveillant.

Il regarda dans le salon ; mais sa nièce avait disparu comme un feu Saint-Elme, pour se servir de son expression habituelle.

— Eh bien! mon oncle, reprit M. de Fontaine, comment avez-vous pu nous cacher tout ce que vous saviez sur ce jeune homme? Vous avez cependant dû vous apercevoir de nos inquiétudes. Est-il de bonne famille?

— Je ne le connais ni d'Eve ni d'Adam! s'écria le comte de Kergarouët. Me fiant au tact de cette petite folle, je lui ai amené son Adonis par un moyen à moi connu. Je sais qu'il tire le pistolet admirablement, chasse très-bien, joue merveilleusement au billard, aux échecs, au trictrac, et qu'il fait des armes et monte à cheval comme feu le chevalier de Saint-Georges. Il a une érudition corsée relativement à nos vignobles. Il calcule comme Barême, dessine, danse et chante bien. Que diable avez-vous donc, vous autres? Si ce n'est pas là un gentilhomme parfait, montrez-moi un bourgeois qui sache tout cela. Trouvez-moi un homme qui vive aussi noblement que lui? Fait-il quelque chose? Compromet-il sa dignité à aller dans des bureaux, à se courber devant de petits gentillâtres que vous appelez des directeurs généraux? Il marche droit. C'est un homme. Mais, au surplus, je viens de retrouver dans la poche de mon gilet la carte qu'il m'a donnée quand il croyait que je voulais lui couper la gorge; pauvre innocent! La jeunesse d'aujourd'hui n'est guère rusée! Tenez, voici.

— Rue du Sentier, n° 5, dit M. de Fontaine en

cherchant à se rappeler, parmi tous les renseignemens qu'on lui avait donnés, celui qui pouvait concerner le jeune inconnu. Que diable cela signifie-t-il ? MM. Georges Brummer, Schilken et compagnie, banquiers dont le principal commerce est celui des mousselines, calicots, toiles peintes, que sais-je ! demeurent là. Bon, j'y suis. Longueville, le député, a un intérêt dans leur maison. Oui, mais je ne connais à Longueville qu'un fils de trente-deux ans, qui ne ressemble pas du tout au nôtre, et auquel il donne cinquante mille livres de rente en mariage, afin de lui faire épouser la fille d'un ministre, il a envie d'être pair tout comme un autre. Jamais je ne lui ai entendu parler de ce Maximilien. A-t-il une fille ? Qu'est-ce que cette Clara. Au surplus, permis à plus d'un intrigant de s'appeler Longueville. Mais la maison Brummer, Schilken et compagnie, n'est-elle pas à moitié ruinée par une spéculation au Mexique ou aux Indes. J'éclaircirai tout cela.

— Tu parles tout seul comme si tu étais sur un théâtre, et tu parais me compter pour zéro, dit tout-à-coup le vieux marin. Tu ne sais donc pas que s'il est gentilhomme, j'ai plus d'un sac dans mes écoutilles pour parer à son défaut de fortune ?

— Quant à cela, s'il est fils de Longueville, il n'a besoin de rien, dit M. de Fontaine en agitant la tête de droite à gauche, son père n'a même pas acheté de savonnette à vilain. Avant la révolution, il était procureur. Le *de* qu'il a pris depuis la restauration lui appartient tout autant que la moitié de sa fortune.

— Bah! bah! s'écria gaîment le marin, heureux ceux dont les pères ont été pendus.

Trois ou quatre jours après cette mémorable journée, et dans une de ces belles matinées du mois de novembre qui font voir aux Parisiens leurs boulevards nettoyés soudain par le froid piquant d'une première gelée, mademoiselle de Fontaine, parée d'une fourrure nouvelle qu'elle voulait mettre à la mode, était sortie avec deux de ses belles-sœurs sur lesquelles elle avait jadis décoché le plus d'épigrammes. Ces trois dames étaient bien moins invitées à cette promenade parisienne par l'envie d'essayer une voiture très-élégante et des robes qui devaient donner le ton aux modes de l'hiver, que par le désir de voir une merveilleuse pèlerine dont une de leurs amies avait remarqué la coupe élégante et originale, dans un riche magasin de lingerie situé au coin de la rue de la Paix. Quand les trois dames furent entrées dans la boutique, madame la baronne de Fontaine tira Émilie par la manche et lui montra M. Maximilien Longueville assis dans le comptoir, et occupé à rendre avec une grace mercantile la monnaie d'une pièce d'or à la lingère avec laquelle il semblait en conférence. Le *bel inconnu* tenait à la main quelques échantillons qui ne laissaient aucun doute sur son honorable profession. Sans qu'on pût s'en apercevoir, Émilie fut saisie d'un frisson glacial. Cependant, grâce au savoir-vivre de la bonne compagnie, elle dissimula parfaitement la rage qu'elle avait dans le cœur, et répondit à sa sœur un : — Je le savais! dont la richesse d'intonation et l'accent inimitable eussent fait envie à la plus célèbre actrice du temps. Elle s'avança vers le comptoir. M. Longueville leva la tête, mit les échantillons dans sa poche avec une grâce et un sang-froid désespérant, salua mademoiselle de Fontaine, et s'approcha d'elle en lui jetant un regard pénétrant.

— Mademoiselle, dit-il à la lingère qui l'avait suivi d'un air très-inquiet, j'enverrai régler ce compte, ma maison le veut ainsi. Mais tenez, ajouta-t-il à l'oreille de la jeune femme en lui remettant un billet de mille francs, prenez. Ce sera une affaire entre nous. — Vous me pardonnerez, j'espère, mademoiselle, dit-il en se retournant vers Émilie. Vous aurez la bonté d'excuser la tyrannie qu'exercent les affaires.

— Mais il me semble, monsieur, que cela m'est fort indifférent, répondit mademoiselle de Fontaine en le regardant avec une assurance et un air d'insouciance moqueuse qui pouvaient faire croire qu'elle le voyait pour la première fois.

— Parlez-vous sérieusement? demanda Maximilien d'une voix altérée.

Émilie lui avait tourné le dos avec une incroyable impertinence. Ce peu de mots, prononcés à voix basse, avaient échappé à la curiosité des deux belles-sœurs. Quand, après avoir pris la pèlerine, les trois dames furent remontées en voiture, Émilie, qui se trouvait assise sur le devant, ne put s'empêcher d'embrasser, par son dernier regard, la profondeur de cette odieuse boutique, où elle vit M. Maximilien, qui resta debout et les bras croisés, dans l'attitude d'un homme supérieur au malheur dont il était si subitement atteint. Leurs yeux se rencontrèrent et se lancèrent deux rayons d'une implacable rigueur. Chacun d'eux espéra qu'il blessait cruellement le cœur qu'il aimait, et, en un moment, tous deux se trouvèrent aussi loin l'un de l'autre que s'ils eussent été l'un à la Chine et l'autre au Groënland. La vanité a un souffle qui dessèche tout. En proie au plus violent combat qui puisse agiter le cœur d'une jeune fille, mademoiselle de Fontaine recueillit la plus ample moisson de douleurs que jamais les préjugés et les petitesses eussent semée dans une âme humaine. Son visage frais et velouté naguère était sillonné de tons jaunes, de taches rouges, et parfois les teintes blanches de ses joues se verdissaient soudain. Dans l'espoir de dérober son trouble à ses sœurs, elle leur montrait en riant tantôt un passant, tantôt une toilette ridicules ; mais ce rire était convulsif, et intérieurement elle se sentait plus vivement blessée de la compassion silencieuse dont ses sœurs l'accablèrent à leur insu, que des épigrammes par lesquelles elles auraient pu se venger. Elle employa tout son esprit à les entraîner dans une conversation où elle essaya d'exhaler sa colère par des contradictions insensées, et accabla les négocians des injures les plus piquantes et d'épigrammes de mauvais ton. En rentrant, elle fut saisie d'une fièvre dont le caractère eut d'abord quelque chose de dangereux ; mais, au bout de huit jours, les soins de ses parens, ceux du médecin, la rendirent aux vœux de sa famille. Chacun espéra que cette leçon pourrait servir à dompter le caractère d'Émilie, qui reprit insensiblement ses anciennes habitudes et s'élança de nouveau dans le monde. Elle prétendit qu'il n'y avait pas de honte à se tromper. Si elle avait, comme son père, quelque influence à la chambre, disait-elle, elle provoquerait une loi pour obtenir que les commerçans, surtout les marchands de calicot, fussent marqués au front comme les moutons du Berry, jusqu'à la troisième génération. Elle voulait que les nobles eussent seuls le droit de porter ces anciens habits français qui allaient si bien aux courtisans de Louis XV. C'était peut-être, à l'entendre, un malheur pour la monarchie qu'il n'y eût aucune différence entre un marchand et un pair de France. Mille autres plaisanteries, faciles à deviner, se succédaient rapidement quand un incident imprévu la mettait sur ce sujet. Mais ceux qui aimaient Émilie remarquaient à travers ses railleries une teinte de mélancolie, qui leur fit croire que M. Maximilien Longueville régnait toujours au fond de ce cœur inexplicable. Parfois elle devenait douce comme pendant la saison fugitive qui vit naître son amour, et parfois aussi elle se montrait plus insupportable qu'elle ne l'avait jamais été. Chacun excusait en silence les inégalités d'une humeur qui prenait sa source dans une souffrance tout à la fois secrète et connue.

Le comte de Kergarouët obtint un peu d'empire sur elle, grâce à un surcroît de prodigalités, genre de consolation qui manque rarement son effet sur les jeunes Parisiennes. La première fois que mademoiselle de Fontaine alla au bal, ce fut chez l'ambassadeur de Naples. Au moment où elle prit place au plus brillant des quadrilles, elle aperçut, à quelques pas d'elle, M. Longueville, qui fit un léger signe de tête à son danseur.

— Ce jeune homme est un de vos amis? demanda-t-elle à son cavalier d'un air de dédain.

— Je le crois, répondit-il, c'est mon frère.

Émilie ne put s'empêcher de tressaillir.

— Ah! si vous le connaissiez, reprit-il d'un ton d'enthousiasme, c'est bien la plus belle âme qui soit au monde...

— Savez-vous mon nom? lui demanda Émilie en l'interrompant avec vivacité.

— Non, mademoiselle. C'est un crime, je l'avoue, que de ne pas avoir retenu un nom qui est sur toutes les lèvres, je devrais dire dans tous les cœurs. Cependant, j'ai une excuse valable, j'arrive d'Allemagne. Mon ambassadeur, qui est à Paris en congé, m'a envoyé ce soir ici pour servir de chaperon à son aimable femme que vous pouvez voir là-bas dans un coin.

— Mais c'est un masque tragique! dit Émilie après avoir examiné l'ambassadrice.

— Voilà cependant sa figure de bal, reprit en riant le jeune homme. Il faudra bien que je la fasse danser ! Aussi, ai-je voulu avoir une compensation. Mademoiselle de Fontaine s'inclina. — J'ai été bien surpris, continua le babillard secrétaire d'ambassade, de trouver mon frère ici. En arrivant de Vienne, j'ai appris que le pauvre garçon était malade et au lit. Je comptais bien le voir avant d'aller au bal, mais la politique ne nous laisse pas toujours le loisir d'avoir des affections de famille. *La dona della casa* ne m'a pas permis de monter chez mon pauvre Maximilien.

— Monsieur votre frère n'est pas, comme vous, dans la diplomatie ? dit Émilie.

— Non, le pauvre garçon, dit le secrétaire en soupirant. Il s'est sacrifié pour moi ! Lui et ma sœur Clara ont renoncé à la fortune de mon père, afin qu'il pût réunir sur ma tête un immense majorat. Mon père rêve la pairie, comme tous ceux qui votent pour le ministère. Il a la promesse d'être nommé, ajouta-t-il à voix basse. Alors mon frère, après avoir réuni quelques capitaux, s'est mis dans une maison de banque, où il a promptement réussi. Je sais qu'il vient de faire avec le Brésil une spéculation qui peut le rendre millionnaire, et suis tout joyeux d'avoir contribué, par mes relations diplomatiques, à lui en assurer le succès. J'attends même avec impatience une dépêche de la légation brésilienne qui sera de nature à lui dérider le front. Comment le trouvez-vous ?

— Mais la figure de monsieur votre frère ne me semble pas être celle d'un homme occupé d'argent.

Le jeune diplomate scruta par un seul regard la figure en apparence calme de sa danseuse.

— Comment, dit-il en souriant, les demoiselles devinent donc aussi les pensées d'amour à travers les fronts muets?

— Monsieur votre frère est amoureux? demanda-t-elle en laissant échapper un geste de curiosité.

— Oui. Ma sœur Clara, pour laquelle il a des soins maternels, m'a écrit qu'il s'était amouraché, cet été, d'une fort jolie personne; mais, depuis, je n'ai pas eu des nouvelles de ses amours. Croiriez-vous que le pauvre garçon se levait à cinq heures du matin, et allait expédier ses affaires afin de pouvoir se trouver à quatre heures à la campagne de la belle. Aussi a-t-il abîmé un charmant cheval de race pure dont je lui avais fait cadeau. Pardonnez-moi mon babil, mademoiselle, j'arrive d'Allemagne. Depuis un an, je n'ai pas entendu parler correctement le français; je suis sevré de visages français et rassasié d'allemands, si bien que, dans ma rage patriotique, je parlerais, je crois, aux chimères d'un candelabre, pourvu qu'elles fussent faites en France. Puis si je cause avec un abandon peu convenable chez un diplomate, la faute en est à vous, mademoiselle. N'est-ce pas vous qui m'avez montré mon frère? et, quand il est question de lui, je suis intarissable. Je voudrais pouvoir dire à la terre entière combien il est bon et généreux. Il ne s'agissait de rien moins que de cent vingt mille livres de rente que rapporte la terre de Longueville et dont il a laissé mon père disposer en ma faveur !

Si mademoiselle de Fontaine obtint des révélations aussi importantes, elle les dut en partie à l'adresse avec laquelle elle sut interroger son confiant cavalier, du moment où elle apprit qu'il était le frère de son amant dédaigné. Cette conversation, tenue à voix basse et maintes fois interrompue, roula sur trop de sujets divers pour être rapportée en entier.

— Est-ce que vous avez pu, sans quelque peine, voir monsieur votre frère vendre des mousselines et des calicots? demanda Émilie, après avoir accompli la troisième figure de la contredanse.

— D'où savez-vous cela? lui demanda le diplomate. Dieu merci! tout en débitant un flux de paroles, j'ai déjà l'art de ne dire que ce que je veux, ainsi que tous les apprentis ambassadeurs de ma connaissance.

— Vous me l'avez dit, je vous assure.

M. de Longueville regarda mademoiselle de Fontaine avec un étonnement plein de perspicacité. Un soupçon entra dans son âme. Il interrogea successivement les yeux de son frère et de sa danseuse; il devina tout, pressa ses mains l'une contre l'autre, leva les yeux au plafond, se mit à rire, et dit : — Je ne suis qu'un sot! Vous êtes la plus belle personne du bal, mon frère vous regarde à la dérobée, il danse malgré la fièvre, et vous feignez de ne pas le voir. Faites son bonheur, dit-il, en la reconduisant auprès de son vieil oncle, je n'en serai pas jaloux ; mais je tressaillerai toujours un peu, en vous nommant ma sœur.

Cependant les deux amans devaient être aussi inexorables l'un que l'autre pour eux-mêmes.

Vers les deux heures du matin, l'on servit un ambigu dans une immense galerie où, pour laisser les personnes d'une même coterie libres de se réunir, les tables avaient été disposées comme elles le sont chez les restaurateurs. Par un de ces hasards qui arrivent toujours aux amans, mademoiselle de Fontaine se trouva placée à une table voisine de celle autour de laquelle se mirent les personnes les plus distinguées de la fête. Maximilien faisait partie de ce groupe. Émilie, qui prêta une oreille attentive aux discours tenus par ses voisins, put entendre une de ces conversations qui s'établissent si facilement entre les femmes de trente ans et les jeunes gens qui ont les grâces et la tournure de Maximilien Longueville. L'interlocutrice du jeune banquier était une duchesse napolitaine, dont les yeux lançaient des éclairs, et dont la peau blanche avait l'éclat du satin. L'intimité que le jeune Longueville affectait d'avoir avec elle blessa d'autant plus mademoiselle de Fontaine qu'elle venait de rendre à son amant vingt fois plus de tendresse qu'elle ne lui en portait jadis.

— Oui, monsieur, dans mon pays, le véritable

amour sait faire toute espèce de sacrifices, disait la duchesse en minaudant.

— Vous êtes plus passionnées que ne le sont les Françaises, dit Maximilien dont le regard enflammé tomba sur Émilie. Elles sont tout vanité.

— Monsieur, reprit vivement la jeune fille, n'est-ce pas une mauvaise action que de calomnier sa patrie. Le dévoûment est de tous les pays.

— Croyez-vous, mademoiselle, reprit l'Italienne avec un sourire sardonique, qu'une Parisienne soit capable de suivre son amant partout?

— Ah! entendons-nous, madame? On va dans un désert y habiter une tente, on ne va pas s'asseoir dans une boutique!

Elle acheva sa pensée en laissant échapper un geste de dédain. Ainsi l'influence exercée sur Émilie par sa funeste éducation tua deux fois son bonheur naissant, et lui fit manquer son existence. La froideur apparente de Maximilien et le sourire d'une femme lui arrachèrent un de ces sarcasmes dont elle ne se refusait jamais la perfide jouissance.

— Mademoiselle, lui dit à voix basse M. Longueville à la faveur du bruit que firent les femmes en se levant de table, personne ne formera pour votre bonheur des vœux plus ardens que ne le seront les miens. Permettez-moi de vous donner cette assurance en prenant congé de vous. Dans quelques jours, je partirai pour l'Italie.

— Avec une duchesse, sans doute?

— Non, mademoiselle, mais avec une maladie mortelle peut-être.

— N'est-ce pas une chimère, demanda Émilie en lui lançant un regard inquiet.

— Non, dit-il, il est des blessures qui ne se cicatrisent jamais.

— Vous ne partirez pas ! dit l'impérieuse jeune fille en souriant.

— Je partirai, reprit gravement Maximilien.

— Vous me trouverez mariée au retour, je vous en préviens ! dit-elle avec coquetterie.

— Je le souhaite.

— L'impertinent, s'écria-t-elle. Se venge-t-il assez cruellement.

Quinze jours après, M. Maximilien Longueville partit avec sa sœur Clara pour les chaudes et poétiques contrées de la belle Italie, laissant mademoiselle de Fontaine en proie aux plus violens regrets. Le jeune et sémillant secrétaire d'ambassade épousa la querelle de son frère, et sut tirer une vengeance éclatante des dédains d'Émilie en publiant les motifs de la rupture des deux amans. Il rendit avec usure à sa danseuse les sarcasmes qu'elle avait jadis lancés sur Maximilien, et fit souvent sourire plus d'une Excellence, en peignant la belle ennemie des comptoirs, l'amazone qui prêchait une croisade contre les banquiers, la jeune fille dont l'amour s'était évaporé devant un demi-tiers de mousseline. Le comte de Fontaine fut obligé d'user de son crédit pour faire obtenir à M. Auguste Longueville une mission en Russie, afin de soustraire sa fille au ridicule que ce jeune et dangereux persécuteur versait sur elle à pleines mains.

Bientôt le ministère, obligé de lever une conscription de pairs, pour soutenir les opinions aristocratiques qui chancelaient dans la noble chambre à la voix d'un illustre écrivain, nomma **M.** Longueville pair de France et vicomte. M. de Fontaine obtint aussi la pairie, récompense due autant à sa fidélité pendant les mauvais jours, qu'à son nom qui manquait à la chambre héréditaire.

Vers cette époque, mademoiselle de Fontaine, âgée de vingt-deux ans, se mit à faire de sérieuses réflexions sur la vie, et changea sensiblement de ton et de manières. Au lieu de s'exercer à dire des méchancetés à son oncle, elle lui prodigua les soins les plus affectueux. Elle lui apportait sa béquille avec une persévérance de tendresse qui faisait rire les plaisans. Elle lui offrait le bras, allait dans sa voiture, et l'accompagnait dans toutes ses promenades. Elle lui persuada même qu'elle n'était point incommodée par l'odeur de la pipe, et lui lisait sa chère *Quotidienne* au milieu des bouffées de tabac que le malicieux marin lui envoyait à dessein. Elle apprit le piquet pour faire la partie du vieux comte. Enfin cette jeune personne si fantasque écoutait avec attention les récits que son oncle recommençait périodiquement, du combat de la *Belle-Poule*, des manœuvres de la *Ville-de-Paris*, de la première expédition de M. de Suffren, ou de la bataille d'Aboukir. Quoique le vieux marin eût souvent dit qu'il connaissait trop sa longitude et sa latitude pour se laisser capturer par une jeune corvette, un beau matin, les salons de Paris apprirent que mademoiselle de Fontaine avait épousé le comte de Kergaroüet. La jeune comtesse donna des fêtes splendides pour s'étourdir ; mais elle trouva sans doute le néant au fond de ce tourbillon. Le luxe cachait imparfaitement le vide et le malheur de son âme souffrante, car la plupart du temps, malgré les éclats d'une gaîté feinte, sa belle figure exprimait une sourde mélancolie. Émilie paraissait d'ailleurs pleine d'attentions et d'égards pour son vieux mari, qui, souvent, en s'en allant dans son appartement le soir au bruit d'un joyeux orchestre, disait à ses vieux camarades qu'il ne se reconnaissait plus, et qu'il ne croyait pas qu'à l'âge de soixante-quinze ans il dût s'embarquer comme pilote sur LA BELLE ÉMILIE. La conduite de la comtesse était empreinte d'une telle sévérité, que la critique la plus clairvoyante n'avait rien à y reprendre. Les observateurs pensaient que le contre-amiral s'était réservé le droit de disposer de sa fortune pour enchaîner plus fortement sa femme ; supposition qui faisait injure à l'oncle et à la nièce. L'attitude des deux époux fut d'ailleurs si savamment calculée, qu'il devint presque impossible aux jeunes gens intéressés à deviner le secret de ce ménage, de savoir si le vieux comte traitait sa femme en amant ou en père. On lui entendait dire souvent qu'il avait recueilli sa nièce comme une naufragée, et que, jadis, il n'avait jamais abusé de l'hospitalité quand il lui arrivait de sauver un ennemi de la fureur des orages. Bientôt la comtesse de Kergaroüet rentra insensiblement dans une obscurité qu'elle semblait désirer, et Paris cessa de s'occuper d'elle.

Deux ans après son mariage, elle se trouvait au milieu d'un des antiques salons du faubourg Saint-Germain où son caractère, digne des anciens temps, était admiré, lorsque tout à coup M. le vicomte de Longueville y fut annoncé. La comtesse était ensevelie dans un coin du salon où elle faisait le piquet de l'évêque de Persépolis, son émotion ne fut donc remarquée de personne. En tournant la tête, elle avait vu entrer Maximilien dans tout l'éclat de la jeunesse. La mort de son père et celle de son frère tué par l'inclémence du climat de Pétersbourg, avaient posé sur sa tête les plumes héréditaires du chapeau de la pairie. Sa fortune égalait ses connaissances et son mérite. La veille même, sa jeune et bouillante éloquence avait éclairé l'assemblée. En ce moment, il apparaissait à la triste comtesse, libre et paré de tous les dons qu'elle avait rêvés pour son idole. Le vicomte était l'orgueil des salons. Toutes les mères qui avaient des filles à marier lui faisaient de coquettes avances. Il était réellement doué des vertus qu'on lui supposait en admirant sa grâce ; mais Émilie savait, mieux que tout autre, qu'il possédait cette fermeté de caractère dans laquelle les femmes prudentes voient un gage de bonheur. Elle jeta les yeux sur l'amiral, qui, selon son expression familière, paraissait devoir tenir encore long-temps sur son bord, elle lança un regard de résignation douloureuse sur cette tête grise; puis, elle revit d'un coup d'œil les erreurs de son enfance pour les condamner, et maudit les lingères.

En ce moment, M. de Persépolis lui dit avec une certaine grâce épiscopale : — Ma belle dame, vous avez écarté le roi de cœur, j'ai gagné; mais ne regrettez pas votre argent, je le réserve pour mes petits séminaires.

Paris, décembre 1829.

GLOIRE ET MALHEUR.

Au milieu de la rue Saint-Denis, presque au coin de la rue du Petit-Lion, existait encore, il y a peu de temps, une de ces maisons précieuses qui donnent aux romanciers la facilité de reconstruire, par analogie, l'ancien Paris. Les murs menaçans de cette bicoque semblaient avoir été chargés d'hiéroglyphes. Quel autre nom le flaneur pouvait-il donner aux X et aux V tracés par les pièces de bois transversales ou diagonales qui se voyaient sur la façade, et s'y dessinaient d'autant mieux dans le badigeon, que de petites lézardes parallèles et taillées en dents de scie annonçaient qu'au passage de toutes les voitures, chacune de ces solives s'agitait dans sa mortaise. Ce vénérable édifice était surmonté d'un toit triangulaire dont il n'existera bientôt plus de modèles à Paris. Cette couverture, tordue par les intempéries du climat parisien, s'avançait de trois pieds sur la rue, autant pour garantir des eaux pluviales le seuil de la porte, que pour abriter le mur d'un grenier et sa lucarne sans appui. Ce dernier étage était construit en planches, clouées l'une sur l'autre comme des ardoises, afin sans doute de ne pas charger cette maison frêle.

Par une matinée pluvieuse, au mois de mars, un jeune homme, soigneusement enveloppé dans son manteau, se tenait sous l'auvent de la boutique qui se trouvait en face de ce vieux logis, et paraissait l'examiner avec un enthousiasme d'historien. A la vérité, ce débris de la bourgeoisie du xvie siècle pouvait offrir à l'observateur plus d'un problème à résoudre. Chaque étage avait sa singularité. Au premier, quatre fenêtres longues, étroites, rapprochées l'une de l'autre, avaient des carreaux de bois dans leur partie inférieure, afin de produire ce jour douteux, à la faveur duquel un habile marchand donne aux étoffes la couleur souhaitée par ses chalands. Le jeune homme semblait plein de dédain pour cette partie essentielle de la maison; car ses yeux ne s'y étaient pas encore arrêtés. Les fenêtres du second étage dont les jalousies relevées laissaient voir, au travers de grands carreaux en verre de Bohême, de petits rideaux de mousseline rousse, ne l'intéressaient pas davantage. Son attention se portait particulièrement au troisième, sur d'humbles croisées dont le bois travaillé grossièrement aurait mérité d'être placé au Conservatoire des arts et métiers pour y indiquer le point de départ de la menuiserie française. Ces croisées avaient de petites vitres d'une couleur si verte, que, sans son excellente vue, le jeune homme n'aurait pu apercevoir les rideaux de toile à carreaux bleus qui cachaient les mystères de cet appartement aux yeux des profanes. Parfois, cet observateur, ennuyé de cette contemplation sans résultat, ou du silence dans lequel la maison était ensevelie, ainsi que tout le quartier, abaissait ses regards vers les régions inférieures. Alors, un sourire involontaire se dessinait sur ses lèvres, quand il revoyait la boutique où se rencontraient en effet des choses assez risibles. Une formidable pièce de bois, horizontalement appuyée sur quatre piliers qui paraissaient courbés par le poids de cette maison décrépite, avait été réchampie d'autant de couches de diverses peintures que la joue d'une vieille duchesse a reçu de rouge. Au milieu de cette large poutre mignardement sculptée, se trouvait un antique tableau représentant un chat qui pelotait. Cette toile causait la gaîté du jeune homme. Mais il faut dire que le plus spirituel des peintres modernes n'inventerait pas de charge aussi comique. L'animal tenait dans une de ses pattes de devant une raquette aussi grande que lui, et se dressait sur ses pattes de derrière pour mirer une énorme balle que lui renvoyait un gentilhomme en habit brodé. Dessin, couleurs, accessoires, tout était traité de manière à faire croire que l'artiste avait voulu se moquer du marchand et des passans. Le temps, qui avait altéré cette peinture naïve, la rendait encore plus grotesque par quelques incertitudes dont un consciencieux flaneur devait s'inquiéter. Ainsi la queue mouchetée du chat était découpée de telle sorte qu'on pouvait la prendre pour un spectateur, tant la queue des chats de nos ancêtres était grosse, haute et fournie. A droite du tableau, sur un champ d'azur qui déguisait imparfaitement la pourriture du bois, les passans pouvaient lire Guillaume, et à gauche, successeur du sieur Chevrel. Le soleil et la pluie avaient rongé la plus grande partie de l'or moulu, parcimonieusement appliqué sur les lettres de cette inscription, dans laquelle les U remplaçaient les V, et réciproquement, selon les lois de notre ancienne orthographe. Afin de rabattre l'orgueil de ceux qui croient que le monde devient de jour en jour plus spirituel, et que le moderne charlatanisme surpasse tout, il convient de faire observer ici que ces enseignes, dont l'étymologie semble bizarre à plus d'un négociant parisien, sont les tableaux morts de vivans tableaux à l'aide desquels nos espiègles ancêtres avaient réussi à amener les chalands dans leurs maisons. Ainsi la Truie-qui-file, le Singe-vert, etc., étaient des animaux en cage dont l'adresse émerveillait les passans, et dont l'éducation prouvait la patience de l'industriel au xve siècle. De semblables curiosités enrichissaient plus vite leurs heureux possesseurs que les Providence, les Bonne-foi, les Grâce-de-Dieu et les Décollation de saint Jean-Baptiste qui se voient encore rue Saint-Denis. Cependant il était difficile de croire que l'inconnu restât là pour admirer ce chat, car un moment d'attention suffisait à le graver dans la mémoire.

Ce jeune homme avait aussi ses singularités. Son manteau, plissé dans le goût des draperies antiques, laissait voir une élégante chaussure, d'autant plus remarquable au milieu de la boue parisienne, qu'il portait des bas de soie blancs dont les mouchetures attestaient son impatience. Les boucles de ses cheveux noirs défrisés par l'humidité, dont ses épaules étaient couvertes, indiquaient une coiffure à la Caracalla, que la récente résurrection de la sculpture et certain engouement pour l'antique avaient mise à la mode. Il sortait sans doute d'une noce ou d'un bal, il était six heures et demie du matin, et il portait des gants blancs déchirés. Malgré le bruit que faisaient quelques maraîchers attardés qui passaient au galop pour se rendre à la grande halle, cette rue si agitée avait alors un calme dont il est difficile de concevoir la magie, si l'on n'a pas erré dans Paris désert, à ces heures où son tapage, un moment apaisé, renaît et s'entend dans le lointain comme la grande voix de la mer. Cet étrange jeune homme devait être aussi curieux pour les commerçans du Chat-qui-pelote, que le Chat-qui-pelote l'était pour lui. Une cravate éblouissante de blancheur rendait sa figure tourmentée encore plus pâle qu'elle ne l'était réellement. Le feu tour à tour sombre et pétillant que jetaient ses yeux noirs, s'harmoniait avec les contours bizarres de son visage, avec sa bouche large et sinueuse qui se contractait en souriant. Son front, ridé par une contrariété violente, avait quelque chose de fatal. Le front n'est-il pas

ce qui se trouve de plus prophétique, en l'homme.
Quand celui de l'inconnu exprimait la passion, les
plis causaient une sorte d'effroi par la vigueur avec
laquelle ils se prononçaient; tandis que si la peau
brune reprenait son calme si facile à troubler, il y
respirait une grâce dont la poésie à demi-lumineuse
éclairait des traits qui auraient semblé repoussans
s'ils n'eussent été sans cesse ennoblis par une physionomie spirituelle où la joie, la douleur, l'amour,
la colère, le dédain, éclataient d'une manière si
communicative, qu'un homme froid devait épouser
involontairement les affections qui s'y peignaient.
Cet inconnu se dépitait si bien au moment où l'on
ouvrit précipitamment la lucarne du grenier, qu'il
n'y vit pas apparaître trois joyeuses figures ronde-
lettes, blanches, roses, mais aussi communes que
le sont ces figures du Commerce sculptées sur certains monumens. Ces trois faces, encadrées par la
lucarne, rappelaient les têtes d'anges bouffis semées
dans les nuages dont on accompagne le Père éternel.
Les apprentis respirèrent les émanations de la rue
avec une avidité qui prouvait combien l'atmosphère
de leur grenier était chaude et méphytique. Celui
des commis auquel appartenait la figure la plus jo-
viale montra le singulier factionnaire aux autres;
puis, en un moment il disparut, et revint en tenant
à la main un instrument dont le métal inflexible a
été récemment détrôné par un cuir souple et poli.
Ces trois visages prirent une expression malicieuse
en regardant le badaud qu'ils aspergèrent d'une

pluie fine et blanchâtre, dont le parfum prouvait que les trois mentons venaient d'être rasés. Élevés sur la pointe de leurs pieds, et réfugiés au fond de leur grenier pour jouir de la colère de leur victime, les commis cessèrent de rire en voyant l'insouciant dédain avec lequel le jeune homme secoua son manteau, et le profond mépris que peignit sa figure, quand il leva les yeux sur la lucarne vide. En ce moment, une main blanche et délicate fit remonter, vers l'imposte, la partie inférieure d'une des grossières croisées du troisième étage, au moyen de ces ingénieuses coulisses dont le tourniquet laisse souvent tomber à l'improviste les lourds vitrages qu'il doit retenir. Le passant reçut la récompense de sa longue attente. La figure d'une jeune fille fraîche comme un de ces blancs calices qui fleurissent au sein des eaux, se montra couronnée d'une ruche en mousseline froissée qui donnait à sa tête un air d'innocence admirable. Quoique couverts d'une étoffe brune, son cou, ses épaules s'apercevaient, grâce à de légers interstices ménagés par les mouvemens du sommeil. Aucune expression de contrainte n'altérait ni l'ingénuité de ce visage, ni le calme de ces yeux immortalisés par avance dans les sublimes compositions de Raphaël : c'était la même grâce, la même tranquillité de ces vierges devenues proverbiales. Il existait un ravissant contraste produit par la jeunesse des joues de cette figure sur laquelle le sommeil avait laissé comme une surabondance de vie, et par la vieillesse de cette fenêtre massive aux contours grossiers, dont l'appui était noir. Semblable à ces fleurs de jour qui n'ont pas encore au matin déplié toutes leurs tuniques roulées par le froid des nuits, la jeune fille, à peine éveillée, laissa errer ses yeux bleus sur les toits voisins et regarda le ciel. Puis, par une sorte d'habitude, elle les baissa sur les sombres régions de la rue, où ils rencontrèrent aussitôt ceux du contemplateur. La coquetterie la fit sans doute souffrir d'être vue en déshabillé ; elle se retira vivement en arrière, le tourniquet tout usé tourna, la croisée redescendit avec cette rapidité qui, de nos jours, a fait donner un nom odieux à cette triste invention de nos ancêtres, et la vision disparut. Il semblait à ce jeune homme que la plus brillante des étoiles du matin avait été soudain cachée par un nuage.

Pendant ces petits événemens, les lourds volets intérieurs qui défendaient le léger vitrage de la boutique du Chat-qui-pelote avaient été enlevés comme par magie. La vieille porte à heurtoir fut repliée sur le mur intérieur de la maison par un vieux serviteur presque contemporain de l'enseigne, qui, d'une main tremblante, y attacha le morceau de drap carré sur lequel était brodé en soie jaune le nom de *Guillaume, successeur de Chevrel*. Il eût été difficile à plus d'un passant de deviner le genre de commerce de M. Guillaume. A travers les gros barreaux de fer qui protégeaient extérieurement sa boutique, à peine y apercevait-on des paquets enveloppés de toile brune aussi nombreux que des harengs quand ils traversent l'Océan. Malgré l'apparente simplicité de cette gothique façade, M. Guillaume était, de tous les marchands drapiers de Paris, celui dont les magasins se trouvaient toujours le mieux fournis, dont les relations avaient le plus d'étendue, la probité commerciale le plus d'exactitude. Si quelques-uns de ses confrères avaient conclu des marchés avec le gouvernement, sans avoir la quantité de drap voulue, il était toujours prêt à la leur livrer, quelque considérable que fût le nombre de pièces qu'ils avaient soumissionnées. Le rusé négociant connaissait mille manières de s'attribuer le plus fort bénéfice sans se trouver obligé, comme eux, de courir chez des protecteurs, faire des bassesses ou de riches présens. Si les confrères ne pouvaient le payer qu'en excellentes traites un peu longues, il indiquait son notaire comme un homme accommodant, et savait encore tirer une seconde mouture du sac, grâce à cet expédient qui faisait dire proverbialement aux négocians de la rue Saint-Denis : — « Dieu vous garde du notaire de M. Guillaume ! » pour désigner un escompte onéreux.

Le vieux négociant se trouva debout comme par miracle, sur le seuil de sa boutique, au moment où le domestique se retira. M. Guillaume regarda la rue Saint-Denis, les boutiques voisines et le temps, comme un homme qui débarque au Hâvre et revoit la France après un long voyage. Bien convaincu que rien n'avait changé pendant son sommeil, il aperçut alors le passant en faction, qui, de son côté, contemplait le patriarche de la draperie, comme M. de Humboldt dut examiner le premier gymnote électrique qu'il rencontra en Amérique. M. Guillaume portait de larges culottes de velours noir, des bas chinés, et des souliers carrés à boucles d'argent. Son habit à pans carrés, à basques carrées, à collet carré, environnait son corps, légèrement voûté, d'un drap verdâtre garni de grands boutons en métal blanc, mais rougis par l'usage. Ses cheveux gris étaient si exactement aplatis et peignés sur son crâne jaune, qu'ils le faisaient ressembler à un champ sillonné. Ses petits yeux verts, percés comme avec une vrille, flamboyaient sous deux arcs marqués d'une faible rougeur à défaut de sourcils. Les inquiétudes avaient tracé sur son front des rides horizontales aussi nombreuses que les plis de son habit. Cette figure blême annonçait la patience, la sagesse commerciale, et l'espèce de cupidité rusée que réclament les affaires. A cette époque, on voyait moins rarement qu'aujourd'hui de ces vieilles familles qui conservaient comme de précieuses traditions les mœurs, les costumes caractéristiques de leurs professions, et restaient au milieu de la civilisation nouvelle comme ces débris antédiluviens retrouvés par Cuvier dans les carrières. Le chef de la famille Guillaume était un de ces notables gardiens des anciens usages. On le surprenait à regretter le prévôt des marchands, et jamais il ne parlait d'un jugement du tribunal de commerce sans le nommer la *sentence des consuls*. C'était sans doute en vertu de ces coutumes que, levé le premier de sa maison, il attendait de pied ferme l'arrivée de ses trois commis, pour les gourmander en cas de retard.

Ces jeunes disciples de Mercure ne connaissaient rien de plus redoutable que l'activité silencieuse avec laquelle le patron scrutait leurs visages et leurs mouvemens, le lundi matin, ou quand il soupçonnait qu'ils pouvaient avoir commis quelque escapade. Mais, en ce moment, le vieux drapier ne faisait aucune attention à ses apprentis. Il était occupé à chercher le motif de la sollicitude avec laquelle le jeune homme en bas de soie et en manteau portait alternativement les yeux sur son enseigne et sur les profondeurs de son magasin. Le jour, devenu plus éclatant, permettait d'y apercevoir le bureau grillagé, entouré de rideaux en vieille soie verte, où se tenaient les livres immenses, oracles muets de la maison. Le trop curieux étranger semblait convoiter ce petit local, y prendre le plan d'une salle à manger latérale éclairée par un vitrage pratiqué dans le plafond, et d'où la famille réunie devait facilement voir, pendant ses repas, les plus légers accidens qui pouvaient arriver sur le seuil de la boutique. Un si grand amour pour son logis paraissait suspect à un négociant qui avait subi le régime de la terreur. M. Guillaume pensait donc assez naturellement que cette figure sinistre en voulait à la caisse du Chat-qui-pelote. Après avoir discrètement joui du duel muet qui avait lieu entre son patron et l'inconnu, le plus âgé des commis hasarda de se placer sur la dalle où était M. Guillaume. En voyant le jeune homme contempler à la dérobée les croisées du troisième, il fit deux pas dans la rue, leva la tête, et crut avoir aperçu mademoiselle Augustine Guillaume qui se retirait avec précipitation. Mécontent de la perspicacité de son premier commis, le drapier lui lança un regard de travers ; mais tout-à-coup les craintes mutuelles que la présence de ce passant excitait dans l'âme du marchand et de l'amoureux apprenti se calmèrent. L'inconnu fit signe à un fiacre qui se rendait à une place voisine, et y monta rapidement en affectant une trompeuse indifférence. Ce départ mit un certain baume dans le cœur des deux autres commis, inquiets de retrouver la victime de leur aspersion.

— Hé bien, messieurs, qu'avez-vous donc à rester là, les bras croisés? dit M. Guillaume à ses trois néophytes. Mais autrefois, sarpejeu ! quand j'étais chez le sieur Chevrel, j'avais à cette heure-ci visité déjà plus de deux pièces de drap.

— Il faisait donc clair de meilleure heure ! dit le second commis que cette tâche concernait.

Le vieux négociant ne put s'empêcher de sourire. Quoique deux de ces trois jeunes gens, confiés à ses soins par leurs pères, riches manufacturiers de Louviers et de Sédan, n'eussent qu'à demander cent mille écus pour les avoir, le jour où ils seraient en âge de s'établir, M. Guillaume croyait de son devoir de les tenir sous la férule d'un antique despotisme, inconnu de nos jours dans les brillans magasins modernes dont les commis veulent être riches à trente ans. Il les faisait travailler comme des nègres. A eux trois, ces commis suffisaient à une besogne qui aurait mis sur les dents dix de ces employés dont le sybaritisme enfle aujourd'hui les colonnes du budget. Aucun bruit ne troublait la paix de cette maison solennelle, où les gonds semblaient toujours huilés, et dont le moindre meuble avait cette propreté respectable qui annonce un ordre et une économie sévères. Souvent, le plus espiègle des commis s'était amusé à écrire sur le fromage de gruyère qu'on leur abandonnait au déjeûner, et qu'ils se plaisaient à respecter, la date de sa réception primitive. Cette malice et quelques autres semblables faisaient parfois sourire la plus jeune des deux filles de M. Guillaume, la jolie vierge qui venait d'apparaître au passant enchanté. Quoique chacun des apprentis, et même le plus jeune, payassent une forte pension, aucun d'eux n'eût été assez hardi pour rester à la table du patron au moment où le dessert y était servi. Lorsque madame Guillaume parlait d'accommoder la salade, ces pauvres jeunes gens tremblaient en songeant avec quelle parcimonie son inexorable main savait y épancher l'huile. Il ne fallait pas qu'ils s'avisassent de passer une nuit dehors, sans avoir donné longtemps à l'avance un motif plausible à cette irrégularité. Chaque dimanche, et à tour de rôle, deux commis accompagnaient la famille Guillaume à la messe de St.-Leu et aux vêpres. Mesdemoiselles Virginie et Augustine, modestement vêtues d'indienne, prenaient chacune le bras d'un commis, et marchaient en avant, sous les yeux perçans de leur mère, qui fermait ce petit cortége domestique avec son mari, accoutumé par elle à porter deux gros paroissiens reliés en maroquin noir. Le second commis n'avait pas d'appointemens. Quant à celui que sept ans de persévérance et de discrétion initiaient aux secrets de la maison, il recevait huit cents francs en récompense de ses labeurs. A certaines fêtes de famille, il était gratifié de quelques cadeaux auxquels la main sèche et ridée de madame Guillaume donnait seule du prix : des bourses en filet qu'elle avait soin d'emplir de coton pour en faire valoir les dessins à jour ; des bretelles fortement conditionnées, ou des paires de bas de soie bien lourds. Quelquefois, mais rarement, ce premier ministre était admis à partager les plaisirs de la famille, soit quand elle allait à la campagne, soit quand, après des mois d'attente, elle se décidait à user de son droit à demander, en louant une loge, une pièce à laquelle Paris ne pensait plus. Quant aux deux autres commis, la barrière de respect qui séparait jadis un maître drapier de ses apprentis était placée si fortement entre eux et le vieux négociant, qu'il leur eût été plus facile de voler une pièce de drap que de faire plier cette auguste étiquette. Cette réserve peut paraître ridicule aujourd'hui. Néanmoins, ces vieilles maisons étaient des écoles de mœurs et de probité. Les maîtres adoptaient leurs apprentis. Le linge d'un jeune homme était soigné, réparé, quelquefois renouvelé par la maîtresse de la maison. Un commis tombait-il malade ? il était l'objet de soins vraiment maternels ; en cas de danger, le patron prodiguait son argent pour appeler les plus célèbres docteurs ; car il ne répondait pas seulement des mœurs et du savoir de ces jeunes gens à leurs parens. Si l'un d'eux, honorable par le caractère, venait à éprouver quelque désastre, ces vieux négocians savaient apprécier l'intelligence qu'ils avaient développée, et n'hésitaient pas à confier le bonheur de leurs filles à celui auquel ils avaient pendant long-temps confié leurs fortunes. M. Guillaume était un de ces hommes antiques ; s'il en avait les ridicules, il en avait le cœur et les qualités. Aussi M. Joseph Lebas, son premier commis, orphelin et sans fortune, était-il, dans son idée, le futur époux de Virginie, sa fille aînée. Mais M. Joseph n'avait pas adopté les pensées symétriques de son patron, qui, pour un empire, n'aurait pas marié sa seconde fille avant la première. L'infortuné commis se sentait le cœur entièrement pris pour mademoiselle Augustine la cadette. Afin de justifier cette passion qui avait grandi secrètement, il est nécessaire de pénétrer plus avant dans les ressorts du gouvernement absolu qui régissait la maison du vieux marchand drapier.

M. Guillaume avait deux filles. L'aînée, mademoiselle Virginie, était tout le portrait de sa mère. Madame Guillaume, fille du sieur Chevrel, se tenait si droite sur la banquette de son comptoir, que plus d'une fois elle avait entendu des plaisans parier qu'elle y était empalée. Sa figure maigre et longue annonçait une dévotion outrée. Sans grâces et sans manières aimables, madame Guillaume gardait habituellement sa tête presque sexagénaire d'un bonnet dont la forme était invariable et orné de barbes comme celui d'une veuve. Tout le voisinage l'appelait la sœur tourière. Sa parole était brève, et ses gestes avaient quelque chose des mouvemens saccadés d'un télégraphe. Son œil, clair comme celui d'un chat, semblait en vouloir à tout le monde de ce qu'elle était laide. Mademoiselle Virginie, élevée comme sa jeune sœur sous les lois despotiques de leur mère, avait atteint l'âge de vingt-huit ans. La jeunesse atténuait l'air disgracieux que sa ressemblance avec sa mère donnait parfois à sa figure, mais la rigueur maternelle l'avait dotée de deux grandes qualités, qui pouvaient tout contrebalancer : elle était douce et patiente. Mademoiselle Augustine, à peine âgée de dix-huit ans, ne ressemblait ni à son père ni à sa mère. Elle était de ces filles qui, par l'absence de tout lien physique avec leurs parens, font croire à ce dicton de prude : Dieu donne les enfans. Augustine était petite, ou, pour la mieux peindre, mignonne. Gracieuse et pleine de candeur, un homme du monde n'aurait pu reprocher à cette charmante créature que des gestes mesquins ou certaines attitudes communes, et parfois de la gêne. Sa figure silencieuse et immobile respirait cette mélancolie passagère qui s'empare de toutes les jeunes filles trop faibles pour oser résister aux volontés d'une mère.

Toujours modestement vêtues, les deux sœurs ne pouvaient satisfaire la coquetterie innée chez la femme que par un luxe de propreté qui leur allait à merveille, et les mettait en harmonie avec ces comptoirs luisans, avec ces rayons sur lesquels le vieux domestique ne souffrait pas un grain de poussière, avec la simplicité antique de tout ce qui se voyait autour d'elles. Obligées, par leur genre de vie, à chercher des élémens de bonheur dans des travaux obstinés, Augustine et Virginie n'avaient donné jusqu'alors que du contentement à leur mère, qui s'applaudissait secrètement de la perfection du caractère de ses deux filles. Il est facile d'imaginer les résultats de l'éducation qu'elles avaient reçue. Élevées pour le commerce, habituées à n'entendre que des raisonnemens et des calculs tristement mercantiles, n'ayant appris que la grammaire, la tenue des livres, un peu d'histoire juive, l'histoire de France dans Le Ragois, et ne lisant que les auteurs dont leur mère permettait l'entrée au logis, leurs idées n'avaient pas pris beaucoup d'étendue. Elles savaient parfaitement tenir un ménage; elles connaissaient le prix des choses, elles appréciaient les difficultés que l'on éprouve à amasser l'argent, elles étaient économes et portaient un grand respect aux qualités du négociant. Malgré la fortune de leur père, elles étaient aussi habiles à faire des reprises qu'à festonner; et souvent leur mère parlait de leur

apprendre la cuisine, afin qu'elles sussent bien or-
donner un dîner, et pussent gronder une cuisinière
en connaissance de cause. Ignorant les plaisirs du
monde, et voyant comment s'écoulait la vie exem-
plaire de leurs parens, elles ne jetaient que bien
rarement leurs regards au-delà de l'enceinte de cette
vieille maison patrimoniale qui, pour leur mère,
était tout l'univers. Les réunions occasionnées par
les solennités de famille formaient tout l'avenir de
leurs joies terrestres. Quand le grand salon situé au
second étage devait recevoir leur oncle le notaire
et sa femme qui avait des diamans, un cousin chef
de division au ministère de la guerre, les négocians
le mieux famés de la rue des Bourdonnais, deux ou
trois vieux banquiers, et quelques jeunes femmes de
mœurs irréprochables; les apprêts nécessités par la
manière dont l'argenterie, les porcelaines de Saxe,
les bougies, les cristaux étaient empaquetés, faisaient une diversion à la taciturnité de la vie ordinaire de ces trois femmes. Elles allaient et venaient,
et se donnaient autant de mouvement que des religieuses qui reçoivent un évêque. Puis quand, le
soir, fatiguées toutes trois d'avoir essuyé, frotté,
déballé, et mis en place les ornemens de la fête, les
deux jeunes filles aidaient leur mère à se coucher,
madame Guillaume leur disait : — Nous n'avons
rien fait aujourd'hui, mes enfans ! Lorsque, dans ces
assemblées solennelles, la sœur tourière permettait
de danser, en confinant les parties de boston, de
wisth et de trictrac dans sa chambre à coucher, cette

concession était comptée parmi les félicités les plus inespérées, et causait un bonheur égal à celui d'aller à deux ou trois grands bals, où M. Guillaume menait ses filles à l'époque du carnaval. Enfin, une fois par an, l'honnête drapier donnait une fête pour laquelle rien n'était épargné. Quelque riches et élégantes que fussent les personnes invitées, elles se gardaient bien d'y manquer, car les maisons les plus considérables de la place avaient recours à l'immense crédit, à la fortune ou à la vieille expérience de M. Guillaume. Mais les deux filles de ce digne négociant ne profitaient pas autant qu'on pourrait le supposer des enseignemens que le monde offre à de jeunes âmes. Elles apportaient dans ces réunions, qui semblaient inscrites sur le carnet d'échéance de la maison, des parures dont la mesquinerie les faisait rougir. Leur manière de danser n'avait rien de remarquable, et la surveillance maternelle ne leur permettait pas de soutenir la conversation autrement que par Oui et Non avec leurs cavaliers. Puis la loi de la vieille enseigne du Chat-qui-pelote leur ordonnait d'être rentrées à onze heures, moment où les bals et les fêtes commencent à s'animer. Ainsi leurs plaisirs, en apparence assez conformes à la fortune de leur père, devenaient souvent insipides par des circonstances qui tenaient aux habitudes et aux principes de cette famille. Quant à leur vie habituelle, une seule observation achèvera de la peindre. Madame Guillaume exigeait que ses deux filles fussent habillées de grand matin, qu'elles descendissent tous les jours à la même heure, et soumettait leurs occupations à une régularité monastique.

Cependant Augustine avait reçu du hasard une âme assez élevée pour sentir le vide de cette existence. Parfois ses yeux bleus se relevaient comme pour interroger les profondeurs de cet escalier sombre et de ces magasins humides. Après avoir sondé ce silence de cloître, elle semblait écouter de loin d'indistinctes révélations de cette vie passionnée qui met les sentimens à un plus haut prix que les choses. En ces momens son visage se colorait, ses mains inactives laissaient tomber la blanche mousseline sur le chêne poli du comptoir, et bientôt sa mère lui disait d'une voix qui restait toujours aigre même dans les tons les plus doux : — Augustine, à quoi pensez-vous donc, mon bijou ?

Peut-être *Hippolyte comte de Douglas* et le *comte de Comminges*, deux romans trouvés par Augustine dans l'armoire d'une cuisinière récemment renvoyée par madame Guillaume, contribuèrent-ils à développer les idées de cette jeune fille qui les avait furtivement dévorés pendant une longue nuit de l'hiver précédent. Les expressions de désir vague, la voix douce, la peau de jasmin et les yeux bleus d'Augustine, avaient donc allumé dans l'âme du pauvre orphelin un amour aussi violent que respectueux. Par un caprice facile à comprendre, Augustine ne se sentait aucun goût pour M. Joseph Lebas. Peut-être était-ce parce qu'elle ne savait pas en être aimée. En revanche, les longues jambes, les cheveux châtains, les grosses mains et l'encolure vigoureuse du premier commis, avaient trouvé une secrète admiratrice dans mademoiselle Virginie, qui, malgré ses cinquante mille écus de dot, n'était demandée en mariage par personne. Rien de plus naturel que ces deux passions inverses nées dans le silence de ces comptoirs obscurs comme fleurissent des violettes dans la profondeur d'un bois. La muette et constante contemplation qui réunissait les yeux de ces jeunes gens par un besoin violent de distraction au milieu de travaux obstinés et d'une paix religieuse, devait tôt ou tard exciter des sentimens d'amour. L'habitude de voir une figure y fait découvrir insensiblement les qualités de l'âme, et finit par en effacer les défauts.

— Au train dont cet homme y va, nos filles ne tarderont pas à se mettre à genoux devant un prétendu! se dit M. Guillaume en lisant, un matin, le premier décret par lequel Napoléon anticipa sur les classes de conscrits. Dès ce jour, le vieux marchand, désespéré de voir sa fille aînée se faner, et se souvenant d'avoir épousé mademoiselle Chevrel à peu près dans la situation où se trouvaient Joseph Lebas et Virginie, calcula qu'il pouvait tout à la fois marier sa fille, et s'acquitter d'une dette sacrée en rendant à un orphelin le bienfait qu'il avait reçu jadis de son prédécesseur dans les mêmes circonstances. Agé de trente-trois ans, Joseph Lebas pensait aux obstacles que quinze ans de différence mettaient entre Augustine et lui. Trop perspicace d'ailleurs pour ne pas deviner les desseins de M. Guillaume, il en connaissait assez les principes inexorables pour savoir que jamais la cadette ne se marierait avant l'aînée. Le pauvre commis dont le cœur était aussi excellent que ses jambes étaient longues et son buste épais, souffrait donc en silence.

Tel était l'état des choses dans cette petite république, qui, au milieu de la rue Saint-Denis, ressemblait assez à une succursale de la Trappe. Mais pour rendre un compte exact des événemens extérieurs comme des sentimens, il est nécessaire de remonter à quelques mois avant la scène par laquelle commence cette histoire. A la nuit tombante, un jeune homme, passant devant l'obscure boutique du Chat-qui-pelote, y était resté un moment en contemplation à l'aspect d'une scène qui aurait arrêté tous les peintres du monde. Le magasin, n'étant pas encore éclairé, formait un plan noir au fond duquel se voyait la salle à manger du marchand. Une lampe astrale y répandait ce jour doux qui donne tant de grâce aux tableaux de l'école hollandaise. Le linge blanc, l'argenterie, les cristaux formaient de brillans accessoires qu'embellissaient encore de vives oppositions entre l'ombre et la lumière. La figure du père de famille et celle de sa femme, les visages des commis et les formes pures d'Augustine, à deux pas de laquelle se voyait une grosse fille joufflue, composaient un groupe si curieux; ces têtes étaient si originales, et chaque caractère avait une expression si franche; on devinait si bien la paix, le silence et la modeste vie de cette famille, que, pour un artiste accoutumé à exprimer la nature, il y avait quelque chose de désespérant à vouloir rendre cette scène fortuite. Ce passant était un jeune peintre qui, sept ans auparavant, avait remporté le grand prix de peinture. Il revenait de Rome. Son âme nourrie de poésie, ses yeux rassasiés de Raphaël et de Michel-Ange, avaient soif de la nature vraie, après une longue habitation du pays pompeux où l'art a jeté partout son grandiose. Faux ou juste, tel était son sentiment personnel. Abandonné long-temps à la fougue des passions italiennes, son cœur demandait une de ces vierges modestes et recueillies que, malheureusement, il n'avait su trouver qu'en peinture à Rome. De l'enthousiasme imprimé à son âme exaltée par le tableau naturel qu'il contemplait, il passa naturellement à une profonde admiration pour la figure principale. Augustine paraissait pensive et ne mangeait point. Par une disposition de la lampe dont la lumière tombait entièrement sur son visage, son buste semblait se mouvoir dans un cercle de feu qui détachait plus vivement les contours de sa tête et l'illuminait d'une manière quasi surnaturelle. L'artiste la comparait involontairement à un ange exilé qui se souvient du ciel. Une sensation presque inconnue, un amour limpide et bouillonnant inonda son cœur. Après être resté, pendant un moment, comme écrasé sous le poids de ses idées, il s'arracha à son bonheur, rentra chez lui, ne mangea pas, ne dormit pas. Le lendemain, il entra dans son atelier, pour n'en sortir qu'après avoir déposé sur une toile la magie de cette scène dont le souvenir l'avait en quelque sorte fanatisé. Sa félicité fut incomplète tant qu'il ne posséda pas un fidèle portrait de son idole. Il passa plusieurs fois devant la maison du Chat-qui-pelote ; il osa même y entrer une ou deux fois sous le masque d'un déguisement, afin de voir de plus près la ravissante créature que madame Guillaume couvrait de son aile. Pendant huit mois entiers, adonné à son amour, à ses pinceaux, il resta invisible pour ses amis les plus intimes, oubliant le monde, la poésie, le théâtre, la musique, et ses plus chères habitudes.

Un matin, Girodet força toutes ces consignes que les artistes connaissent et savent éluder, parvint à lui, et le réveilla par cette interrogation : — Que mettras-tu au salon ?

L'artiste saisit la main de son ami, l'entraîne à son atelier, découvre un petit tableau de chevalet et un portrait. Après une lente et avide contemplation des deux chefs-d'œuvre, Girodet saute au cou de son camarade et l'embrasse, sans trouver de paroles. Ses émotions ne pouvaient se rendre que comme il les sentait, d'âme à âme.

— Tu es amoureux ? dit Girodet.

Tous deux savaient que les plus beaux portraits de Titien, de Raphaël et de Léonard de Vinci, sont dus à des sentimens exaltés qui, sous diverses conditions, engendrent d'ailleurs tous les chefs-d'œuvre. Pour toute réponse, le jeune artiste inclina la tête.

— Es-tu heureux de pouvoir être amoureux ici, en revenant d'Italie! Je ne te conseille pas de mettre de telles œuvres au salon, ajouta le grand peintre. Vois-tu, ces deux tableaux n'y seraient pas sentis. Ces couleurs vraies, ce travail prodigieux, ne peuvent pas encore être appréciés, le public n'est plus accoutumé à tant de profondeur. Les tableaux que nous peignons, mon bon ami, sont des écrans, des paravents. Tiens, faisons plutôt des vers, et traduisons Anacréon? je t'assure qu'il y a plus de gloire à en attendre, que de nos malheureuses toiles.

Malgré cet avis charitable, les deux toiles furent exposées. La scène d'intérieur fit une révolution dans la peinture. Elle donna naissance à ces tableaux de genre dont la prodigieuse quantité importée à toutes nos expositions pourrait faire croire qu'ils s'obtiennent par des procédés purement mécaniques. Quant au portrait, il est peu d'artistes qui ne gardent le souvenir de cette toile vivante à laquelle le public, toujours juste en masse, laissa la couronne que Girodet y plaça lui-même. Les deux tableaux furent entourés d'une foule immense ; on s'y tua, comme disent les dames. Des spéculateurs, de grands seigneurs couvrirent ces deux toiles de doubles napoléons ; mais l'artiste refusa obstinément de les vendre, et refusa même d'en faire des copies. On lui offrit une somme énorme pour les laisser graver, les marchands ne furent pas plus heureux que ne l'avaient été les gens de cour. Quoique cette aventure fit du bruit dans le monde, elle n'était pas de nature à parvenir au fond de la petite Thébaïde de la rue Saint-Denis. Néanmoins, en venant faire une visite à madame Guillaume, la femme du notaire parla de l'exposition devant Augustine, qu'elle aimait beaucoup, et lui en expliqua le but. Le babil de madame Vernier inspira naturellement à Augustine le désir de voir les tableaux, et la hardiesse de demander secrètement à sa tante de l'accompagner au Louvre. La tante réussit dans la négociation qu'elle entama auprès de madame Guillaume, pour obtenir la permission d'arracher sa nièce à ses tristes travaux pendant environ deux heures. La jeune fille pénétra donc, à travers la foule, jusqu'au tableau couronné. Un frisson la fit trembler comme une feuille de bouleau, quand elle se reconnut. Elle eut peur, et regarda autour d'elle pour rejoindre sa tante, dont un flot de monde l'avait séparée. En ce moment ses yeux effrayés rencontrèrent la figure enflammée du jeune peintre. Elle se rappela tout à coup la physionomie d'un promeneur que, curieuse, elle avait souvent remarqué, en croyant que c'était un nouveau voisin.

— Vous voyez ce que l'amour m'a fait faire, dit l'artiste à l'oreille de la timide créature, qui resta tout épouvantée de ces paroles.

Elle trouva un courage surnaturel pour fendre la presse, et pour rejoindre sa tante encore occupée à percer la masse de monde qui l'empêchait d'arriver jusqu'au tableau.

— Vous seriez étouffée, s'écria Augustine, partons, ma tante.

Mais il se rencontre, au Salon, certains momens pendant lesquels deux femmes ne sont pas toujours libres de diriger leurs pas dans les galeries. Mademoiselle Guillaume et sa tante furent poussées à quelques pas du second tableau, par suite des mouvemens irréguliers que la foule leur imprima. Le hasard voulut que madame Vernier et Augustine eussent la facilité d'approcher ensemble de la toile illustrée par la mode, d'accord cette fois avec le talent. La tante fit une exclamation de surprise perdue dans le brouhaha et les bourdonnemens de la foule ; mais Augustine pleura involontairement à l'aspect de cette merveilleuse scène. Puis, par un sentiment presque inexplicable, elle mit un doigt sur ses lèvres, en apercevant à deux pas d'elle la figure extatique du jeune artiste. Il répondit par un signe de tête, et désigna du doigt madame Vernier, comme un trouble-fête, afin de montrer à la jeune fille qu'elle était comprise. Cette pantomime jeta comme un brasier dans le corps de la pauvre fille. Elle se trouva criminelle, en se figurant qu'il venait de se conclure un pacte entre elle et l'artiste. Une chaleur étouffante, le continuel aspect des plus brillantes toilettes, et l'étourdissement que devaient produire sur Augustine la variété des couleurs, la multitude des figures vivantes ou peintes, la profusion des cadres d'or, lui firent éprouver une espèce d'enivrement qui redoubla ses craintes. Elle se serait peut-être évanouie, si, malgré ce chaos de sensations, il ne s'était élevé au fond de son cœur une jouissance inconnue qui vivifia tout son être. Néanmoins, elle se crut sous l'empire de ce démon dont la voix tonnante des prédicateurs lui avait annoncé de si terribles effets. Ce moment fut pour elle comme un moment de folie. Elle se vit accompagnée jusqu'à la voiture de sa tante par ce jeune homme resplendissant de bonheur et d'amour. En proie à une irritation toute nouvelle, à une ivresse qui la livrait en quelque sorte à la nature, Augustine écouta la voix éloquente de son cœur, et regarda plusieurs fois le jeune peintre en laissant paraître le trouble dont elle était saisie. Jamais l'incarnat de ses joues n'avait été plus brillant, et n'avait formé de plus vigoureux contrastes avec la blancheur de sa peau. C'était la beauté dans toute sa fleur, la pudeur dans toute sa gloire. Elle éprouva une sorte de joie, mêlée de terreur, en pensant que sa présence causait la félicité de celui dont le nom était sur toutes les lèvres, dont le talent donnait l'immortalité humaine à de passagères images! Elle était aimée ! Il lui était impossible d'en douter. Quand elle ne vit plus l'artiste, elle entendit encore retentir dans son cœur ces paroles simples : — « Vous voyez ce que l'amour m'a fait faire. » Et les palpitations profondes de son cœur lui semblèrent une douleur, tant son sang plus riche allait vivement réveiller la vie dans toutes les régions de son faible corps. Elle feignit d'avoir un grand mal de tête pour éviter de répondre aux questions de sa tante relativement aux tableaux ; mais, au retour, madame Vernier ne put s'empêcher de parler à madame Guillaume de la célébrité obtenue par le Chat-qui-pelote, et Augustine trembla de tous ses membres en entendant dire à sa mère qu'elle irait au salon pour y voir sa maison. La jeune fille insista de nouveau sur sa souffrance, et obtint la permission d'aller se coucher.

— Voilà ce qu'on gagne à tous ces spectacles, s'écria M. Guillaume. Des maux de tête. Est-ce donc bien amusant de voir en peinture ce qu'on rencontre tous les jours dans notre rue! Ne me parlez pas de ces artistes! ce sont comme vos auteurs, des meure-de-faim. Que diable ont-ils besoin de prendre ma maison pour la vilipender dans leurs tableaux !

— Cela pourra nous faire vendre quelques aunes de drap de plus, dit Joseph Lebas.

Cette observation n'empêcha pas que les arts et la pensée ne fussent condamnés encore une fois au tribunal du Négoce. Comme on doit bien le penser, ces discours ne donnèrent pas grand espoir à Augustine. Elle eut la nuit tout entière pour se livrer à la première méditation de l'amour. Les événemens de cette journée furent comme un songe qu'elle se plut à reproduire dans sa pensée. Elle s'initia aux craintes, aux espérances, aux remords, à toutes ces ondulations de sentiment qui devaient bercer un cœur simple et timide comme était le sien. Quel vide elle reconnut dans cette noire maison, et quel trésor elle trouva dans son âme ! Être la femme d'un homme de talent, partager sa gloire ! Quels ravages cette idée ne devait-elle pas faire au cœur d'une enfant élevée au sein de cette famille ? Quelle espérance ne devait-elle pas éveiller chez une jeune personne qui, nourrie jusqu'alors de principes vulgaires, avait désiré une vie élégante ! Un rayon de soleil était tombé dans cette prison. Augustine aima tout à coup. En elle tant de sentimens étaient flattés à la fois, qu'elle devait succomber ! Elle ne calcula rien. A dix-huit ans, l'amour ne jette-t-il pas son prisme entre le monde et les yeux d'une jeune fille ? Incapable de deviner les rudes chocs qui résultent de l'alliance d'une femme aimante, avec un homme d'imagination, elle crut être appelée à faire le bonheur de celui-ci, sans apercevoir aucune disparate entre elle et lui. Pour elle, le présent était tout l'avenir. Quand le lendemain son père et sa mère revinrent du salon, leurs figures attristées annoncèrent quelque désappointement. D'abord, les deux tableaux avaient été retirés par le peintre ; puis, madame Guillaume avait perdu son châle de dentelle noire. Apprendre que les tableaux venaient de disparaître après sa visite au salon, fut pour Augustine la révélation d'une délicatesse de sentiment que les femmes savent toujours apprécier instinctivement.

Le matin où, rentrant d'un bal, Henri de Sommervieux (tel était le nom que la renommée avait apporté dans le cœur d'Augustine) fut aspergé par les commis du Chat-qui-pelote, pendant qu'il attendait l'apparition de sa naïve amie, qui ne le savait certes pas là, les deux amans se voyaient pour la quatrième fois seulement, depuis la scène du salon. Les obstacles que le régime de la maison Guillaume devait opposer au caractère fougueux de l'artiste, donnaient à sa passion pour Augustine une violence difficile à décrire. Comment aborder une jeune fille, assise dans un comptoir entre deux femmes telles que mademoiselle Virginie et madame Guillaume? Comment correspondre avec elle, quand sa mère ne la quittait jamais? Habile, comme tous les amans, à se forger des malheurs, Henri se créait un rival dans l'un des commis, et mettait les autres dans les intérêts de son rival. S'il échappait à tant d'Argus, il se voyait échouant sous les yeux sévères du vieux négociant ou de madame Guillaume. Partout des barrières, partout le désespoir. La violence même de sa passion empêchait le jeune peintre de trouver ces expédiens ingénieux qui, chez les prisonniers comme chez les amans, semblent être le dernier effort de la raison humaine échauffée par un sauvage besoin de liberté ou par le feu de l'amour. Alors Henri de Sommervieux tournait dans le quartier avec l'activité d'un fou, comme si le mouvement pouvait lui suggérer des ruses. Après s'être bien tourmenté l'imagination, il inventa de gagner à prix d'or la servante joufflue. Quelques lettres s'étaient succédées de loin en loin pendant la quinzaine qui suivit la malencontreuse matinée où M. Guillaume et Henri s'étaient si bien examinés.

En ce moment, les deux jeunes gens étaient convenus de se voir à une certaine heure du jour et le dimanche à Saint-Leu pendant la messe et les vêpres. Augustine avait envoyé à son cher Henri la liste des parens et des amis de la famille, chez lesquels le jeune peintre tâcha d'avoir accès, afin d'intéresser à ses joyeuses pensées, s'il était possible, une de ces âmes occupées d'argent, de commerce, et auxquelles une passion véritable devait sembler la spéculation la plus monstrueuse et la plus inouïe du monde. D'ailleurs, rien ne changea dans les habitudes du Chat-qui-pelote. Si Augustine fut distraite, si, contre toute espèce d'obéissance aux lois de la charte domestique, elle monta à sa chambre pour y aller, grâce à un pot de fleurs, établir des signaux ; si elle soupira, si elle pensa, enfin, personne, pas même sa mère, ne s'en aperçut. Cette circonstance causera quelque surprise à ceux qui auront compris l'esprit de cette maison, où une pensée entachée de poésie devait produire un contraste avec les êtres et les choses, où personne ne pouvait se permettre ni un geste, ni un regard qui ne fussent vus et analysés. Cependant rien n'était plus naturel. Le vaisseau si tranquille qui naviguait sur la mer orageuse de la place de Paris sous le pavillon du Chat-qui-pelote, était la proie d'une de ces tempêtes qu'on pourrait nommer équinoxiales par suite de leur retour périodique. Depuis quinze jours, les quatre hommes de l'équipage, madame Guillaume et mademoiselle Virginie étaient occupés à ce travail excessif désigné sous le nom d'*inventaire*. On remuait tous les ballots et l'on vérifiait l'aunage des pièces pour s'assurer de la valeur exacte du coupon ; on examinait soigneusement la carte appendue au paquet pour reconnaître en quel temps les draps avaient été achetés ; l'on en fixait le prix actuel. Toujours debout, son aune à la main, la plume derrière l'oreille, M. Guillaume ressemblait à un capitaine commandant la manœuvre. Sa voix aiguë, passant par un judas, pour interroger la profondeur des écoutilles du magasin d'en bas, faisait entendre ces locutions barbares du commerce, qui ne s'exprime que par énigmes.

— Combien d'H-N-Z ?

— Enlevé.

— Que reste-t-il de Q-X ?

— Deux aunes.

— Quel prix ?

— Cinq-cinq-trois.

— Portez à trois A, tout, J-J ; tout, M-P ; et le reste de V-D-O.

Mille autres phrases tout aussi inintelligibles ronflaient à travers les comptoirs comme des vers de la poésie moderne que des romantiques se seraient cités afin d'entretenir leur enthousiasme pour un de leurs poëtes. Le soir, M. Guillaume, enfermé avec son commis et sa femme, soldait les comptes, portait à nouveau, écrivait aux retardataires, et dressait des factures. Tous trois préparaient ce travail immense dont le résultat tenait sur un carré de papier tellière, et prouvait à la maison Guillaume qu'il existait tant en argent, tant en marchandises, tant en traites, billets ; qu'elle ne devait pas un sou, qu'il lui était dû cent ou deux cent mille francs ; que le capital avait augmenté ; que les fermes, les maisons, les rentes allaient être ou arrondies, ou réparées, ou doublées ; et qu'en conséquence c'était un devoir de recommencer avec plus d'ardeur que jamais à ramasser de nouveaux écus, sans qu'il vînt en tête de ces courageuses fourmis de se demander : — « A quoi bon ? »

A la faveur de ce tumulte annuel, l'heureuse Augustine échappait à l'investigation de ses Argus. Enfin, un samedi soir, la clôture de l'inventaire eut lieu. Les chiffres du total actif offraient assez de zéros pour qu'en cette circonstance M. Guillaume levât la consigne sévère qui régnait toute l'année au dessert. Le sournois drapier se frotta les mains, et permit à ses commis de rester à table. A peine chacun des hommes de l'équipage achevait-il son petit verre d'une liqueur de ménage, que l'on entendit le roulement d'une voiture. La famille alla voir Cendrillon aux Variétés, tandis que les deux derniers commis reçurent chacun un écu de six francs, avec la permission d'aller où bon leur semblerait, pourvu qu'ils fussent rentrés à minuit.

Malgré cette débauche, le dimanche matin, le vieux marchand drapier fit sa barbe dès six heures, endossa son habit marron dont il examinait toujours le teint et la laine avec un certain contentement ; il attacha des boucles d'or aux oreilles d'une ample culotte de soie. Puis, à sept heures, au moment où tout dormait encore dans la maison, il se dirigea vers le petit cabinet attenant à son magasin du premier étage. Le jour y venait d'une croisée armée de gros barreaux de fer, et qui donnait sur une petite cour carrée formée de murs si noirs, qu'elle ressemblait assez à un puits. Le vieux négociant ouvrit lui-même ces volets garnis de tôle qu'il connaissait si bien. Il releva une moitié du vitrage en le faisant glisser dans sa coulisse. L'air glacé de la cour vint rafraîchir la chaude atmosphère de ce cabinet qui exhalait l'odeur particulière aux bureaux. Le marchand resta debout, et posa la main sur le bras crasseux d'un fauteuil de canne, doublé de maroquin, dont la couleur primitive était effacée. Il semblait hésiter à s'y asseoir. Il regarda d'un air attendri le bureau à double pupitre, où la place de sa femme se trouvait ménagée dans le côté opposé à la sienne par une petite arcade pratiquée dans le mur. Il contempla les cartons numérotés, les ficelles, les ustensiles, les fers à marquer le drap, la caisse, objets dont l'origine était immémoriale, et crut se revoir devant l'ombre évoquée du sieur Chevrel. Il avança le même tabouret sur lequel il s'était jadis assis en présence de son défunt patron. Ce tabouret, garni de cuir noir, et dont le crin s'échappait depuis longtemps par les coins, mais sans se perdre, il le plaça d'une main tremblante au même endroit où son prédécesseur l'avait mis; puis, dans une agitation difficile à décrire, il tira la sonnette qui correspondait au chevet du lit de Joseph Lebas. Quand ce coup décisif eut été frappé, le vieillard, pour qui ces souvenirs étaient sans doute trop lourds, prit trois ou quatre lettres de change qui lui avaient été présentées, et les regarda sans les voir, quand Joseph Lebas se montra soudain.

— Asseyez-vous là, lui dit M. Guillaume en lui désignant le tabouret.

Jamais le vieux maître drapier n'avait fait asseoir son commis devant lui. Joseph Lebas en tressaillit.

— Que pensez-vous de ces traites? demanda M. Guillaume.

— Elles ne seront pas payées.

— Comment?

— Mais j'ai su qu'avant-hier Leroux et compagnie ont fait tous leurs paiemens en or.

— Oh! oh! s'écria le drapier, il faut être bien malade pour laisser voir sa bile! Parlons d'autre chose. Joseph, l'inventaire est fini.

— Oui, monsieur, et le dividende est un des plus beaux que vous ayez eus.

— Ne vous servez donc pas de ces nouveaux mots! Dites le produit, Joseph. Savez-vous, mon garçon, que c'est un peu à vous que nous devons ces résultats? Aussi, ne veux-je plus que vous ayez d'appointemens. Madame Guillaume m'a donné l'idée de vous offrir un intérêt. Hein, Joseph? Guillaume et Lebas, ces mots ne feraient-ils pas une belle raison sociale? On pourrait mettre *et compagnie* pour arrondir la signature.

Les larmes vinrent aux yeux de Joseph Lebas, qui s'efforça de les cacher, en s'écriant : — Ah! monsieur Guillaume, comment ai-je pu mériter tant de bontés? Je n'ai fait que mon devoir. Je suis pauvre. C'était déjà tant que de...

Il brossait le parement de sa manche gauche avec la manche droite, et n'osait regarder le vieillard qui souriait, en pensant que ce modeste jeune homme avait sans doute besoin, comme lui autrefois, d'être encouragé pour rendre l'explication complète.

— Cependant, reprit le père de Virginie, vous ne méritez pas beaucoup cette faveur, Joseph! Vous ne mettez pas en moi autant de confiance que j'en mets en vous.

Le commis releva brusquement la tête.

— Vous avez le secret de la caisse; depuis deux ans, je vous ai dit presque toutes mes affaires; je vous ai fait voyager en fabrique; enfin, pour vous, je n'ai rien sur le cœur. Mais vous?... Vous avez une inclination, et ne m'en avez pas touché un seul mot.

Joseph Lebas rougit.

— Ah! ah! s'écria M. Guillaume, vous pensiez donc tromper un vieux renard comme moi? Moi! à qui vous avez vu deviner la faillite Lecoq!

— Comment, monsieur? répondit Joseph Lebas en examinant son patron avec autant d'attention que son patron l'examinait, comment, vous sauriez qui j'aime?

— Je sais tout, vaurien, lui dit le respectable et rusé marchand en lui prenant le bout de l'oreille. Et je te pardonne, j'ai fait de même!

— Et vous me l'accorderiez?

— Oui. Et avec cinquante mille écus. Je t'en laisserai autant, nous marcherons sur de nouveaux frais avec une nouvelle raison sociale! Nous brasserons encore des affaires, garçon! s'écria le vieux marchand en s'exaltant, se levant et agitant ses bras. Vois-tu, mon gendre, il n'y a que le commerce! Ceux qui se demandent quels plaisirs on y trouve sont des imbéciles. Être à la piste des affaires; savoir comment va la place; attendre avec anxiété, comme au jeu, si les Étienne et compagnie font faillite; voir passer un régiment de la garde impériale que l'on vient d'habiller; donner un croc en jambe au voisin, loyalement, s'entend! faire fabriquer à meilleur marché; suivre une affaire qu'on ébauche, qui commence, qui grandit, qui chancelle, qui réussit; connaître comme un ministre de la police tous les ressorts des maisons de commerce, pour ne pas faire fausse route; se tenir debout devant les naufrages; avoir des amis par correspondance dans toutes les villes manufacturières. Ah! ah! n'est-ce pas un jeu perpétuel, Joseph? c'est vivre, ça! Je mourrai dans ce tracas-là, comme le vieux Chevrel, n'en prenant cependant plus qu'à mon aise...

Dans la chaleur de la plus forte improvisation que le père Guillaume eût jamais faite, il n'avait presque pas regardé son commis qui pleurait à chaudes larmes.

— Eh bien ! Joseph ! pauvre garçon ! qu'as-tu donc ?

— Ah ! je l'aime tant, tant, monsieur Guillaume, que le cœur me manque, je crois...

— Eh bien ! garçon, dit le marchand attendri, tu es plus heureux que tu ne crois, sarpejeu, car elle t'aime. Je le sais, moi !

Et il cligna ses deux petits yeux verts en regardant son commis.

— Mademoiselle Augustine ! mademoiselle Augustine ! s'écria Joseph Lebas dans son enthousiasme.

Et il allait s'élancer hors du cabinet, quand il se sentit arrêté par un bras de fer. Son patron, stupéfait, le ramena vigoureusement devant lui.

— Qu'est-ce que fait donc Augustine dans cette affaire-là, demanda M. Guillaume dont la voix glaça sur-le-champ le pauvre Joseph Lebas.

— N'est-ce pas elle... que... j'aime... balbutia le commis.

Déconcerté de son défaut de perspicacité, M. Guillaume se rassit et mit sa tête pointue dans ses deux mains, pour réfléchir à la bizarre position dans laquelle il se trouvait. Joseph Lebas, honteux et au désespoir, resta debout.

— Joseph, reprit le négociant avec une dignité froide, je vous parlais de Virginie. L'amour ne se commande pas, je le sais. Je connais votre discrétion ; nous oublierons cela. Je ne marierai jamais Augustine avant Virginie. Votre intérêt sera de dix pour cent.

Le commis auquel l'amour donna je ne sais quel degré de courage et d'éloquence, joignit les mains, prit la parole, parla pendant un quart d'heure à M. Guillaume avec tant de chaleur et de sensibilité, que la situation changea. S'il s'était agi d'une affaire commerciale, le vieux négociant aurait eu des règles fixes pour prendre une résolution. Mais, jeté à mille lieues du commerce, sur la mer des sentimens, et sans boussole, il flotta irrésolu devant un événement aussi original, se disait-il. Entraîné par sa bonté naturelle, il battit un peu la campagne.

— Que diable, Joseph! tu n'es pas sans savoir que j'ai eu mes deux enfans à dix ans de distance! Mademoiselle Chevrel n'était pas belle, elle n'a cependant pas à se plaindre de moi. Fais donc comme moi. Enfin ne pleure pas, es-tu bête? Que veux-tu? cela s'arrangera peut-être, nous verrons. Il y a toujours moyen de se tirer d'affaire. Nous autres hommes nous ne sommes pas toujours comme des Céladons pour nos femmes. Tu m'entends? Madame Guillaume est dévote, et... Allons, sarpejeu, mon enfant, donne ce matin le bras à Augustine pour aller à la messe.

Telles furent les phrases jetées à l'aventure par M. Guillaume. La conclusion qui les terminait ravit l'amoureux commis. Il songeait déjà pour mademoiselle Virginie à l'un de ses amis, quand il sortit du cabinet enfumé en serrant la main de son futur beau-père, après lui avoir dit, d'un petit air entendu, que tout s'arrangerait au mieux.

— Que va penser madame Guillaume? fut l'idée qui tourmenta prodigieusement le brave négociant quand il fut seul.

Au déjeûner, madame Guillaume et Virginie, auxquelles le marchand drapier avait laissé provisoirement ignorer son désappointement, regardèrent assez malicieusement Joseph Lebas qui resta grandement embarrassé. La pudeur du commis lui concilia l'amitié de sa belle-mère. La matrone redevint si gaie qu'elle regarda M. Guillaume en souriant, et se permit quelques petites plaisanteries d'un usage immémorial dans ces familles innocentes. Elle mit en question la conformité de la taille de Virginie et de celle de M. Joseph, pour leur demander de se mesurer. Ces niaiseries préparatoires attirèrent quelques nuages sur le front du chef de famille. Il afficha même un tel amour pour le décorum, qu'il ordonna à Augustine de prendre le bras du premier commis en allant à Saint-Leu. Madame Guillaume, étonnée de cette délicatesse masculine, honora son mari d'un signe de tête d'approbation. Le cortége partit donc de la maison dans un ordre qui ne pouvait suggérer aucune interprétation maligne aux voisins.

— Ne trouvez-vous pas, mademoiselle Augustine, disait le commis en tremblant, que la femme d'un négociant qui a un bon crédit, comme M. Guillaume, par exemple, pourrait s'amuser un peu plus que ne s'amuse madame votre mère, pourrait porter des diamans, aller en voiture? Oh! moi, d'abord, si je me mariais, je voudrais avoir toute la peine, et voir ma femme heureuse. Je ne la mettrais pas dans mon comptoir. Voyez-vous, dans la draperie, les femmes n'y sont plus aussi nécessaires qu'elles l'étaient autrefois. M. Guillaume a eu raison d'agir comme il a fait, puisque c'était le goût de son épouse. Qu'une femme sache donner un coup de main à la comptabilité, à la correspondance, au détail, aux commandes, à son ménage, afin de ne pas rester par trop oisive, c'est tout. A sept heures, quand la boutique serait fermée, moi je m'amuserais. J'irais au spectacle et dans le monde. Mais vous ne m'écoutez pas.

— Si fait, monsieur Joseph. Que dites-vous de la peinture? C'est là un bel état.

— Oui, je connais un maître peintre en bâtiment qui a des écus...

En devisant ainsi la famille atteignit l'église de Saint-Leu. Là, madame Guillaume retrouva ses droits. Elle fit mettre, pour la première fois, Augustine à côté d'elle; et Virginie prit place sur la troisième chaise à côté de M. Lebas. Pendant le prône, tout alla bien entre Augustine et Henri de Sommervieux, qui, debout derrière un pilier, priait sa madone avec ferveur; mais au lever-Dieu, madame Guillaume s'aperçut, un peu tard, que sa fille Augustine tenait son livre de messe au rebours.

Elle se disposait à la gourmander vigoureusement, quand, rabaissant son voile noir, elle interrompit sa lecture et se mit à regarder dans la direction qu'affectionnaient les yeux de sa fille. A l'aide de ses besicles, elle vit le jeune artiste dont l'élégance mondaine annonçait plutôt quelque capitaine de cavalerie en congé, qu'un négociant du quartier. Il est difficile d'imaginer l'état violent dans lequel se trouva madame Guillaume, qui se flattait d'avoir parfaitement élevé ses filles, en reconnaissant, dans le cœur d'Augustine, un amour clandestin dont sa pruderie et son ignorance lui exagérèrent le danger. Elle crut sa fille gangrénée jusqu'au cœur.

— Tenez d'abord votre livre à l'endroit, mademoiselle! dit-elle à voix basse, mais en tremblant de colère.

Elle arracha vivement le Paroissien accusateur, et le remit de manière à ce que les lettres fussent dans leur sens naturel.

— N'ayez pas le malheur de lever les yeux autre part que sur vos prières, ajouta-t-elle; autrement, vous auriez affaire à moi. Après la messe, votre père et moi nous aurons à vous parler.

Ces paroles furent comme un coup de foudre pour la pauvre Augustine. Elle se sentit défaillir; mais combattue entre la douleur qu'elle éprouvait et la crainte de faire une esclandre dans l'église, elle eut le courage de cacher ses angoisses. Cependant, il était facile de deviner l'état violent de son âme en voyant son Paroissien trembler et des larmes tomber sur chacune des pages qu'elle tournait. L'artiste recueillit un regard enflammé que lui lança madame Guillaume, et comprit le mystère. Il sortit, la rage dans le cœur, décidé à tout oser.

— Allez dans votre chambre, mademoiselle! dit madame Guillaume à sa fille en rentrant au logis ; nous vous ferons appeler ; et surtout, ne vous avisez pas d'en sortir.

La conférence que les deux époux eurent ensemble fut si secrète, que rien n'en transpira d'abord. Cependant, Virginie, qui avait encouragé sa sœur par mille douces représentations, poussa la complaisance jusqu'à se glisser auprès de la porte de la chambre à coucher de sa mère, chez laquelle la discussion avait lieu, pour y écouter et recueillir quelques phrases. Au premier voyage qu'elle fit du troisième au second étage, elle entendit son père qui s'écriait : — Madame, vous voulez donc tuer votre fille?

— Ma pauvre enfant, dit Virginie à sa sœur éplorée, papa prend ta défense!

— Et que veulent-ils faire à Henri, demanda l'innocente créature.

Alors la curieuse Virginie redescendit; mais cette fois elle resta plus long-temps. Elle apprit que M. Lebas aimait Augustine. Il était écrit que, dans cette mémorable journée, une maison ordinairement si calme serait un enfer. M. Guillaume désespéra Joseph Lebas en lui confiant qu'Augustine aimait un étranger. Lebas, qui avait averti son ami de demander mademoiselle Virginie en mariage, vit ses espérances renversées. Mademoiselle Virginie, accablée de savoir que M. Joseph l'avait en quelque sorte refusée, fut prise d'une migraine. Enfin, la zizanie, semée entre les deux époux par l'explication que M. et madame Guillaume avaient eue ensemble, et où, pour la troisième fois de leur vie, ils se trouvaient d'opinions différentes, se manifesta d'une manière terrible. Enfin, à quatre heures après midi, Augustine, pâle, tremblante et les yeux rouges, comparut devant son père et sa mère. La pauvre enfant raconta naïvement la trop courte histoire de ses amours. Rassurée par l'allocution de son père, qui lui avait promis de l'écouter en silence, elle prit un certain courage en prononçant devant ses parens le nom de son cher Henri de Sommervieux, dont elle fit malicieusement sonner la particule aristocratique. En se livrant au charme inconnu de parler de ses sentimens, elle trouva assez de hardiesse pour déclarer avec une innocente fermeté qu'elle aimait M. Henri de Sommervieux, qu'elle le lui avait écrit; et ajouta, les larmes aux yeux, que ce sera faire son malheur que de la sacrifier à un autre.

— Mais, Augustine, vous ne savez donc pas ce que c'est qu'un peintre? s'écria sa mère avec horreur.

— Madame Guillaume! dit le vieux père en imposant silence à sa femme. — Augustine, dit-il, les artistes sont en général des meure-de-faim. Ils sont dépensiers, et presque toujours de mauvais sujets. J'ai fourni feu M. Joseph Vernet, feu M. Lekain et feu M. Noverre. Ah! si tu savais combien ce M. Noverre, M. le chevalier de Saint-George, et surtout M. Philidor, ont joué de tours à ce pauvre M. Chevrel! Ce sont de drôles de corps, je le sais bien. Ça vous a tous un babil, des manières. Jamais ton M. Sumer... Somm...

— De Sommervieux, mon père!

— Eh bien! de Sommervieux, soit! Jamais il n'aura été aussi agréable avec toi que M. le chevalier de Saint-Georges le fut avec moi, le jour où j'obtins une sentence des consuls contre lui. Aussi était-ce des gens de qualité d'autrefois.

— Mais, mon père, M. Henri est noble, et m'a écrit qu'il était riche. Son père s'appelait le comte de Sommervieux avant la révolution.

A ces paroles, M. Guillaume regarda sa terrible moitié, qui, en femme contrariée, frappait le plancher du bout du pied et gardait un morne silence. Elle évitait même de jeter ses yeux courroucés sur Augustine, et semblait laisser à M. Guillaume toute la responsabilité d'une affaire aussi grave, puisque ses avis n'étaient pas écoutés. Cependant, malgré son flegme apparent, quand elle vit son mari prendre aussi doucement son parti sur une catastrophe qui n'avait rien de commercial, elle s'écria : — En vérité, monsieur, vous êtes d'une faiblesse avec vos filles... mais...

Le bruit d'une voiture qui s'arrêtait à la porte

interrompit tout-à-coup la mercuriale que le vieux négociant redoutait déjà. En un moment, madame Vernier se trouva au milieu de la chambre, et, regardant les trois acteurs de cette scène domestique :
— Je sais tout, dit la tante d'un air de protection.

Madame Vernier avait un défaut, celui de croire que la femme d'un notaire de Paris pouvait jouer le rôle d'une petite maîtresse.

— Je sais tout, répéta-t-elle, et je viens dans l'arche de Noé, comme la colombe, avec la branche d'olivier. J'ai lu cette allégorie dans le *Génie du christianisme,* dit-elle en se retournant vers madame Guillaume, la comparaison doit vous plaire, ma cousine. Savez-vous, ajouta-t-elle en souriant à Augustine, que ce M. de Sommervieux est un homme charmant? Il m'a donné ce matin mon portrait fait de main de maître. Cela vaut au moins six mille francs.

A ces mots, elle frappa doucement sur les bras de M. Guillaume. Le vieux négociant ne put s'empêcher de faire avec ses lèvres une petite moue qui lui était particulière.

— Je connais beaucoup M. de Sommervieux, reprit la tante. Depuis une quinzaine de jours il vient à mes soirées, dont il fait le charme. Aussi, suis-je son avocat. Il m'a conté toutes ses peines. Je sais de ce matin qu'il adore Augustine, et il l'aura. Ah! cousine, n'agitez pas ainsi la tête en signe de refus. Vous ne savez donc rien? il sera créé baron, il vient d'être nommé chevalier de la Légion-d'Honneur par l'empereur lui-même, au salon. M. Vernier est son notaire, et connaît ses affaires. Eh bien! M. de Sommervieux possède en bons biens au soleil dix-huit mille livres de rente. Savez-vous que le beau-père d'un homme comme lui peut devenir quelque chose, maire de son arrondissement, par exemple! N'avez-vous pas vu M. Dupont être fait comte de l'empire et sénateur parce qu'il était venu, en sa qualité de maire, complimenter l'empereur sur son entrée à Vienne. Oh! ce mariage-là se fera! Je l'adore, moi, ce bon jeune homme! Sa conduite envers Augustine ne se voit que dans les romans. Va, ma petite, tu seras heureuse, et tout le monde voudrait être à ta place. J'ai chez moi, à mes soirées, madame la duchesse de Carigliano qui raffole de M. Henri de Sommervieux. Quelques méchantes langues disent qu'elle ne vient chez moi que pour lui, comme si une duchesse d'hier était déplacée chez un notaire dont la famille a cent ans de bonne bourgeoisie.

— Augustine, reprit la tante après une petite pause, j'ai vu le portrait. Dieu! que c'est beau! Sais-tu que l'empereur a voulu le voir, et qu'il a dit en riant, au Vice-connétable, que s'il y avait beaucoup de femmes comme celle-là à sa cour pendant qu'il y venait tant de rois, il se faisait fort de maintenir toujours la paix en Europe. Est-ce flatteur?

Les orages par lesquels cette journée avait commencé devaient ressembler à ceux de la nature, en ramenant un temps calme et serein. Madame Vernier déploya tant de séductions dans ses discours ; elle sut attaquer tant de cordes à la fois dans les cœurs secs de M. et de madame Guillaume, qu'elle finit par en trouver une dont elle tira parti. A cette singulière époque, le commerce et la finance avaient plus que jamais la folle manie de s'allier aux grands seigneurs. Les généraux de l'empire profitèrent assez bien de ces dispositions. M. Guillaume s'élevait singulièrement contre cette déplorable passion. Ses axiomes favoris étaient que, pour trouver le bonheur, une femme devait épouser un homme de sa classe ; que l'on était toujours tôt ou tard puni d'avoir voulu monter trop haut ; que l'amour résistait si peu aux tracas du ménage, qu'il fallait trouver l'un chez l'autre des qualités bien solides pour être heureux ; qu'il ne fallait pas que l'un des deux époux en sût plus que l'autre, parce qu'on devait avant tout se comprendre ; qu'un mari qui parlait grec et la femme latin risquaient de mourir de faim. C'était là une espèce de proverbe qu'il avait inventé lui-même. Il comparait les mariages ainsi faits à ces anciennes étoffes de soie et de laine, dont la soie finissait toujours par couper la laine. Cependant, il se trouve tant de vanité au fond du cœur de l'homme, que la prudence du pilote qui gouvernait si bien le Chat-qui-pelote succomba sous l'agressive volubilité de madame Vernier. La sévère madame Guillaume fut même la première à trouver dans l'inclination de sa fille des motifs pour déroger à ces principes, et pour consentir à recevoir au logis **M.** Henri de Sommervieux, qu'elle se promettait bien de soumettre à un rigoureux examen.

Le vieux négociant alla trouver Joseph Lebas, et l'instruisit de l'état des choses. A six heures et demie, la salle à manger illustrée par le peintre réunit sous son toit de verre madame et **M.** Vernier, le jeune peintre et sa chère Augustine, Joseph Lebas qui prenait son bonheur en patience, et mademoiselle Virginie dont la migraine avait cessé. **M.** et madame Guillaume virent en perspective leurs enfans établis et les destinées du Chat-qui-pelote remises en des mains habiles. Leur contentement fut au comble, quand, au dessert, Henri de Sommervieux leur fit présent de l'étonnant tableau qu'ils n'avaient pu voir, et qui représentait l'intérieur de cette vieille boutique, à laquelle était dû tant de bonheur.

— C'est-y gentil! s'écria **M.** Guillaume. Dire qu'on voulait donner trente mille francs de cela.

— Mais c'est qu'on y trouve mes barbes, reprit madame Guillaume.

— Et ces étoffes dépliées, ajouta **M.** Lebas; on les prendrait avec la main.

— Les draperies font toujours très-bien, répondit le peintre. Nous serions trop heureux, nous autres artistes modernes, d'atteindre à la perfection de la draperie antique.

— Vous aimez donc la draperie? s'écria **M.** Guillaume. Eh bien, sarpejeu! touchez là, mon jeune ami. Puisque vous estimez le commerce, nous nous entendrons. Eh! pourquoi le mépriserait-on? Le monde a commencé par là, puisque Adam a vendu le paradis pour une pomme. Ça n'a pas été une fameuse spéculation, par exemple!

Et le vieux négociant se mit à éclater d'un gros rire franc, excité par le vin de Champagne qu'il avait fait circuler généreusement. Le bandeau dont les yeux du jeune artiste étaient couverts fut si épais qu'il trouva ses futurs parens aimables. Il ne dédaigna pas de les égayer par quelques charges de bon goût. Aussi plut-il généralement. Le soir, quand le salon meublé de choses très-cossues, pour se servir de l'expression de M. Guillaume, fut désert, pendant que madame Guillaume s'en allait de table en cheminée, de candélabre en flambeau, soufflant avec précipitation les bougies, le brave négociant, qui savait toujours voir clair aussitôt qu'il s'agissait d'affaires ou d'argent, attira sa fille Augustine auprès de lui; puis, après l'avoir prise sur ses genoux, il lui tint ce discours : — Ma chère enfant, tu épouseras ton M. de Sommervieux, puisque tu le veux; permis à toi de risquer ton capital de bonheur. Mais je ne me laisse pas prendre à ces trente mille francs que l'on gagne à gâter de bonne toile. Je sais que l'argent qui vient si vite s'en va de même. N'ai-je pas entendu dire ce soir à ce jeune écervelé que si l'argent était rond, c'était pour rouler! Il ne sait donc pas que s'il est rond pour les gens prodigues, les gens économes voient qu'il est plat pour s'amasser. Or, mon enfant, ce beau garçon-là parle de te donner des voitures, des diamans? Il a de l'argent, qu'il le dépense pour toi? *bene sit!* Je n'ai rien à y voir. Mais quant à ce que je te donne, je ne veux pas que des écus si péniblement ensachés s'en aillent en carrosses ou en colifichets. Qui dépense trop n'est jamais riche. Avec cinquante mille écus on n'achète pas encore tout Paris. Tu as beau avoir à recueillir un jour quelques centaines de mille francs, je te les ferai attendre, sarpejeu! le plus long-temps possible. J'ai donc attiré ton prétendu dans un coin. Vois-tu, un homme qui a mené la faillite Lecoq, n'a pas eu grand peine à faire consentir un artiste à se marier séparé de biens avec sa femme. J'aurai l'œil au contrat pour que les donations qu'il se propose de te constituer soient soigneusement hypothéquées. Allons, mon enfant, j'espère être grand-père, sarpejeu! je veux m'occuper déjà de mes petits-enfans. Jure-moi donc ici de ne jamais rien faire, rien signer que par mon conseil; et si j'allais trouver trop tôt le père Chevrel, jure-moi de consulter le jeune Lebas, ton beau-frère. Promets-le-moi.

— Oui, mon père, je vous le jure.

A ces mots, prononcés d'une voix douce, le vieillard baisa sa fille sur les deux joues. Ce soir-là, tous les amans dormirent presque aussi paisiblement que M. et madame Guillaume.

Quelques mois après ce mémorable dimanche, le maître-autel de Saint-Leu fut témoin de deux mariages bien différens. Augustine et le jeune Henri de Sommervieux s'y présentèrent dans tout l'éclat du bonheur, entourés des prestiges de l'amour, parés de toilettes élégantes, attendus par un brillant équipage. Venue dans un bon remise avec sa famille, Virginie, donnant le bras au modeste M. Lebas, suivait sa jeune sœur humblement, et dans de plus simples atours, comme une ombre nécessaire aux harmonies de ce tableau. M. Guillaume s'était donné toutes les peines imaginables pour obtenir à l'église que Virginie fût mariée avant Augustine; mais il eut la douleur de voir le haut et le bas clergé s'adresser en toute circonstance à la plus élégante des mariées. Il entendit quelques-uns de ses voisins approuver singulièrement le bon sens de mademoiselle Virginie, qui faisait, disaient-ils, le mariage le plus solide, et restait fidèle au quartier; tandis qu'ils lancèrent quelques brocards suggérés par l'envie sur Augustine qui épousait un artiste, un noble. Ils ajoutèrent avec une sorte d'effroi que si les Guillaume avaient de l'ambition, la draperie était perdue. Un vieux marchand d'éventails ayant dit que ce mange-tout-là l'aurait bientôt mise sur la paille, le père Guillaume s'applaudit *in petto* de la prudence qu'il avait mise dans la rédaction des conventions matrimoniales. Le soir, la famille se sépara après un bal somptueux, suivi d'un de ces soupers plantureux dont la génération présente a tout-à-fait perdu le souvenir.

M. et madame Guillaume restèrent dans leur hôtel de la rue du Colombier où la noce avait eu lieu.

M. et madame Lebas retournèrent dans leur remise à la vieille maison de la rue Saint-Denis, pour y diriger la barque du Chat-qui-pelote. L'artiste, ivre de bonheur, prit entre ses bras sa chère Augustine, l'enleva vivement quand leur coupé arriva rue des Trois-Frères, et la porta dans le plus élégant appartement de Paris.

La fougue de passion qui possédait Henri fit dévorer au jeune ménage près d'une année entière sans que le moindre nuage vînt altérer l'azur du ciel sous lequel ils vivaient. Pour eux, l'existence n'eut rien de pesant, et leur mariage fut une source féconde en joie. Henri de Sommervieux répandait sur chaque journée une incroyable *fioriture* de plaisirs. Il se plaisait à varier les emportemens de la passion, par la molle langueur de ces momens de repos où les âmes sont lancées si haut dans l'extase qu'elles semblent y oublier l'union corporelle. Incapable de réfléchir, l'heureuse Augustine se prêtait à l'allure serpentine de son bonheur. Elle ne croyait pas faire encore assez en se livrant tout entière à l'amour permis et saint du mariage. Simple et naïve, elle ne connaissait ni la coquetterie des refus, ni l'empire qu'une jeune demoiselle du grand monde se crée sur un mari par d'adroits caprices. Elle aimait trop pour calculer l'avenir. Elle n'imaginait pas qu'une vie aussi délicieuse pût jamais cesser. Elle faisait alors tous les plaisirs de son mari, elle crut que cet inextinguible amour serait toujours pour elle la plus belle de toutes les parures, comme son dévouement et son obéissance seraient un éternel attrait. Enfin, la félicité de l'amour l'avait rendue si brillante, que sa beauté lui inspira de l'orgueil et lui donna la conscience de pouvoir toujours régner sur un homme aussi facile à enflammer que l'était Henri de Sommervieux. Ainsi son état de femme ne lui apporta d'autres enseignemens que ceux de l'amour. Au sein de ce bonheur, elle resta l'ignorante petite fille qui vivait obscurément rue Saint-Denis. Elle ne pensa point à prendre les manières, l'instruction, le ton du monde dans lequel elle devait vivre. Ses paroles étant des paroles d'amour, elle déployait bien en les disant une sorte de souplesse d'esprit et une certaine délicatesse d'expression ; mais c'était le langage employé par toutes les femmes quand elles se trouvent plongées dans une passion qui semble être leur élément. Si, par hasard, une idée discordante avec celles de Henri était exprimée par Augustine, le jeune artiste en riait comme on rit des premières fautes que fait un étranger, mais qui finissent par fatiguer s'il ne se corrige pas.

Cependant, à l'expiration de cette année aussi charmante que rapide, Henri sentit un matin la nécessité de reprendre ses travaux et ses habitudes. Sa femme était enceinte. Il revit ses amis. Pendant les longues souffrances de l'année où, pour la première fois, une jeune femme nourrit un enfant, il travailla sans doute avec ardeur ; mais, parfois, il retourna chercher quelques distractions dans le grand monde. La maison où il allait le plus volontiers était celle de la duchesse de Carigliano qui avait fini par attirer chez elle le célèbre artiste. Quand Augustine fut rétablie, et que son fils ne réclama plus ces soins assidus qui interdisent à une mère les plaisirs du monde, Henri en était arrivé à vouloir éprouver cette jouissance d'amour-propre que nous donne la société, quand nous y apparaissons avec une belle femme, objet d'envie et d'admiration. Parcourir les salons en s'y montrant avec l'éclat emprunté de la gloire de son mari; se voir jalousée par toutes les femmes fut, pour Augustine, une nouvelle moisson de plaisirs; mais ce fut le dernier reflet que devait jeter son bonheur conjugal. Elle commença par offenser la vanité de son mari, quand, malgré de vains efforts, elle laissa percer son ignorance, l'impropriété de son langage et l'étroitesse de ses idées.

Le caractère de Henri de Sommervieux, dompté pendant près de deux ans et demi par les premiers emportemens de l'amour, reprit, avec la tranquillité d'une possession moins jeune, sa pente et ses habitudes un moment détournées de leurs cours. La poésie, la peinture, et les exquises jouissances de l'imagination possèdent sur les esprits élevés des droits imprescriptibles. Ces besoins d'une âme forte n'avaient pas été trompés chez Henri pendant ces deux années; ils avaient trouvé seulement une pâture nouvelle. Quand les champs de l'amour furent parcourus; quand l'artiste eut, comme les enfans, cueilli des roses et des bluets avec une telle avidité qu'il ne s'apercevait pas que ses mains ne pouvaient plus les tenir, la scène changea. Si le peintre montrait à sa femme les croquis de ses plus belles compositions, il l'entendait s'écrier comme eût fait M. Guillaume : — C'est bien joli ! L'admiration sans chaleur qu'elle témoignait ne provenait pas d'un sentiment consciencieux, c'était l'admiration sur parole de l'amour. Elle préférait un regard au plus beau tableau ; le seul sublime qu'elle connût était celui du cœur. Enfin, Henri ne put se refuser à l'évidence d'une vérité cruelle. Augustine n'était pas sensible à la poésie ; elle n'habitait pas sa sphère ; elle ne le suivait pas dans tous ses caprices, dans ses improvisations, dans ses joies, dans ses douleurs, et marchait terre à terre dans le monde réel, tandis qu'il avait la tête dans les cieux. Les esprits ordinaires ne peuvent pas apprécier les souffrances renaissantes de l'être, qui, uni à un autre par le plus intime de tous les sentimens, est obligé de refouler sans cesse les plus chères expansions de sa pensée, et de faire rentrer dans le néant les images qu'une puissance magique le force à créer. Pour lui, ce supplice est d'autant plus cruel, que le sentiment qu'il porte à son compagnon ordonne, par sa première loi, de ne jamais rien se dérober l'un à l'autre, et de confondre les effusions de la pensée aussi bien que les épanchemens de l'âme. Or, on ne trompe pas impunément les volontés de la nature : elle est inexorable comme la nécessité qui, certes, est une sorte de nature sociale.

Henri se réfugia dans le calme et le silence de son

atelier, en espérant que l'habitude de vivre avec des artistes pourrait former sa femme, et développerait en elle les germes de haute intelligence engourdis que quelques esprits supérieurs croient préexistans chez tous les êtres. Mais Augustine était trop sincèrement religieuse pour ne pas être effrayée du ton des artistes. Au premier dîner que donna M. de Sommervieux, elle entendit un jeune peintre dire avec cette enfantine légèreté qu'elle ne sut pas reconnaître, et qui absout une plaisanterie de toute irréligion : — Mais, madame, votre paradis n'est pas plus beau que la Transfiguration de Raphaël ! Eh bien, je me suis lassé de la regarder.

Augustine apporta donc dans cette société spirituelle un esprit de défiance qui n'échappait à personne. Elle gêna. Les artistes gênés sont impitoyables : ils fuient ou se moquent. Madame Guillaume avait, entre autres ridicules, celui d'outrer la dignité qui lui semblait l'apanage d'une femme mariée, et, quoiqu'elle s'en fût souvent moquée, Augustine ne sut se défendre d'une légère imitation de la pruderie maternelle. Cette exagération de la pudeur, que n'évitent pas toujours les femmes vertueuses, suggéra quelques épigrammes à coup de crayon, dont l'innocent badinage était de trop bon goût pour que M. de Sommervieux pût s'en fâcher. Ces plaisanteries eussent été même plus cruelles, elles n'étaient, après tout, que des représailles exercées sur lui par ses amis. Mais rien ne pouvait être léger pour une âme qui recevait aussi facilement que celle de Henri des impressions étrangères. Aussi éprouva-t-il insensiblement une froideur qui ne pouvait aller qu'en croissant. Pour arriver au bonheur conjugal il faut gravir une montagne dont l'étroit plateau est bien près d'un revers aussi rapide que glissant ; l'amour du peintre la déclinait.

Henri jugea sa femme incapable d'apprécier les considérations morales qui justifiaient, à ses propres yeux, la singularité de ses manières envers elle, et se crut fort innocent en lui cachant des pensées qu'elle ne comprenait pas et des écarts peu justifiables au tribunal d'une conscience bourgeoise. Augustine se renferma dans une douleur morne et silencieuse. Ces sentimens secrets mirent entre les deux époux un voile qui devait s'épaissir de jour en jour. Sans que son mari manquât d'égards envers elle, Augustine ne pouvait s'empêcher de trembler en le voyant réserver pour le monde les trésors d'esprit et de grâce qu'il venait jadis mettre à ses pieds. Bientôt, elle interpréta fatalement les discours spirituels qui se tiennent dans le monde sur l'inconstance des hommes. Elle ne se plaignit pas, mais son attitude équivalait à des reproches. Trois ans après son mariage, cette femme jeune et jolie qui passait si brillante dans son brillant équipage, qui vivait dans une sphère de gloire et de richesse enviée de tant de gens insoucians et incapables d'apprécier justement les situations de la vie, fut en proie à de violens chagrins. Ses couleurs pâlirent. Elle réfléchit, elle compara ; puis, le malheur lui déroula les premiers textes de l'expérience. Elle résolut de rester courageusement dans le cercle de ses devoirs, en espérant que cette conduite généreuse lui ferait recouvrer tôt ou tard l'amour de son mari ; mais il n'en fut pas ainsi. Quand M. de Sommervieux, fatigué de travail, sortait de son atelier, Augustine ne cachait pas si vite son ouvrage, que le peintre ne pût apercevoir sa femme raccommodant, avec toute la minutie d'une bonne ménagère, le linge de la maison et le sien. Elle fournissait, avec générosité, sans murmure, l'argent nécessaire aux prodigalités de son mari ; mais, dans le désir de conserver la fortune de son cher Henri, elle se montrait économe soit pour elle, soit dans certains détails de l'administration domestique ; idées incompatibles avec le laisser-aller des artistes, qui, sur la fin de leur carrière, ont tant joui de la vie, qu'ils ne se demandent jamais la raison de leur ruine.

Il est inutile de marquer chacune des dégradations de couleur par lesquelles la teinte brillante de leur lune de miel atteignit à une profonde obscurité. Un soir, la triste Augustine, qui depuis longtemps entendait parler son mari avec enthousiasme de madame la duchesse de Carigliano, reçut d'une amie quelques avis méchamment charitables sur la nature de l'attachement qu'avait conçu M. de Sommervieux pour cette célèbre coquette qui donnait le ton à la cour et aux modes. A vingt-un ans, dans tout l'éclat de la jeunesse, de la beauté, Augustine se vit trahie pour une femme de trente-six ans. En se sentant malheureuse au milieu du monde et de ses fêtes désertes pour elle, la pauvre petite ne comprit plus rien à l'admiration qu'elle y excitait, ni à l'envie qu'elle inspirait. Sa figure prit une nouvelle expression. La mélancolie versa dans ses traits la douceur de la résignation et la pâleur d'un amour dédaigné. Elle ne tarda pas à être courtisée par les hommes les plus séduisans; mais elle resta solitaire et vertueuse. Quelques paroles de dédain, échappées à son mari, lui donnèrent un incroyable désespoir. Une lueur fatale lui fit entrevoir les défauts de contact qui, par suite des mesquineries de son éducation, empêchaient l'union complète de son âme avec celle de Henri. Elle eut assez d'amour pour l'absoudre et pour se condamner. Elle pleura des larmes de sang, et reconnut trop tard qu'il est des mésalliances d'esprit, comme des mésalliances de mœurs et de rang. En songeant aux délices printanières de son union, elle comprit l'étendue du bonheur passé, et convint en elle-même qu'une si riche moisson d'amour était une vie entière qui ne pouvait se payer que par du malheur. Cependant elle aimait trop sincèrement pour perdre toute espérance. Aussi osa-t-elle entreprendre à vingt-un ans de s'instruire et de rendre son imagination au moins digne de celle qu'elle admirait.

— Si je ne suis pas poète, se disait-elle, au moins je comprendrai la poésie.

Et déployant alors cette force de volonté, cette énergie que les femmes possèdent toutes quand elles aiment, madame de Sommervieux tenta de changer son caractère, ses mœurs et ses habitudes. Mais en dévorant des volumes, en apprenant avec courage, elle ne réussit qu'à devenir moins ignorante. La légèreté de l'esprit et les grâces de la conversation sont un don de la nature ou le fruit d'une éducation commencée au berceau. Elle pouvait apprécier la musique, en jouir, mais non chanter avec goût. Elle comprit la littérature et les beautés de la poésie; mais il était trop tard pour en orner sa rebelle mémoire. Elle entendait avec plaisir les entretiens du monde, mais elle n'y fournissait rien de brillant. Ses idées religieuses et ses préjugés d'enfance se montrèrent à chaque pas, et s'opposèrent à l'émancipation de ses idées. Enfin, il s'était glissé contre elle, dans l'âme de Henri, une prévention qu'elle ne put vaincre. L'artiste se moquait de ceux qui lui vantaient sa femme, et ses plaisanteries étaient assez fondées. Il imposait tellement à cette jeune et touchante créature, qu'en sa présence, ou en tête à tête, elle tremblait. Embarrassée par son trop grand désir de plaire, elle sentait son esprit et ses connaissances s'évanouir dans un seul sentiment.

La fidélité d'Augustine déplut même à cet infidèle mari, qui semblait l'engager à commettre des fautes en taxant sa vertu d'insensibilité. Augustine s'efforça en vain d'abdiquer sa raison, de se plier aux caprices, aux fantaisies de son mari, et de se vouer à l'égoïsme de sa vanité, elle ne recueillit point le fruit de ces sacrifices. Peut-être avaient-ils tous deux laissé passer le moment où les âmes peuvent se comprendre. Un jour le cœur trop sensible de la jeune épouse reçut un de ces coups qui font si fortement plier les liens du sentiment, qu'on peut les croire rompus. Elle s'isola. Mais bientôt une fatale pensée lui suggéra d'aller chercher des consolations et des conseils au sein de sa famille.

Un matin donc, elle se dirigea vers la grotesque façade de l'humble et silencieuse maison où s'était écoulée son enfance. Elle soupira en revoyant cette croisée d'où, un jour, elle avait envoyé un premier baiser à celui qui répandait aujourd'hui sur sa vie autant de gloire que de malheur. Rien n'était changé dans l'antre où se rajeunissait cependant le commerce de la draperie. La sœur d'Augustine occupait au comptoir antique la place de sa mère. La jeune affligée rencontra son beau-frère, la plume derrière l'oreille. Elle en fut à peine écoutée, tant il avait l'air affairé; les redoutables signaux d'un inventaire général se faisaient autour de lui. Aussi la quitta-t-il en la priant d'excuser. Elle fut reçue assez froidement par sa sœur qui lui manifesta quelque rancune. En effet, Augustine, brillante et descendant d'un joli équipage, n'était jamais venue voir sa sœur qu'en passant. La femme du prudent Lebas s'imagina que l'argent était la cause première de cette visite matinale, elle essaya de se maintenir sur un ton de réserve dont Augustine se prit à sourire plus d'une fois, en voyant que, sauf les barbes au bonnet, sa mère avait trouvé dans Virginie un successeur qui conserverait l'antique honneur du Chat-qui-pelote.

Au déjeûner, Augustine aperçut dans le régime de la maison certains changemens qui faisaient honneur au bon sens de Joseph Lebas. Les commis ne se levèrent pas au dessert ; on leur laissait la faculté de parler ; et l'abondance de la table annonçait une aisance sans luxe. La jeune élégante vit apporter les coupons d'une loge aux Français où elle se souvint d'avoir vu sa sœur de loin en loin. Madame Lebas avait sur les épaules un cachemire dont la magnificence attestait la générosité avec laquelle son mari s'occupait d'elle. Enfin, les deux époux marchaient avec leur siècle. Augustine fut bientôt pénétrée d'attendrissement, en reconnaissant, pendant les deux tiers de cette journée, le bonheur égal, sans exaltation il est vrai, mais aussi sans orages, que goûtait ce couple convenablement assorti. Ils avaient accepté la vie comme une entreprise commerciale où il s'agissait de faire, avant tout, honneur à ses affaires. La femme, n'ayant pas rencontré dans son mari un amour excessif, s'était appliquée à le faire naître. Quand Joseph Lebas se trouva insensiblement amené à estimer, à chérir sa femme, le temps que le bonheur mit à éclore, fut, pour eux, un gage de sa durée. Aussi, lorsque la plaintive Augustine exposa sa situation douloureuse, eut-elle à essuyer le déluge de lieux communs que la morale de la rue Saint-Denis fournissait à sa sœur.

— Le mal est fait, ma femme, dit Joseph Lebas, il faut chercher à donner de bons conseils à notre sœur.

A ces mots, l'habile négociant analysa lourdement les ressources que les lois et les mœurs pouvaient offrir à Augustine pour sortir de cette crise ; il en numérota, pour ainsi dire, les considérations, les rangea par leur force dans des espèces de catégories, comme s'il se fût agi de marchandises de diverses qualités ; puis il les mit en balance, les pesa, et conclut en développant la nécessité où était sa belle-sœur de prendre un parti violent qui ne satisfit point l'amour qu'elle ressentait encore pour son mari. Aussi ce sentiment se réveilla-t-il dans toute sa force quand elle entendit Joseph Lebas parler de voies judiciaires. Elle remercia ses deux amis, et revint chez elle encore plus indécise qu'elle ne l'était avant de les avoir consultés.

Alors elle hasarda de se rendre à l'antique hôtel de la rue du Colombier, dans le dessein de confier ses malheurs à son père et à sa mère. La pauvre petite femme ressemblait à ces malades qui, arrivés à un état désespéré, essaient de toutes les recettes et se confient même aux remèdes de bonne femme. Les deux vieillards la reçurent avec une effusion de sentiment dont elle fut attendrie. Cette visite leur apportait une distraction qui, pour eux, valait un trésor. Depuis quatre ans, ils marchaient dans la vie comme des navigateurs sans but et sans boussole. Assis au coin de leur feu, ils se racontaient l'un à l'autre tous les désastres du Maximum, leurs anciennes acquisitions de draps, la manière dont ils avaient évité les banqueroutes, et surtout cette célèbre faillite Lecocq, la bataille de Marengo de M. Guillaume. Puis, quand ils avaient épuisé les vieux procès, ils récapitulaient les additions de leurs inventaires les plus productifs, et se narraient encore les vieilles histoires du quartier Saint-Denis. A deux heures, M. Guillaume allait donner un coup-d'œil à l'établissement du Chat-qui-pelote. En revenant il s'arrêtait à toutes les boutiques, autrefois ses rivales, et dont les jeunes propriétaires espéraient entraîner le vieux négociant dans quelque escompte aventureux, que, selon sa coutume, il ne refusait jamais positivement. Deux bons chevaux normands mouraient de gras fondu dans l'écurie de l'hôtel ; madame Guillaume ne s'en servait que pour se faire traîner tous les dimanches à la grand'messe de sa paroisse. Trois fois par semaine ce respectable couple tenait table ouverte. Grâce à l'influence de son gendre, M. de Sommervieux, le père Guillaume avait été nommé membre du comité consultatif pour l'habillement des troupes ; et, depuis que son mari s'était ainsi trouvé placé haut dans l'administration, madame Guillaume avait pris la détermination de représenter. Leurs appartemens étaient encombrés de tant d'ornemens d'or et d'argent, et de meubles sans goût, mais de valeur certaine, que la pièce la plus simple y ressemblait à une chapelle. L'économie et la prodigalité semblaient se disputer dans chacun des accessoires de cet hôtel. L'on eût dit que M. Guillaume avait eu en vue de faire un placement d'argent jusque dans l'acquisition d'un flambeau. Au milieu de ce bazar, dont la richesse accusait le désœuvrement des deux époux, le célèbre tableau de M. Sommervieux avait obtenu la place d'honneur. Il faisait la consolation de M. et de madame Guillaume, qui tournaient vingt fois par jour leurs yeux harnachés de besicles, vers cette image de leur ancienne existence, pour eux, si active et si amusante.

L'aspect de cet hôtel et de ces appartemens où tout avait une senteur de vieillesse et de médiocrité, le spectacle donné par ces deux êtres, qui semblaient échoués sur un rocher d'or, loin du monde et des idées qui font vivre, surprirent Augustine. Elle contemplait en ce moment la seconde partie du tableau dont elle avait vu le commencement chez Joseph Lebas : celui d'une vie agitée quoique sans mouvement, espèce d'existence mécanique et instinctive semblable à celle des castors. Elle eut alors je ne sais quel orgueil de ses chagrins, en pensant qu'ils prenaient leur source dans un bonheur de dix-huit mois qui valait à ses yeux mille existences comme celle dont elle comprenait actuellement tout le vide. Cependant elle cacha ce sentiment peu charitable et déploya pour ses vieux parens les grâces nouvelles de son esprit, les coquetteries de tendresse que l'amour lui avait révélées, et les disposa favorablement à écouter ses doléances matrimoniales. Les vieilles gens ont un faible pour ces sortes de confidences, et madame Guillaume surtout voulut être instruite des plus légers détails de cette vie étrange qui, pour elle, avait quelque chose de fabuleux. Les voyages du baron de La Hontan, qu'elle commençait toujours sans jamais les achever, ne lui apprirent rien de plus inouï sur les sauvages du Canada.

— Comment, mon enfant, ton mari s'enferme avec des femmes nues, et tu as la simplicité de croire qu'il les dessine?

A cette exclamation, la grand'mère posa ses lunettes sur une petite travailleuse, secoua ses jupons et plaça ses mains jointes sur ses genoux élevés par une chaufferette, son piédestal favori.

— Mais, ma mère, tous les peintres sont obligés d'avoir des modèles.

— Il s'est bien gardé de nous dire tout cela quand il t'a demandée en mariage. Si je l'avais su, je n'aurais pas donné ma fille à un homme qui fait un pareil métier. La religion défend ces horreurs-là, ça n'est pas moral. A quelle heure nous disais-tu donc qu'il rentre chez lui?

— Mais, à une heure, deux heures...

Les deux époux se regardèrent avec un profond étonnement.

— Il joue donc? dit M. Guillaume. Il n'y avait que les joueurs qui, de mon temps, rentrassent si tard.

Augustine fit une petite moue qui repoussait cette accusation.

— Il doit te faire passer de cruelles nuits à l'attendre, reprit madame Guillaume. Mais non, tu te couches, n'est-ce pas? Et quand il a perdu, le monstre te réveille.

— Non, ma mère, il est au contraire quelquefois très-gai. Assez souvent même quand il fait beau, il me propose de me lever, pour aller dans les bois.

— Dans les bois? à ces heures-là! Tu as donc un bien petit appartement qu'il n'a pas assez de sa chambre, de ses salons, et qu'il lui faille ainsi courir pour... Mais c'est pour t'enrhumer, que le scélérat te propose ces parties-là. Il veut se débarrasser de toi. A-t-on jamais vu un homme établi, qui a un commerce tranquille, galoper comme un loup-garou?

— Mais, ma mère, vous ne comprenez donc pas que, pour développer son talent, il a besoin d'exaltation. Il aime beaucoup les scènes qui...

— Ah! je lui en ferais de belles, des scènes, moi! s'écria madame Guillaume en interrompant sa fille. Comment peux-tu garder des ménagemens avec un homme pareil? D'abord, je n'aime pas qu'il ne boive que de l'eau; ça n'est pas sain. Pourquoi montre-t-il de la répugnance à voir les femmes quand elles mangent. Quel singulier genre! Mais c'est un fou. Tout ce que tu nous en as dit n'est pas possible. Un homme ne peut pas partir de sa maison sans souffler mot et ne revenir que dix jours après. Il te dit qu'il a été à Dieppe pour peindre la mer. Est-ce qu'on peint la mer? Il te fait des contes à dormir debout.

Augustine ouvrit la bouche pour défendre son mari; madame Guillaume lui imposa silence par un geste de main auquel un reste d'habitude la fit obéir, et sa mère s'écria d'un ton sec : — Tiens, ne me parle pas de cet homme-là! il n'a jamais mis le pied dans une église que pour te voir et t'épouser. Les gens sans religion sont capables de tout. Est-ce que Guillaume s'est jamais avisé de me cacher quelque chose, de rester des trois jours sans me dire ouf, et babiller ensuite comme une pie borgne?

— Ma chère mère, vous jugez trop sévèrement les gens supérieurs. S'ils avaient des idées semblables à celles des autres, ce ne seraient plus des gens à talent.

— Eh bien, que les gens à talens restent chez eux et ne se marient pas! Comment! un homme à talent rendra sa femme malheureuse! et parce qu'il a du talent, ce sera bien? Talent, talent! Il n'y a pas tant de talent à dire comme lui blanc et noir à toute minute, à couper la parole aux gens, à battre du tambour chez soi, à ne jamais vous laisser savoir sur quel pied danser, à forcer une femme de ne pas s'amuser avant que les idées de monsieur ne soient gaies; d'être triste, dès qu'il est triste.

— Mais, ma mère, le propre de ces imaginations-là...

— Qu'est-ce que c'est que ces imaginations-là ? reprit madame Guillaume en interrompant encore sa fille. Il en a de belles, ma foi ! Qu'est-ce qu'un homme auquel il prend tout à coup, sans consulter de médecin, la fantaisie de ne manger que des légumes ? Encore, si c'était par religion, sa diète lui servirait à quelque chose ; mais il n'en a pas plus qu'un huguenot. A-t-on jamais vu un homme aimer, comme lui, les chevaux plus qu'il n'aime son prochain, se faire friser les cheveux comme un païen, coucher des statues sous de la mousseline, faire fermer ses fenêtres le jour pour travailler à la lampe ? Tiens, laisse-moi, s'il n'était pas si grossièrement immoral, il serait bon à mettre aux petites-maisons. Consulte M. Charbonneau, le vicaire de Saint-Sulpice, demande-lui son avis sur tout cela ? il te dira que ton mari ne se conduit pas comme un chrétien…

— Oh ! ma mère ! pouvez-vous croire…

— Oui, je le crois ! Tu l'as aimé, tu n'aperçois rien de ces choses-là. Mais, moi, vers les premiers temps de son mariage, je me souviens de l'avoir rencontré dans les Champs-Élysées. Il était à cheval. Eh bien ! il galopait par moment ventre à terre, et puis il s'arrêtait pour aller pas à pas. Je me suis dit alors : — Voilà un homme qui n'a pas de jugement.

— Ah ! s'écria M. Guillaume en se frottant les mains, comme j'ai bien fait de t'avoir mariée séparée de biens avec cet original-là.

Quand Augustine eut l'imprudence de raconter

les griefs véritables qu'elle avait à exposer contre son mari, les deux vieillards restèrent muets d'indignation. Le mot de divorce fut bientôt prononcé par madame Guillaume. Au mot de divorce, l'inactif négociant fut comme réveillé. Stimulé par l'amour qu'il avait pour sa fille, et aussi par l'agitation qu'un procès allait donner à sa vie sans événemens, M. Guillaume prit la parole. Il se mit à la tête de la demande en divorce, la dirigea, plaida presque, il offrit à sa fille de se charger de tous les frais, de voir les juges, les avoués, les avocats, de remuer ciel et terre. Madame de Sommervieux, effrayée, refusa les services de son père, et dit qu'elle ne voulait pas se séparer de son mari, dût-elle être dix fois plus malheureuse encore. Puis elle ne parla plus de ses chagrins. Enfin, après avoir été accablée par ses parens de tous ces petits soins muets et consolateurs par lesquels les deux vieillards essayèrent de la dédommager, mais en vain, de ses peines de cœur, Augustine se retira en sentant l'impossibilité de parvenir à faire bien juger les hommes supérieurs par des esprits faibles. Elle apprit qu'une femme devait cacher à tout le monde, et même à ses parens, des malheurs pour lesquels on rencontre si difficilement des sympathies. Les orages et les souffrances des sphères élevées ne peuvent être appréciés que par les nobles esprits qui les habitent. En toute chose, nous ne pouvons être jugés que par nos pairs.

Alors la pauvre Augustine se retrouva dans la

froide atmosphère de son ménage, livrée à l'horreur
de ses méditations. L'étude n'était plus rien pour
elle, puisque l'étude ne lui avait pas rendu le cœur
de son mari. Initiée aux secrets de ces âmes de feu,
sans avoir leurs ressources elle participait avec force
à leurs peines sans partager leurs plaisirs. Elle s'é-
tait dégoûtée du monde, qui lui semblait mesquin
et petit devant les événemens des passions. Enfin,
sa vie était manquée. Un soir, elle fut frappée d'une
pensée qui vint illuminer ses ténébreux chagrins
comme un rayon céleste. Cette idée ne pouvait sourire qu'à un cœur aussi pur, aussi vertueux que l'é-
tait le sien. Elle résolut d'aller chez la duchesse de
Carigliano, non pas pour lui redemander le cœur
de son mari, mais pour s'y instruire des artifices
qui le lui avaient enlevé ; mais pour intéresser à la
mère des enfans de son ami cette orgueilleuse femme
du monde ; mais pour la fléchir et la rendre complice de son bonheur à venir comme elle était l'instrument de son malheur présent.

Un jour donc, la timide Augustine, armée d'un
courage surnaturel, monta en voiture, à deux
heures après midi, pour essayer de pénétrer jusqu'au boudoir de la célèbre coquette, qui n'était jamais visible avant cette heure-là.

Madame de Sommervieux ne connaissait pas encore les antiques et somptueux hôtels du faubourg
Saint-Germain. Quand elle parcourut ces vestibules
majestueux, ces escaliers grandioses, ces salons immenses ornés de fleurs, malgré les rigueurs de l'hi-

ver, et décorés avec ce goût particulier aux femmes qui sont nées dans l'opulence ou avec les habitudes distinguées de l'aristocratie, Augustine eut un affreux serrement de cœur. Elle envia les secrets de cette élégance dont elle n'avait jamais eu l'idée. Elle respira un air de grandeur qui lui expliqua l'attrait de cette maison pour son mari. Quand elle parvint aux petits-appartemens de la duchesse, elle éprouva de la jalousie et une sorte de désespoir, en y admirant la voluptueuse disposition des meubles, des draperies et des étoffes tendues. Là, le désordre était une grâce; là, le luxe affectait une espèce de dédain pour la richesse. Les parfums répandus dans cette douce atmosphère flattaient l'odorat sans l'offenser. Les accessoires de l'appartement s'harmoniaient avec une vue ménagée par des glaces sans tain sur les pelouses d'un jardin planté d'arbres verts. Tout était séduction, et le calcul ne s'y sentait point. Le génie de la maîtresse de ces appartemens respirait tout entier dans le salon où attendait Augustine. Elle tâcha d'y deviner le caractère de sa rivale par l'aspect des objets épars ; mais il y avait là quelque chose d'impénétrable dans la profusion comme dans la symétrie, et pour la simple Augustine ce fut lettres closes. Tout ce qu'elle put y voir, c'est que la duchesse était une femme supérieure en tant que femme. Alors elle eut une pensée douloureuse.

— Hélas! serait-il vrai, se dit-elle, qu'un cœur aimant et simple ne suffit pas à un artiste, et pour balancer le poids de ces âmes fortes, faut-il les unir à des âmes féminines dont la puissance soit égale à la leur ? Si j'avais été élevée comme cette sirène, au moins nos armes eussent été égales au moment de la lutte.

— Mais je n'y suis pas ! Ces mots secs et brefs, quoique prononcés à voix basse dans le boudoir voisin, furent entendus par Augustine, dont le cœur palpita.

— Cette dame est là, répliqua la femme de chambre.

— Vous êtes folle, faites donc entrer ! répondit la duchesse, dont la voix, devenue douce, avait pris l'accent affectueux de la politesse. Il était clair qu'elle désirait alors être entendue.

Augustine s'avança timidement. Elle vit, au fond de ce frais boudoir, la duchesse voluptueusement couchée sur une ottomane. Ce siége, de velours vert, était placé au centre d'une espèce de demi-cercle dessiné par les plis les plus moelleux et les plus délicats d'une mousseline élégamment tendue. Des ornemens de bronze et d'or, placés avec un goût exquis, relevaient la blancheur de cette espèce de dais sous lequel la duchesse était posée comme une statue antique. La couleur foncée du velours ne lui laissait perdre aucun moyen de séduction. Un demi-jour, ami de sa beauté, semblait être plutôt un reflet qu'une lumière. Quelques fleurs rares élevaient leurs têtes embaumées au-dessus des vases de Sèvres les plus riches. Au moment où ce tableau s'offrit aux yeux d'Augustine étonnée, elle avait marché si doucement, qu'elle put surprendre un regard de l'enchanteresse. Ce regard semblait dire à une personne que la femme du peintre n'aperçut pas d'abord : — Restez, vous allez voir une jolie femme, et vous me rendrez cette visite moins ennuyeuse.

— A l'aspect d'Augustine, la duchesse se leva et la fit asseoir auprès d'elle sur l'ottomane.

— A quoi dois-je le bonheur de cette visite, madame ? dit-elle avec un sourire plein de grâces.

— Que de fausseté, pensa Augustine, qui ne répondit que par une inclination de tête.

Ce silence était commandé. La jeune femme voyait devant elle un témoin de trop à cette scène. Ce personnage était, de tous les colonels de l'armée, le plus jeune, le plus élégant et le mieux fait. Son costume demi-bourgeois faisait ressortir les grâces de sa personne. Sa figure pleine de vie, de jeunesse, et déjà fort expressive, était encore animée par de petites moustaches relevées en pointe et noires comme du jais, par une impériale bien fournie, par des favoris soigneusement peignés et par une forêt de cheveux noirs assez en désordre. Il badinait avec une cravache, en manifestant une aisance et une liberté qui séyaient à l'air satisfait de sa physionomie ainsi qu'à la recherche de sa toilette. Les rubans attachés à sa boutonnière étaient noués avec dédain, et il paraissait bien plus vain de sa jolie tournure que de son courage. Augustine regarda la duchesse de Carigliano en lui montrant le colonel par un coup-d'œil dont toutes les prières furent comprises.

— Eh bien! adieu, M. d'Aiglemont, nous nous retrouverons au bois de Boulogne.

Ces mots furent prononcés par la sirène comme s'ils étaient le résultat d'une stipulation antérieure à l'arrivée d'Augustine. Elle les accompagna d'un regard menaçant que l'officier méritait peut-être pour l'admiration qu'il témoignait en contemplant la modeste fleur qui contrastait si bien avec l'orgueilleuse duchesse. Le jeune fat s'inclina en silence, tourna sur les talons de ses bottes, et s'élança gracieusement hors du boudoir. En ce moment, Augustine, épiant sa rivale qui semblait suivre des yeux le brillant officier, surprit dans ce regard un sentiment dont toutes les femmes connaissent les fugitives expressions. Alors elle songea avec la douleur la plus profonde que sa visite allait être inutile. Elle pensa que cette artificieuse duchesse était trop avide d'hommages pour ne pas avoir le cœur bronzé.

— Madame, dit Augustine d'une voix entrecoupée, la démarche que je fais en ce moment auprès de vous va vous sembler bien singulière ; mais le désespoir a sa folie, et doit faire tout excuser. Je m'explique trop bien pourquoi M. de Sommervieux préfère votre maison à toute autre, et pourquoi votre esprit exerce tant d'empire sur lui. Hélas! je n'ai qu'à rentrer en moi-même pour en trouver des raisons plus que suffisantes. Mais j'adore mon mari, madame. Deux ans de larmes n'ont point effacé son image de mon cœur, quoique j'aie perdu le sien. Dans ma folie, j'ai osé concevoir l'idée de lutter avec vous, et je viens à vous, vous demander par quels moyens je puis triompher de vous-même. Oh! madame! s'écria la jeune femme en saisissant avec ardeur la main de sa rivale qui la lui laissa prendre, je ne prierai jamais Dieu pour mon propre bonheur avec autant de ferveur que je l'implorerais pour le vôtre, si vous m'aidiez à reconquérir, je ne dirai pas l'amour, mais la tendresse de M. de Sommervieux. Je n'ai plus d'espoir qu'en vous. Ah! dites-moi, comment vous avez pu lui plaire et lui faire oublier les premiers jours de...

A ces mots, Augustine, suffoquée par des sanglots mal contenus, fut obligée de s'arrêter. Honteuse de sa faiblesse, elle cacha son visage dans un mouchoir qu'elle inonda de ses larmes.

— Êtes-vous donc enfant, ma chère petite belle! dit la duchesse, qui, séduite par la nouveauté de cette scène, et attendrie malgré elle en recevant l'hommage que lui rendait la plus parfaite vertu qui fût peut-être à Paris, prit le mouchoir de la jeune femme et se mit à lui essuyer elle-même les yeux en la flattant par quelques monosyllabes murmurés avec une gracieuse pitié.

Après un moment de silence, la coquette, mettant les jolies mains de la pauvre Augustine entre les siennes qui avaient un rare caractère de beauté noble et de puissance, lui dit d'une voix douce et affectueuse : — Pour premier avis, je vous conseillerai de ne pas pleurer ainsi, parce que les larmes enlaidissent. Il faut savoir prendre son parti sur les chagrins ; ils rendent malade, et l'amour ne reste pas long-temps sur un lit de douleur. La mélancolie donne bien d'abord une certaine grâce qui plaît ; mais elle finit par alonger les traits et flétrir la plus ravissante de toutes les figures. Ensuite, nos tyrans ont l'amour-propre de vouloir que leurs esclaves soient gais.

— Ah! madame! il ne dépend pas de moi de ne pas sentir! Comment peut-on, sans éprouver mille morts, voir terne, décolorée, indifférente, une figure qui jadis rayonnait d'amour et de joie? Ah! je ne sais pas commander à mon cœur.

— Tant pis, chère belle ; mais je crois déjà savoir toute votre histoire. D'abord, imaginez-vous bien que, si votre mari vous a été infidèle, je ne suis pas sa complice. Si j'ai tenu à l'avoir dans mon salon, c'est, je l'avouerai, par amour-propre, il était célèbre et n'allait nulle part. Je vous aime déjà trop, pour vous dire toutes les folies qu'il a faites pour moi. Je ne vous en révélerai qu'une seule, parce qu'elle nous servira peut-être à vous le ramener et à le punir de l'audace qu'il met dans ses procédés avec moi. Il finirait par me compromettre. Je connais trop le monde, ma chère, pour vouloir me mettre à la discrétion d'un homme trop supérieur. Sachez qu'il faut se laisser faire la cour par eux, mais les épouser! c'est une faute. Nous autres femmes, nous devons admirer les hommes de génie, en jouir comme d'un spectacle, mais vivre avec eux? jamais! Fi donc! c'est vouloir prendre plaisir à regarder les machines de l'Opéra, au lieu de rester dans une loge, à y savourer de brillantes illusions. Mais chez vous, ma pauvre enfant, le mal est arrivé, n'est-ce pas? Eh bien? il faut essayer de vous armer contre la tyrannie.

— Ah! madame, avant d'entrer ici, et en vous y voyant, j'ai déjà reconnu quelques artifices dont je n'avais aucune idée.

— Eh bien, venez me voir quelquefois, et vous ne serez pas long-temps sans posséder la science de ces bagatelles, d'ailleurs assez importantes. Les choses extérieures sont, pour les sots, la moitié de la vie; et pour cela, plus d'un homme de talent se trouve un sot malgré tout son esprit. Mais je gage que vous n'avez jamais rien su refuser à Henri.

— Le moyen, madame, de refuser quelque chose à celui qu'on aime!

— Pauvre innocente, je vous adorerais pour votre niaiserie. Sachez donc que plus nous aimons et moins nous devons laisser apercevoir à un homme, surtout à un mari, l'étendue de notre passion. C'est celui qui aime le plus qui est tyrannisé, et, qui pis est, délaissé tôt ou tard. Celui qui veut régner doit....

— Comment! madame, faudra-t-il donc dissimuler, calculer, devenir fausse, se faire un caractère artificiel, et pour toujours? Oh! comment peut-on vivre ainsi? Est-ce que vous pouvez...

Elle hésita, la duchesse sourit.

— Ma chère, reprit la grande dame d'une voix grave, le bonheur conjugal a été de tout temps une spéculation, une affaire qui demande une attention particulière. Si vous continuez à parler passion quand je vous parle mariage, nous ne nous entendrons bientôt plus. — Écoutez-moi, continua-t-elle en prenant le ton d'une confidence. J'ai été à même de voir quelques-uns des hommes supérieurs de notre époque. Ceux qui se sont mariés ont, à quelques exceptions près, épousé des femmes nulles. Eh bien! ces femmes-là les gouvernaient, comme l'empereur nous gouverne, et en étaient, sinon aimées, du moins respectées. J'aime assez les secrets, surtout ceux qui nous concernent, pour m'être amusée à chercher le mot de cette énigme. Eh bien! mon ange, ces bonnes femmes avaient le talent d'analyser le caractère de leurs maris, sans s'épouvanter, comme vous, de leur supériorité. Elles avaient adroitement remarqué les qualités qui leur manquaient; et, soit qu'elles possédassent ces qualités ou qu'elles feignissent de les avoir, elles trouvaient moyen d'en faire un si grand étalage aux yeux de leurs maris qu'elles finissaient par leur imposer. Enfin, apprenez encore que ces âmes qui paraissent si grandes ont toutes un petit grain de folie que nous devons savoir exploiter. En prenant la ferme volonté de les dominer, en ne s'écartant jamais de ce but, en y rapportant toutes nos actions, nos idées, nos coquetteries, nous maîtrisons ces esprits éminemment capricieux qui, par la mobilité même de leurs pensées, nous donnent les moyens de les influencer.

— Oh ciel ! s'écria la jeune femme épouvantée, voilà donc la vie. C'est un combat....

— Où il faut toujours menacer, reprit la duchesse en riant. Notre pouvoir est tout factice. Aussi ne faut-il jamais se laisser mépriser par un homme ; on ne se relève pas de là. Venez, ajouta-t-elle, je vais vous donner un moyen de mettre votre mari à la chaîne.

Elle se leva pour guider en souriant la jeune et innocente apprentie des ruses conjugales à travers le dédale de son petit palais. Elles arrivèrent toutes deux à un escalier dérobé qui communiquait aux appartemens de réception. Quand la duchesse tourna le secret de la porte, elle s'arrêta, regarda Augustine avec un air inimitable de finesse et de grâce : — Tenez, le duc de Carigliano m'adore ! Eh bien ! il n'ose pas entrer par cette porte sans ma permission. Et c'est un homme qui a l'habitude de commander à des milliers de soldats. Il sait affronter les batteries, mais devant moi ! il a peur.

Augustine soupira. Elles parvinrent à une somptueuse galerie où la femme du peintre fut amenée par la duchesse devant le portrait que Henri avait fait de mademoiselle Guillaume. A cette vue, Augustine jeta un cri.

— Je savais bien qu'il n'était plus chez moi, dit-elle, mais... ici...

— Ma chère, je ne l'ai exigé que pour voir jusqu'à quel degré de bêtise un homme de génie peut atteindre. Tôt ou tard, il vous aurait été rendu par moi ; mais je ne m'attendais pas au plaisir de voir ici l'original devant la copie. Pendant que nous allons achever notre conversation, je le ferai porter dans votre voiture. Si, armée de ce talisman, vous n'êtes pas maîtresse de votre mari pendant cent ans, vous n'êtes pas une femme, et vous mériterez votre sort !

Augustine baisa la main de la duchesse, qui la pressa sur son cœur, et l'embrassa avec une tendresse d'autant plus vive qu'elle devait être oubliée le lendemain. Cette scène aurait peut-être à jamais ruiné la candeur et la pureté d'une femme moins vertueuse que ne l'était Augustine. Les secrets révélés par la duchesse étaient également salutaires et funestes. La politique astucieuse des hautes sphères sociales ne convenait pas plus à Augustine que l'étroite raison de Joseph Lebas, ou que la niaise morale de madame Guillaume. Étrange effet des fausses positions où nous jettent les moindres contre-sens commis dans la vie ! Augustine ressemblait alors à un pâtre des Alpes surpris par une avalanche : s'il hésite, et qu'il veuille écouter les cris de ses compagnons, le plus souvent il périt. Dans ces grandes crises, le cœur se brise ou se bronze.

Madame de Sommervieux revint chez elle en proie à une agitation qu'il serait difficile de décrire. La conversation qu'elle venait d'avoir avec la duchesse de Carigliano éveillait une foule d'idées contradictoires dans son esprit. Elle était, comme les moutons de la fable, pleine de courage en l'absence du loup. Elle se haranguait elle-même et se traçait d'admirables plans de conduite ; elle concevait mille stratagèmes de coquetterie ; elle parlait même à son mari, retrouvant, loin de lui, toutes les ressources de cette éloquence vraie qui n'abandonne jamais les femmes ; puis, en songeant au regard fixe et clair de Henri, elle tremblait déjà. Quand elle demanda si M. de Sommervieux était chez lui, la voix lui manqua. En apprenant qu'il ne reviendrait pas dîner, elle éprouva un mouvement de joie inexplicable. Semblable au criminel qui se pourvoit en cassation contre son arrêt de mort, un délai, quelque court qu'il pût être, lui semblait une vie entière. Elle plaça le portrait dans sa chambre, et attendit son mari, en se livrant à toutes les angoisses de l'espérance. Elle pressentait trop bien que cette tentative allait décider de tout son avenir, pour ne pas frissonner au bruit de chaque voiture, et même au murmure de sa pendule, qui semblait appesantir ses terreurs en les lui mesurant. Elle tâcha de tromper le temps par mille artifices. Elle eut l'idée de faire une toilette qui la rendit semblable de tout point au portrait. Puis, connaissant le caractère inquiet de M. de Sommervieux, elle fit éclairer son appartement d'une manière inusitée, certaine qu'en rentrant la curiosité l'amènerait chez elle. Minuit sonna quand, au cri du jockei, la porte de l'hôtel s'ouvrit. La voiture du peintre roula sur le pavé de la cour silencieuse.

— Que signifie cette illumination? demanda Henri d'une voix joyeuse, en entrant dans la chambre de sa femme.

Augustine saisit avec adresse un moment aussi favorable, elle s'élança au cou de son mari, et lui montra le portrait. L'artiste resta immobile comme un rocher. Ses yeux se dirigèrent alternativement sur Augustine et sur la toile accusatrice. La timide épouse, demi-morte, épiait le front changeant, le front terrible de son mari. Elle en vit par degrés les rides expressives s'amonceler comme des nuages; puis, elle crut sentir son sang se figer dans ses veines, quand, par un regard flamboyant et d'une voix profondément sourde, elle fut interrogée.

— Où avez-vous trouvé ce tableau?
— La duchesse de Carigliano me l'a rendu.
— Vous le lui avez demandé?
— Je ne savais pas qu'il fût chez elle.

La douceur ou plutôt la mélodie enchanteresse de la voix de cet ange eût attendri des Cannibales, mais non un Parisien en proie aux tortures de la vanité blessée.

— Cela est digne d'elle! s'écria l'artiste d'une voix tonnante. Je me vengerai! dit-il en se promenant à grands pas. Elle en mourra de honte; je la peindrai! Oui, je la représenterai sous les traits de Messaline sortant à la nuit du palais de Claude.

— Henri! dit une voix mourante.

— Je la tuerai!

— Henri!

— Elle aime ce petit colonel de cavalerie, parce qu'il monte bien à cheval...

— Henri!

— Eh! laissez-moi! dit le peintre à sa femme avec un son de voix qui ressemblait presque à un rugissement.

Il serait odieux de peindre toute cette scène à la fin de laquelle l'ivresse de la colère suggéra à M. de Sommervieux des paroles et des actes qu'une femme, moins jeune qu'Augustine, aurait attribués à la démence.

Sur les huit heures du matin, le lendemain, madame Guillaume surprit sa fille pâle, les yeux rouges, la coiffure en désordre, tenant à la main un mouchoir trempé de pleurs, contemplant sur le parquet les fragmens épars d'une toile déchirée et les morceaux d'un grand cadre doré mis en pièce. Augustine, que la douleur rendait presque insensible, montra ces débris par un geste empreint de désespoir.

— Et voilà peut-être une grande perte! s'écria la vieille régente du Chat-qui-pelote. Il était ressemblant, c'est vrai; mais j'ai appris qu'il y a sur le boulevard un homme qui fait des portraits charmans pour cinquante écus.

— Ah! ma mère!

— Pauvre petite! tu as bien raison, répondit madame Guillaume qui méconnut l'expression du regard que lui jeta sa fille. Va, mon enfant, l'on n'est jamais si tendrement aimé que par sa mère. Viens, ma mignonne! Je devine tout; mais viens me dire tes chagrins, je te consolerai. Ne t'ai-je pas déjà dit que cet homme-là était un fou? Ta femme de chambre m'a déjà conté de belles choses... Mais c'est donc un véritable monstre!

Augustine mit un doigt sur ses lèvres pâlies, comme pour implorer de sa mère un moment de silence. Pendant cette terrible nuit, le malheur lui avait fait trouver cette patiente résignation qui, chez les mères et les femmes aimantes, surpasse, dans ses effets, l'énergie humaine, et prouve peut-être l'existence de certaines cordes dont Dieu a enrichi le cœur des femmes, et qu'il a refusées à l'homme.

Une inscription gravée sur un cippe du cimetière Montmartre indiquait que madame de Sommervieux était morte à vingt-sept ans. Un poète, ami de cette timide créature, voyait, dans les simples lignes de son épitaphe, la dernière scène d'un drame. Chaque année, au jour solennel du 2 novembre, il ne passait jamais devant ce jeune marbre sans se demander s'il ne fallait pas des femmes plus fortes que ne l'était Augustine pour les puissantes étreintes du génie.

— Les humbles et modestes fleurs, écloses dans les vallées, meurent peut-être, se disait-il, quand elles sont transplantées trop près des cieux, aux régions où se forment les orages, où le soleil est brûlant.

Maffliers, octobre 1829.

LA FLEUR DES POIS.

LE POUR ET LE CONTRE.

M. de Manerville le père était un bon gentilhomme normand bien connu du maréchal de Richelieu qui lui fit épouser une des plus riches héritières de Bordeaux, dans le temps où le vieux duc y alla trôner en sa qualité de gouverneur de Guyenne. Le Normand vendit les terres qu'il possédait en Bessin et se fit Gascon, séduit par la beauté du château de Lanstrac, délicieux séjour qui appartenait à sa femme. Il obtint, dans les derniers jours du règne de Louis XV, la charge de major des Gardes de la Porte, et vécut jusqu'en 1813, après avoir fort heureusement traversé la révolution. Il alla vers la fin de l'année 1790 à la Martinique, où sa femme avait des intérêts, et confia la gestion de ses biens de Gascogne à un honnête homme dont les opinions étaient républicaines. A son retour, il trouva ses propriétés intactes et profitablement gérées. Ce savoir-faire était un fruit produit par le greffe du Gascon sur le Normand. Madame de Manerville mourut en 1810. Instruit de l'importance des intérêts par les dissipations de sa jeunesse, et comme beaucoup de vieillards leur accordant plus de place qu'ils n'en ont dans la vie, M. de Manerville devint progressivement économe, avare et ladre. Sans songer que l'avarice des pères prépare la prodigalité des enfans, il ne donna presque rien à son fils quoiqu'il fût unique.

Paul de Manerville, revenu vers la fin de l'année 1810 du collége de Vendôme, resta sous la domination paternelle pendant trois années. La tyrannie que fit peser sur son héritier un vieillard de soixante-dix-neuf ans influa nécessairement sur un cœur et sur un caractère qui n'étaient pas formés. Sans manquer de ce courage physique qui semble être dans l'air de la Gascogne, Paul n'osa lutter contre son père, et perdit cette faculté de résistance qui engendre le courage moral. Ses sentimens comprimés allèrent au fond de son cœur, où il les garda long-temps sans les exprimer; puis, plus tard, quand il les sentit en désaccord avec les maximes du monde, il put bien penser et mal agir. Il se serait battu pour un mot, et tremblait à l'idée de renvoyer un domestique, car sa timidité s'exerçait dans les combats qui demandent une volonté constante. Capable de grandes choses pour fuir la persécution, il ne l'aurait ni prévenue par une opposition systématique, ni affrontée par un déploiement continu de ses forces. Lâche en pensée, hardi en actions, il conserva long-temps cette candeur secrète qui rend l'homme victime et dupe volontaire de choses contre lesquelles certaines âmes hésitent à s'insurger, aimant mieux les souffrir que de s'en plaindre. Il était emprisonné dans le vieil hôtel de son père, car il n'avait pas assez d'argent pour frayer avec les jeunes gens de la ville dont il enviait les plaisirs sans pouvoir les partager. Le vieux gentilhomme le menait chaque soir dans une vieille voiture, traînée par de vieux chevaux mal attelés, accompagné de ses vieux laquais mal habillés, dans une société royaliste, composée des débris de la noblesse parlementaire et de la noblesse d'épée. Réunies depuis la révolution pour résister à l'influence impériale, ces deux noblesses s'étaient transformées en une aristocratie territoriale. Écrasé par les hautes et mouvantes fortunes des villes maritimes, ce faubourg Saint-Germain de Bordeaux répondait, par son dédain, au faste qu'étalaient alors le commerce, les administrations et les militaires. Trop jeune pour comprendre les distinctions sociales et les nécessités cachées sous l'apparente vanité qu'elles créent, Paul s'ennuyait au milieu de ces antiquités, sans savoir que plus tard ses relations de jeunesse lui assureraient cette prééminence aristocratique dont le Français sera toujours avide. Il ne trouvait de compensation à la maussaderie de ses soirées que dans quelques exercices qui plaisent aux jeunes gens, et dont son père lui faisait une obligation. Pour le vieux gentilhomme, savoir manier les armes, être excellent cavalier, jouer à la paume, acquérir de bonnes manières, enfin la frivole instruction des seigneurs d'autrefois constituait un jeune homme accompli. Paul faisait donc tous les matins des armes, allait au manége et tirait le pistolet. Le reste du temps, il l'employait à lire des romans, car son père n'admettait pas les études transcendantes par lesquelles se terminent aujourd'hui les éducations. Une vie aussi monotone eût tué ce jeune homme, si la mort de son père ne l'avait délivré de cette tyrannie au moment où elle était devenue insupportable. Paul trouva des capitaux considérables accumulés par l'avarice paternelle, et des propriétés dans le meilleur état du monde; mais il avait Bordeaux en horreur, et n'aimait pas davantage Lanstrac, où son père allait passer tous les étés, et le menait à la chasse du matin au soir.

Dès que les affaires de la succession furent terminées, le jeune héritier, avide de jouissances, acheta des rentes avec ses capitaux, laissa la gestion de ses domaines à son notaire, et passa six années loin de Bordeaux. Il fut attaché d'ambassade à Naples, il alla comme secrétaire à Madrid, à Londres, et fit ainsi le tour de l'Europe. Après avoir connu le monde, après s'être dégrisé de beaucoup d'illusions, après avoir dissipé les capitaux liquides que son père avait amassés, il vint un moment où, pour continuer son train de vie, Paul dut prendre les revenus territoriaux que son notaire lui avait accumulés. En ce moment critique, saisi par une de ces idées prétendues sages, il voulut quitter Paris, revenir à Bordeaux, diriger ses affaires, mener la vie de gentilhomme à Lanstrac, améliorer ses terres, se marier et arriver un jour à la députation. Paul était comte, la noblesse redevenait une valeur matrimoniale, il pouvait et devait faire un bon mariage. Si beaucoup de femmes désirent épouser un titre, beaucoup plus encore veulent un homme à qui l'entente de la vie soit familière. Or, Paul avait acquis, pour une somme de sept cent mille francs, mangée en six ans, cette charge qui ne se vend pas et vaut mieux qu'une charge d'agent de change, qui exige aussi de longues études, un stage, des examens, des connaissances, des amis, des ennemis, une certaine élégance de taille, certaines manières, un nom facile et gracieux à prononcer ; une charge qui d'ailleurs rapporte des bonnes fortunes, des duels, des paris perdus aux courses, des déceptions, des ennuis, des travaux et force plaisirs indigestes. Il était enfin un *homme élégant*. Malgré ses folles dépenses, il n'avait pu devenir un *homme à la mode*. Dans la burlesque armée des gens du monde, l'homme à la mode représente le maréchal de France, l'homme élégant équivaut à un lieutenant-général. Paul jouissait de sa petite réputation d'élégance et savait la soutenir. Ses gens avaient une excellente tenue, ses équipages étaient cités, ses soupers avaient quelque succès, enfin sa *garçonnière* était comptée parmi les sept ou huit dont le faste égalait celui des meilleures maisons de Paris. Mais il n'avait fait le malheur d'aucune femme, mais il jouait sans perdre, mais il avait du bonheur sans éclat, mais il avait trop de probité pour tromper qui que ce fût, même une fille ; mais il ne laissait pas traîner ses billets doux, et n'avait pas un coffre aux lettres d'amour dans lequel ses amis pussent puiser en attendant qu'il eût fini de mettre son col ou de se faire la barbe; mais ne voulant point entamer ses terres de Guyenne, il n'avait pas cette témérité qui conseille de grands coups et attire l'attention à tout prix sur un jeune homme; mais il n'empruntait d'argent à personne, et avait le tort d'en prêter à des amis qui l'abandonnaient et ne parlaient plus de lui ni en bien, ni en mal. Il semblait avoir chiffré son désordre. Le secret de son caractère était dans la tyrannie paternelle qui avait fait de lui comme un métis social. Donc, un matin, il dit à l'un de ses amis nommé de Marsay : — Mon cher ami, la vie a un sens.

— Il faut être arrivé à vingt-sept ans pour le comprendre, répondit railleusement de Marsay.

— Oui, j'ai vingt-sept ans, et précisément à cause de mes vingt-sept ans, je veux aller vivre à Lanstrac en gentilhomme. J'habiterai Bordeaux où je transporterai mon mobilier de Paris, dans le vieil hôtel de mon père, et viendrai passer trois mois d'hiver ici, dans cette maison que je garderai.

— Et tu te marieras ?
— Et je me marierai.
— Je suis ton ami, mon gros Paul, tu le sais, dit de Marsay après un moment de silence, eh bien, sois bon père et bon époux, tu deviendras ridicule

pour le reste de tes jours ; si tu pouvais être heureux et ridicule, la chose devrait être prise en considération ; mais tu ne seras pas heureux ! Tu n'as pas assez de poignet pour gouverner un ménage. Je te rends justice, tu es un parfait cavalier, personne mieux que toi ne sait rendre et ramasser les guides, faire piaffer un cheval, et rester vissé sur ta selle. Mais, mon cher, le mariage est toute une autre allure. Je te vois d'ici, mené grand train par madame la comtesse de Manerville, allant contre ton gré plus souvent au galop qu'au trot, et bientôt désarçonné ?... oh ! mais désarçonné de manière à demeurer dans le fossé, les jambes cassées. Écoute. Il te reste quarante et quelques mille livres de rente en propriétés dans le département de la Gironde, bien. Emmène tes chevaux et tes gens, meuble ton hôtel à Bordeaux, tu seras le roi de Bordeaux, tu y promulgueras les arrêts que nous porterons à Paris, tu seras le correspondant de nos stupidités, très-bien. Fais des folies en province, fais-y même des sottises, encore mieux ! peut-être y gagneras-tu de la considération. Mais ne te marie pas. Qui se marie aujourd'hui ? des commerçans dans l'intérêt de leur capital ou pour être deux à tirer la charrue, des paysans qui veulent faire des ouvriers, des agens-de-change, des notaires obligés de payer leurs charges, de malheureux rois qui continuent des dynasties. Nous seuls sommes exempts du bât, et tu vas t'en harnacher ? Enfin pourquoi te maries-tu ? tu dois compte de tes raisons à la jeunesse ? D'abord, quand tu épouserais une héritière aussi riche que toi, quatre-vingt mille livres de rente pour deux ne sont pas la même chose que quarante mille livres de rente pour un, parce qu'on se trouve bientôt trois, et quatre s'il vous arrive un enfant. Aurais-tu par hasard de l'amour pour cette sotte race des Manerville qui ne te donnera que des chagrins? tu ignores donc le métier de père et mère? Le mariage, mon gros Paul, est la plus sotte des immolations sociales; nos enfans seuls en profitent et n'en connaissent le prix qu'au moment où leurs chevaux paissent sur nos cadavres. Regrettes-tu ton père, ce tyran qui t'a désolé ta jeunesse? Comment t'y prendras-tu pour te faire aimer de tes enfans? Tes prévoyances pour leur éducation, tes soins de leur bonheur, tes sévérités nécessaires les désaffectionneront. Les enfans aiment un père prodigue ou faible qu'ils mépriseront plus tard. Tu seras donc entre la crainte et le mépris. N'est pas bon père de famille qui veut! Tourne les yeux sur nos amis, et dis-moi ceux dont tu voudrais pour fils? nous en avons connu qui déshonoraient leur nom. Les enfans, mon cher, sont des marchandises difficiles à soigner. Les tiens seront des anges, soit! As-tu jamais sondé l'abîme qui sépare la vie du garçon, de la vie de l'homme marié? Écoute! Garçon, tu peux te dire: — « Je n'aurai que telle somme de ridicule, le public ne pensera de moi que ce que je lui permettrai de penser. » Marié, tu tombes dans l'infini du ridicule! Garçon, tu te fais ton bonheur, tu en prends aujourd'hui, tu t'en passes demain; marié, tu le prends comme il est, et le jour où tu en veux, tu t'en passes. Marié! tu deviens ganache, tu calcules des dots, tu parles de morale publique et religieuse, tu trouves les jeunes gens immoraux, dangereux ; enfin tu deviendras un académicien social. Tu me fais pitié. Le vieux garçon dont l'héritage est attendu, qui se défend à son dernier soupir contre une vieille garde à laquelle il demande vainement à boire, est un béat en comparaison de l'homme marié. Je ne te parle pas de tout ce qui peut advenir de tracassant, d'ennuyant, d'impatientant, de tyrannisant, de contrariant, de gênant, d'idiotisant, de narcotique et de paralytique dans le combat de deux êtres toujours en présence, liés à jamais et qui se sont attrapés tous deux en croyant se convenir, non, ce serait recommencer la satire de Boileau, nous la savons par cœur. Je te pardonnerais ta pensée ridicule, si tu me promettais de te marier en grand seigneur, d'instituer un majorat avec ta fortune, de profiter de la lune de miel pour avoir deux enfans légitimes, de donner à ta femme une maison complète, distincte de la tienne, de ne vous rencontrer que dans le monde, et de ne jamais revenir de voyage sans te faire annoncer par un courrier. Deux cent mille livres de rentes suffisent à cette existence, et tes antécédens te permettent de la créer au moyen d'une riche Anglaise affamée d'un titre. Ha! cette vie aristocratique me semble vraiment française, la seule grande, la seule qui nous obtienne le respect, l'amitié d'une femme et nous distingue de la masse actuelle, enfin la seule pour laquelle un jeune homme puisse quitter la vie de garçon. Ainsi posé, le comte de Manerville conseille son époque, se met au-dessus de tout et ne peut plus être que ministre ou ambassadeur. Le ridicule ne l'atteindra jamais, il a conquis les avantages sociaux du mariage et garde les priviléges du garçon.

— Mais, mon bon ami, je ne suis pas de Marsay, je suis tout bonnement comme tu me fais l'honneur de le dire toi-même, Paul de Manerville, bon père et bon époux, député du centre, et peut-être pair de France, destinée excessivement médiocre; mais je suis modeste, je me résigne.

— Mais ta femme, dit l'impitoyable de Marsay, se résignera-t-elle ?

— Ma femme, mon cher, fera ce que je voudrai.

— Ha, mon pauvre ami, tu en es encore là. Adieu Paul. Dès aujourd'hui je te refuse mon estime. Encore un mot, car je ne saurais souscrire froidement à ton abdication. Vois donc où gît la force de notre position ? Un garçon, n'eût-il que six mille livres de rente, ne lui restât-il pour toute fortune que sa réputation d'élégance, que le souvenir de ses succès ?... Hé bien, cette ombre fantastique comporte d'énormes valeurs. La vie offre encore des chances à ce garçon déteint. Oui, ses prétentions peuvent tout embrasser. Mais le mariage, Paul, c'est le : — *Tu n'iras pas plus loin!* social. Marié, tu ne pourras plus être que ce que tu seras, à moins que ta femme ne daigne s'occuper de toi.

— Mais, dit Paul, tu m'écrases toujours sous des théories exceptionnelles! Je suis las de vivre pour les autres, d'avoir des chevaux pour les montrer, de tout faire en vue du Qu'en dira-t-on! de me ruiner pour éviter que des niais s'écrient : — Tiens, Paul a toujours la même voiture. Où en est-il de sa fortune? Il la mange? il joue à la Bourse, il est millionnaire. Madame une telle en est folle. Il a fait venir d'Angleterre un attelage, qui certes est le plus beau de Paris. On a remarqué à Longchamps les calèches à quatre chevaux de MM. de Marsay et de Manerville, elles étaient parfaitement attelées. Enfin mille niaiseries avec lesquelles une masse d'imbécilles nous conduit. Je commence à voir que cette vie où l'on roule au lieu de marcher nous use et nous vieillit. Crois-moi, mon cher Henry, j'admire ta puissance, mais sans l'envier. Tu sais tout juger, tu peux agir et penser en homme d'État, te placer au-dessus des lois générales, des idées reçues, des préjugés admis, des convenances adoptées, tu perçois les bénéfices d'une situation dont je n'aurais, moi, que les malheurs. Tes déductions froides, systématiques, réelles peut-être, sont, aux yeux de la masse, d'épouvantables immoralités. Moi, j'appartiens à la masse. Je dois jouer le jeu selon les règles de la société dans laquelle je suis forcé de vivre. En te mettant au sommet des choses humaines, sur ces pics de glaces, tu trouves encore des sentimens! Moi j'y gelerais. La vie de ce plus grand nombre dont je fais bourgeoisement partie se compose d'émotions dont j'ai maintenant besoin. Souvent un homme à bonnes fortunes coquette avec dix femmes et n'en a pas une seule ; puis, quels que soient sa force, son habileté, son usage du monde, il survient des crises où il se trouve comme écrasé entre deux portes. Moi, j'aime l'échange constant et doux de la vie, je veux cette bonne existence où vous trouvez toujours une femme près de vous...

— C'est un peu leste, le mariage ! dit de Marsay.

Paul ne se décontenança pas et continua :

— Ris si tu veux, moi je me sentirai l'homme le plus heureux du monde quand mon valet de chambre entrera me disant : — Madame attend monsieur pour déjeûner. Quand je pourrai le soir en rentrant trouver un cœur...

— Toujours trop leste, Paul ! Tu n'es pas encore assez moral pour te marier.

— ...Un cœur à qui confier mes affaires, dire mes secrets ; je veux vivre assez intimement avec une créature pour que notre affection ne dépende pas d'un oui ou d'un non, d'une situation où l'homme cause des désillusionnemens à l'amour. Enfin j'ai le courage nécessaire pour devenir, comme tu le dis, bon père et bon époux ! Je me sens propre aux joies de la famille, et veux me mettre dans les conditions exigées par la société pour avoir une femme, des enfans...

— Tu me fais l'effet d'un panier de mouches à

miel. Marche! tu seras dupe toute ta vie. Ah! tu veux te marier pour avoir une femme. En d'autres termes, tu veux résoudre heureusement à ton profit le plus difficile des problèmes que présentent aujourd'hui les mœurs bourgeoises créées par la révolution française. Et tu commenceras par une vie d'isolement? Crois-tu que ta femme ne voudra pas de cette vie que tu méprises? en aura-t-elle comme toi le dégoût? Si tu ne veux pas de la belle conjugalité dont je t'ai donné le programme, écoute un dernier conseil? Reste encore garçon pendant treize ans, amuse-toi comme un damné? puis, à quarante ans, à ton premier accès de goutte, épouse une veuve de trente-six ans, tu pourras être heureux. Si tu prends une jeune fille pour femme, tu mourras enragé!

— Ah çà, dis-moi pourquoi? s'écria Paul un peu piqué.

— Mon cher, répondit de Marsay, la satire de Boileau contre les femmes est une suite de banalités poétisées. Pourquoi les femmes n'auraient-elles pas des défauts? Pourquoi les déshériter de l'Avoir le plus clair de la nature humaine? Aussi, selon moi, le problème du mariage n'est-il plus là! Crois-tu donc qu'il en soit du mariage comme de l'amour, et qu'il suffise à un mari d'être homme pour être aimé. Tu vas donc dans les boudoirs pour n'en rapporter que d'heureux souvenirs? Tout, dans notre vie de garçon, prépare une fatale erreur à l'homme marié qui n'est pas un profond observateur du cœur humain. Dans les heureux jours de sa jeunesse, un homme, par la bizarrerie de nos mœurs, donne toujours le bonheur, il triomphe de femmes toutes séduites qui obéissent à des désirs. De part et d'autre, les obstacles que créent les lois, les sentimens et la défense naturelle à la femme, engendrent une mutualité de sensations qui trompe les gens superficiels sur leurs relations futures en état de mariage, où les obstacles n'existent plus, où la femme souffre au lieu de permettre, repousse au lieu de désirer. Là, pour nous, la vie change d'aspect. Le garçon libre et sans soins, toujours agresseur, n'a rien à craindre d'un insuccès, tandis qu'en état de mariage un échec est irréparable. S'il est possible à un amant de faire revenir une femme d'un arrêt défavorable, ce retour est le Waterloo des maris. Comme Napoléon, le mari est condamné à des victoires qui, malgré leur nombre, n'empêchent pas la première défaite de le renverser. La femme si flattée de la persévérance, de la colère d'un amant, la nomme brutalité chez un mari. Si le garçon choisit son terrain, si tout lui est permis, tout est défendu à un maître, et son champ de bataille est invariable. Puis, la lutte est inverse. Une femme est disposée à refuser ce qu'elle doit, tandis que maîtresse, elle accorde ce qu'elle ne doit point. Toi qui veux te marier, et qui te marieras, as-tu jamais médité sur le Code civil? Je ne me suis point sali les pieds dans ce bouge à commentaires, dans ce grenier de bavardage, appelé l'École de Droit, je n'ai jamais ouvert le Code, mais j'en vois les applications sur le vif du monde. Je suis légiste comme un chef de clinique est médecin. La maladie n'est pas dans les livres, elle est dans le malade. Le Code, mon cher, a mis la femme en tutelle, il l'a considérée comme un mineur, comme un enfant. Or, comment gouverne-t-on les enfans? Par la crainte. Dans ce mot, Paul, est le mors de la bête. Tâte-toi le pouls? Vois si tu peux te déguiser en tyran, toi, si doux, si bon ami, si confiant; toi de qui j'ai ri d'abord et que j'aime assez aujourd'hui, pour te livrer ma science. Oui, ceci procède d'une science que déjà les Allemands ont nommée Anthropologie. Ha, si je n'avais pas résolu la vie par le plaisir, si je n'avais pas une profonde antipathie pour ceux qui pensent au lieu d'agir, si je ne méprisais pas les niais assez stupides pour croire à la vie d'un livre, quand les sables des déserts africains sont composés des cendres de je ne sais combien de Londres, de Venise, de Paris, de Rome inconnues, pulvérisées, j'écrirais un livre sur les mariages modernes, sur l'influence du système chrétien, enfin je mettrais un lampion sur ce tas de pierres aiguës, parmi lesquelles se couchent les sectateurs du *multiplicamini* social. Mais l'humanité vaut-elle un quart d'heure de mon temps? Puis, le seul emploi raisonnable de l'encre n'est-il pas de piper les cœurs par des lettres d'amour. Ha, nous amèneras-tu la contesse de Manerville?

— Peut-être, dit Paul.

— Nous resterons amis, dit de Marsay.

— Si?... répondit Paul.

— Sois tranquille, nous serons polis avec toi, comme à Fontenoy, la Maison Rouge avec les Anglais.

Quoique cette conversation l'eût ébranlé, le comte de Manerville se mit en devoir d'exécuter son dessein, et revint à Bordeaux pendant l'hiver de l'année 1821. Les dépenses qu'il fit pour restaurer et meubler son hôtel soutinrent dignement la réputation d'élégance qui le précédait. Introduit d'avance par ses anciennes relations dans la société royaliste de Bordeaux, à laquelle il appartenait par ses opinions autant que par son nom et par sa fortune, il y obtint la royauté fashionable. Son savoir-vivre, ses manières, son éducation parisienne enchantèrent le faubourg Saint-Germain bordelais. Une vieille marquise se servit d'une expression jadis en usage à la Cour pour désigner la florissante jeunesse des Beaux, des Petits-Maîtres d'autrefois, et dont le langage, les façons faisaient loi, elle dit de lui qu'il était *la fleur des pois*. La société libérale ramassa le mot, en fit un surnom pris par elle en moquerie, et par les royalistes en bonne part.

Paul de Manerville acquitta glorieusement les obligations que lui imposait son surnom. Il lui advint ce qui arrive aux acteurs médiocres; le jour où le public leur accorde son attention, ils deviennent excellens. En se sentant à son aise, Paul déploya les qualités que comportaient ses défauts. Sa raillerie n'avait rien d'âpre ni d'amer, ses manières n'étaient point hautaines; sa conversation avec les femmes exprimait le respect qu'elles aiment, ni trop de déférence ni trop de familiarité ; sa fatuité n'était qu'un soin de sa personne qui le rendait agréable ; il avait égard au rang ; il permettait aux jeunes gens un laissez-aller auquel son expérience parisienne posait des bornes ; quoique très-fort au pistolet et à l'épée, il avait une douceur féminine dont on lui savait gré. Sa taille moyenne et son embonpoint qui n'arrivait pas encore à l'obésité, deux obstacles à l'élégance personnelle, n'empêchaient point son extérieur d'aller à son rôle de Brummel bordelais. Un teint blanc rehaussé par la coloration de la santé, de belles mains, un joli pied, des yeux bleus à longs cils, des cheveux noirs, des mouvemens gracieux, une voix de poitrine qui se tenait toujours au médium et vibrait dans le cœur, tout en lui s'harmoniait avec son surnom. Paul était bien cette fleur délicate qui veut une soigneuse culture, dont les qualités ne se déploient que dans un terrain humide et complaisant, que les façons dures empêchent de s'élever, que brûle un trop vif rayon de soleil, et que la gelée abat. Il était un de ces hommes faits pour recevoir le bonheur plus que pour le donner, qui tiennent beaucoup de la femme, qui veulent être devinés, encouragés, enfin pour lesquels l'amour conjugal doit avoir quelque chose de providentiel. Si ce caractère crée des difficultés dans la vie intime, il est gracieux et plein d'attraits pour le monde. Aussi Paul eut-il de grands succès dans le cercle étroit de la province où son esprit, tout en demi-teintes, devait être mieux apprécié qu'à Paris.

L'arrangement de son hôtel et la restauration du château de Lanstrac où il introduisit le luxe et le comfort anglais, absorbèrent les capitaux que depuis six ans lui plaçait son notaire. Strictement réduit à ses quarante et quelques mille livres de rente, il crut être sage en ordonnant sa maison de manière à ne rien dépenser au-delà. Quand il eut officiellement promené ses équipages, traité les jeunes gens les plus distingués de la ville, fait des parties de chasse avec eux dans son château restauré, Paul comprit que la vie de province n'allait pas sans le mariage. Trop jeune encore pour employer son temps aux occupations avaricieuses, ou s'intéresser aux améliorations spéculatrices dans lesquelles les gens de province finissent par s'engager, et que nécessite l'établissement de leurs enfans, il éprouva bientôt le besoin des changeantes distractions dont un Parisien a contracté l'habitude. Un nom à conserver, des héritiers auxquels il transmettrait ses biens, les relations que lui créerait une maison où pourraient se réunir les principales familles du pays, l'ennui des liaisons irrégulières ne furent pas cependant des raisons déterminantes. Dès son arrivée à Bordeaux, il s'était secrètement épris de la reine de Bordeaux, la célèbre mademoiselle Évangélista.

Vers le commencement du siècle, un riche Espagnol, ayant nom Évangélista, vint s'établir à Bordeaux, où ses recommandations autant que sa fortune l'avaient fait recevoir dans les salons nobles. Sa femme contribua beaucoup à le maintenir en bonne odeur au milieu de cette aristocratie qui ne l'avait peut-être si facilement adopté que pour piquer la société du second ordre. Créole et semblable aux femmes servies par des esclaves, madame Évangélista, qui d'ailleurs appartenait aux Casa-Réal, illustre famille de la monarchie espagnole, vivait en grande dame, ignorait la valeur de l'argent, et ne réprimait aucune de ses fantaisies, même les plus dispendieuses, en les trouvant toujours satisfaites par un homme amoureux qui lui cachait généreusement les rouages de la finance. Heureux de la voir se plaire à Bordeaux, où ses affaires l'obligeaient de séjourner, l'Espagnol y fit l'acquisition d'un hôtel, tint maison, reçut avec grandeur et donna des preuves du meilleur goût en toutes choses. Aussi, de 1800 à 1812, ne fut-il question, dans Bordeaux, que de monsieur et de madame Évangélista. L'Espagnol mourut en 1813, laissant sa femme veuve à trente-deux ans, avec une immense fortune et la plus jolie fille du monde, une enfant de onze ans qui promettait d'être et qui fut une personne accomplie. Quelque habile que fût madame Évangélista, la restauration altéra sa position ; le parti royaliste s'épura, quelques familles quittèrent Bordeaux. Quoique la tête et la main de son mari manquassent à la direction de ses affaires pour lesquelles elle eut l'insouciance de la créole et l'inaptitude de la petite-maîtresse, elle ne voulut rien changer à sa manière de vivre. Au moment où Paul prenait la résolution de revenir dans sa patrie, mademoiselle Natalie Évangélista était une personne remarquablement belle et en apparence le plus riche parti de Bordeaux, où l'on ignorait la progressive diminution des capitaux de sa mère qui, pour prolonger son règne, avait dissipé des sommes énormes. Ses fêtes brillantes et la continuation de son train entretenaient le public dans la croyance où il était de ses richesses. Natalie atteignit à sa dix-neuvième année, et nulle proposition de mariage n'était parvenue à l'oreille de sa mère. Habituée à satisfaire ses caprices de jeune fille, mademoiselle Évangélista portait des cachemires, avait des bijoux, et vivait au milieu d'un luxe qui effrayait les spéculateurs, dans un pays et à une époque où les enfans calculent aussi bien que leurs parens. Ce mot fatal : — « *Il n'y a qu'un prince qui puisse épouser Mademoiselle Évangélista!* » circulait dans les salons et dans les coteries. Les mères de famille, les douairières qui avaient de petites-filles à établir, les jeunes personnes jalouses de Natalie dont la constante élégance et la tyrannique beauté les importunait, envenimaient soigneusement cette opinion par des propos perfides. Quand elles entendaient un épouseur disant avec une admiration extatique, à l'arrivée de Natalie dans un bal : — Mon Dieu, comme elle est belle!

— Oui, répondaient les mamans, mais elle est chère.

Si quelque nouveau venu trouvait mademoiselle Évangélista charmante et disait qu'un homme à marier ne pouvait faire un meilleur choix.

— Qui donc serait assez hardi, répondait-on, pour épouser une jeune fille à laquelle sa mère donne mille francs par mois pour sa toilette, qui a ses chevaux, sa femme de chambre et porte des dentelles. Elle a des malines à ses peignoirs. Le prix de son blanchissage de fin entretiendrait le ménage d'un commis. Elle a pour le matin des pèlerines qui coûtent dix francs à monter.

Ces propos et mille autres répétés souvent en manière d'éloge éteignaient le plus vif désir qu'un homme pût avoir d'épouser mademoiselle Évangélista. Reine de tous les bals, blasée sur les propos flatteurs, sur les sourires et les admirations qu'elle recueillait partout à son passage, Natalie ne connaissait rien de l'existence. Elle vivait comme l'oiseau qui vole, comme la fleur qui pousse, en trouvant autour d'elle chacun prêt à combler ses désirs. Elle ignorait le prix des choses, ne savait comment viennent, s'entretiennent et se conservent les revenus. Peut-être croyait-elle que chaque maison avait ses cuisiniers, ses cochers, ses femmes de chambre et ses gens, comme les prés ont leurs foins et les arbres leurs fruits. Pour elle, des mendians et des pauvres, des arbres tombés et des terrains ingrats étaient mêmes choses. Choyée comme une espérance par sa mère, la fatigue n'altérait jamais son plaisir ; aussi bondissait-elle dans le monde comme un coursier dans sa steppe, un coursier sans bride et sans fers.

Six mois après l'arrivée de Paul, la haute société de la ville avait mis en présence *la fleur des pois* et la reine des bals. Ces deux fleurs se regardèrent en apparence avec froideur, et se trouvèrent réciproquement charmantes. Intéressée à épier les effets de cette rencontre prévue, madame Évangélista devina dans les regards de Paul les sentimens qui l'animèrent, et se dit : — Il sera mon gendre ! de même que Paul se disait en voyant Natalie : — Elle sera ma femme. La fortune des Évangélista, devenue proverbiale à Bordeaux, était restée dans la mémoire de Paul comme un préjugé d'enfance, de tous les préjugés le plus indélébile. Ainsi les convenances pécuniaires se rencontraient tout d'abord, sans nécessiter ces débats et ces enquêtes dont les âmes timides et fières ont également horreur. Quand quelques personnes essayèrent de dire à Paul quelques phrases louangeuses qu'il était impossible de refuser aux manières, au langage, à la beauté de Natalie, mais qui se terminaient par les observations si cruellement calculatrices de l'avenir, auxquelles donnait lieu le train de la maison Évangélista, *La Fleur des pois* y répondit par le dédain que méritaient ces petites idées de province. Sa façon de penser bientôt connue fit taire les propos ; car il donnait le ton aux idées, au langage, aussi bien qu'aux manières et aux choses. Il avait importé le développement de la personnalité britannique et ses barrières glaciales ; la raillerie byronienne, les accusations contre la vie, le mépris des liens sacrés, l'argenterie et la plaisanterie anglaises, la dépréciation des usages et des vieilles choses de la province, le cigare, le vernis, le poney, les gants jaunes et le galop. Il arriva donc pour Paul le contraire de ce qui s'était fait jusqu'alors, ni jeune fille, ni douairière ne tenta de le décourager. Madame Évangélista commença par lui donner plusieurs fois à dîner en cérémonie. *La fleur des pois* pouvait-elle manquer à des fêtes où venaient les jeunes gens les plus distingués de la ville. Malgré la froideur que Paul affectait et qui ne trompait ni la mère, ni la fille, M. de Manerville s'engageait à petits pas dans la voie du mariage. Quand il passait en tilbury, ou monté sur son beau cheval à la promenade, quelques jeunes gens s'arrêtaient, et il les entendait se dire : — Voilà un homme heureux, il est riche, il est joli garçon, et il va, dit-on, épouser mademoiselle Évangélista. Il y a des gens pour qui le monde semble avoir été fait.

Quand il se rencontrait avec la calèche de madame Évangélista, il était fier de la distinction particulière que la mère et la fille mettaient dans le salut qui lui était adressé. Si Paul n'avait pas été secrètement épris de mademoiselle Évangélista, certes le monde l'aurait marié malgré lui. Le monde, qui n'est cause d'aucun bien, est complice de beaucoup de malheurs ; puis, quand il voit éclore le mal qu'il a couvé maternellement, il le renie et s'en venge.

La haute société de Bordeaux, attribuant un million de dot à mademoiselle Évangélista, la donnait à Paul sans attendre le consentement des parties, comme cela se fait souvent. Leurs fortunes se convenaient aussi bien que leurs personnes. Paul avait l'habitude du luxe et de l'élégance au milieu de laquelle vivait Natalie. Il venait de disposer pour lui-même son hôtel comme personne à Bordeaux n'aurait disposé de maison pour loger Natalie. Un homme habitué aux dépenses de Paris et aux fantaisies des Parisiennes pouvait seul éviter les malheurs pécuniaires qu'entraînait un mariage avec cette créature déjà aussi créole, aussi grande dame que l'était sa mère. Là où des Bordelais amoureux de mademoiselle Évangélista se seraient ruinés, le comte de Manerville saurait, disait-on, éviter tout désastre. C'était donc un mariage fait. Les personnes de la haute société royaliste, quand la question de ce mariage se traitait devant elles, disaient à Paul des phrases engageantes qui flattaient sa vanité.

— Chacun vous donne ici mademoiselle Évangélista. Si vous l'épousez, vous ferez bien, vous ne trouveriez jamais nulle part, même à Paris, une aussi belle personne ; elle est élégante, gracieuse, et tient aux Casa-Réal par sa mère. Vous ferez le plus charmant couple du monde, vous avez les mêmes goûts, la même entente de la vie, vous aurez la plus agréable maison de Bordeaux. Votre femme n'a que son bonnet de nuit à apporter chez vous ;

dans une semblable affaire, une maison montée vaut une dot. Vous êtes bien heureux aussi de rencontrer une belle-mère comme madame Évangélista ; femme d'esprit, insinuante, elle vous sera d'un grand secours au milieu de la vie politique à laquelle vous devez aspirer. Elle a d'ailleurs sacrifié tout à sa fille qu'elle adore, et Natalie sera sans doute une bonne femme, car elle aime bien sa mère. Puis, il faut faire une fin.

— Tout cela est bel et bon, répondait Paul qui, malgré son amour, voulait garder son libre arbitre, mais il faut faire une fin heureuse.

Paul vint bientôt chez madame Évangélista, conduit par son besoin d'employer les heures vides, plus difficiles à passer pour lui que pour tout autre. Là seulement respirait cette grandeur, ce luxe dont il avait l'habitude. A quarante ans, madame Évangélista était belle d'une beauté semblable à celle de ces magnifiques couchers de soleil qui couronnent en été les journées sans nuages. Sa réputation inattaquée offrait aux coteries bordelaises un éternel aliment de causerie, et la curiosité des femmes était d'autant plus vive que la veuve offrait les indices de la constitution qui rend les Espagnoles et les créoles particulièrement célèbres. Elle avait les cheveux et les yeux noirs, le pied et la taille de l'Espagnole, cette taille cambrée dont les mouvemens ont un nom en Espagne. Son visage, toujours beau, séduisait par ce teint créole dont il est impossible de peindre l'animation autrement qu'en le comparant à une mousseline jetée sur de la pourpre, tant la blancheur en est également colorée. Elle avait des formes pleines, attrayantes par cette grâce qui sait unir la nonchalance et la vivacité, la force et le laissez-aller. Elle attirait et imposait, elle séduisait sans rien promettre. Elle était grande, ce qui lui donnait à volonté l'air et le port d'une reine. Les hommes se prenaient à sa conversation comme des oiseaux à la glu, car elle avait naturellement dans le caractère ce génie que la nécessité donne aux intrigans ; elle allait de concession en concession, s'armait de ce qu'on lui accordait pour vouloir davantage, et savait se reculer à mille pas quand on lui demandait quelque chose en retour. Ignorante en fait, elle avait connu les cours d'Espagne et de Naples, les gens célèbres des deux Amériques, plusieurs familles illustres de l'Angleterre et du continent, ce qui lui prêtait une instruction si étendue en superficie, qu'elle semblait immense. Elle recevait avec ce goût, cette grandeur qui ne s'apprennent pas, mais dont certaines âmes nativement belles peuvent se faire une seconde nature en s'assimilant les bonnes choses partout où elles les rencontrent. Si sa réputation de vertu demeurait inexpliquée, elle ne lui servait pas moins à donner une grande autorité à ses actions, à ses discours, à son caractère. La fille et la mère avaient l'une pour l'autre une amitié vraie, en dehors du sentiment filial et maternel. Toutes deux se convenaient, leur contact perpétuel n'avait jamais amené de choc. Aussi beaucoup de gens expliquaient-ils les sacrifices de madame Évangélista par son amour maternel. Mais si Natalie consola sa mère d'un veuvage obstiné, peut-être n'en fut-elle pas toujours le motif unique. Madame Évangélista s'était, dit-on, éprise d'un homme auquel la seconde Restauration avait rendu ses titres et la pairie. Cet homme, heureux d'épouser madame Évangélista en 1815, avait fort décemment rompu ses relations avec elle en 1816. Madame Évangélista, la meilleure femme du monde en apparence, avait dans le caractère une épouvantable qualité qui ne peut s'expliquer que par la devise des Corses : *Odiate et aspettate*, Haïssez et attendez. Habituée à primer, ayant toujours été obéie, elle ressemblait à toutes les royautés : aimable, douce, parfaite, facile dans la vie, elle devenait terrible, implacable quand son orgueil de femme, d'Espagnole et de Casa-Réal était froissé. Elle ne pardonnait jamais. Cette femme croyait à la puissance de sa haine, elle en faisait un mauvais sort qui devait planer sur son ennemi. Elle avait déployé ce fatal pouvoir sur l'homme qui s'était joué d'elle. Les événemens, qui semblaient accuser l'influence de sa *jettatura*, la confirmèrent dans sa foi superstitieuse en elle-même. Quoique ministre et pair de France, cet homme commençait à se ruiner, et se ruina complètement. Ses biens, sa considération politique et personnelle, tout devait périr. Un jour, madame Évangélista put passer fière dans son brillant équipage en le voyant à pied dans les Champs-Élysées, et l'accabler d'un regard d'où ruisselèrent les étincelles du triomphe. Cette mésaventure l'avait empêchée de se remarier, en l'occupant durant deux années. Plus tard, sa fierté lui avait toujours suggéré des comparaisons entre ceux qui s'offrirent, et le mari qui l'avait si sincèrement et si bien aimée. Elle avait donc atteint, de mécomptes en calculs, d'espérances en déceptions, l'époque où les femmes n'ont plus d'autre rôle à prendre dans la vie que celui de mère, en se sacrifiant à leurs filles, en transportant tous leurs intérêts, en dehors d'elles-mêmes, sur les têtes d'un ménage, dernier placement des affections humaines.

Madame Évangélista devina promptement le caractère de Paul et lui cacha le sien. Paul était bien l'homme qu'elle voulait pour gendre, un éditeur responsable de son futur pouvoir. Il appartenait par sa mère aux Maulincour, et la vieille baronne de Maulincour, amie du vidame de Pamiers, vivait au cœur du faubourg Saint-Germain. Le petit-fils de la baronne, Auguste de Maulincour, avait une belle position. Paul devait donc être un excellent introducteur des Évangélista dans le monde parisien. La veuve n'avait connu qu'à de rares intervalles le Paris de l'empire, elle voulait aller briller au milieu du Paris de la Restauration. Là seulement étaient les élémens d'une fortune politique, la seule à laquelle les femmes du monde puissent décemment coopérer. Madame Évangélista, forcée par les affaires de son mari d'habiter Bordeaux, s'y était plu ; elle y tenait maison ; chacun sait par combien d'obligations la vie d'une femme est alors embarrassée ; mais elle ne se souciait plus de Bordeaux, elle en avait épuisé les jouissances, elle désirait un plus grand théâtre, comme les joueurs courent au plus gros jeu.

Dans son propre intérêt, elle fit donc à Paul une grande destinée. Elle se proposa d'employer les ressources de son talent et sa science de la vie au profit de son gendre, afin de pouvoir goûter sous son nom les plaisirs de la puissance. Beaucoup d'hommes sont ainsi les paravents d'ambitions féminines inconnues. Madame Évangélista avait d'ailleurs plus d'un intérêt à s'emparer du mari de sa fille. Paul fut nécessairement captivé par cette femme qui le captiva d'autant mieux qu'elle parut ne pas vouloir exercer le moindre empire sur lui. Elle usa donc de tout son ascendant pour se grandir, pour grandir sa fille et donner du prix à tout chez elle, afin de dominer par avance l'homme en qui elle vit le moyen de continuer sa vie aristocratique. Paul s'estima davantage quand il fut apprécié par la mère et la fille. Il se crut beaucoup plus spirituel qu'il ne l'était en voyant ses réflexions et ses moindres mots sentis par mademoiselle Évangélista qui souriait ou relevait finement la tête, par la mère chez qui la flatterie semblait toujours involontaire. Ces deux femmes eurent avec lui tant de bonhomie, il fut tellement sûr de leur plaire, elles le gouvernèrent si bien en le tenant par le fil de l'amour-propre, qu'il passa bientôt tout son temps à l'hôtel Évangélista.

Un an après son installation, le comte Paul fut, sans se déclarer, si attentif auprès de Natalie, que le monde le considéra comme lui faisant la cour. Ni la mère ni la fille ne paraissaient songer au mariage. Mademoiselle Évangélista gardait avec lui la réserve de la grande dame qui sait être charmante et cause agréablement sans laisser faire un pas dans son intimité. Ce silence, si peu habituel aux gens de province, plut beaucoup à Paul. Les gens timides sont ombrageux, les propositions brusques les effraient. Ils se sauvent devant le bonheur s'il arrive à grand bruit, et se donnent au malheur s'il se présente avec modestie, accompagné d'ombres douces. Paul s'engagea donc de lui-même en voyant que madame Évangélista ne faisait aucun effort pour l'engager. L'Espagnole le séduisit en lui disant un soir que, chez une femme supérieure, comme chez les hommes, il se rencontrait une époque où l'ambition remplaçait les premiers sentimens de la vie.

— Cette femme est capable, pensa Paul en sortant, de me faire donner une belle ambassade, avant même que je ne sois nommé député.

Si dans toute circonstance, un homme ne tourne pas autour des choses ou des idées pour les examiner sous leurs différentes faces, cet homme est incomplet et faible, partant en danger de périr. En ce moment Paul était optimiste, il voyait un avantage à tout, et ne se disait pas qu'une belle-mère ambitieuse pouvait devenir un tyran. Aussi tous les soirs, en sortant, s'apparaissait-il marié, se séduisait-il lui-même, et chaussait-il tout doucement la pantoufle du mariage. D'abord, il avait trop long-temps joui de sa liberté pour en rien regretter ; il était fatigué de la vie de garçon qui ne lui offrait rien de neuf ; il n'en connaissait plus que les inconvéniens, tandis que si parfois il songeait aux difficultés du mariage, il en voyait beaucoup plus souvent les plaisirs ; tout en était nouveau pour lui.

— Le mariage, se disait-il, n'est désagréable que pour les petites gens ; pour les riches, la moitié de ses malheurs disparaît.

Chaque jour donc une pensée favorable grossissait l'énumération des avantages qui se rencontraient pour lui dans ce mariage.

— A quelque haute position que je puisse arriver, Natalie sera toujours à la hauteur de son rôle, se disait-il encore, et ce n'est pas un petit mérite chez une femme. Combien d'hommes de l'empire n'ai-je pas vus souffrant horriblement de leurs épouses ? N'est-ce pas une grande condition de bonheur que de ne jamais sentir sa vanité, son orgueil froissé par la compagne que l'on s'est choisie ? Jamais un homme ne peut-être tout-à-fait malheureux avec une femme bien élevée, elle ne le ridiculise point, elle sait lui être utile. Natalie recevrait à merveille.

Il mettait alors à contribution ses souvenirs sur les femmes les plus distinguées du faubourg Saint-Germain, pour se convaincre que Natalie pouvait, sinon les éclipser, au moins se trouver près d'elles sur un pied d'égalité parfaite. Tout parallèle servait Natalie. Les termes de comparaison tirés de l'imagination de Paul se pliaient à ses désirs. Paris lui aurait offert chaque jour de nouveaux caractères, des jeunes filles de beautés différentes ; la multiplicité des impressions aurait laissé sa raison en équilibre ; tandis qu'à Bordeaux, Natalie n'avait point de rivales, elle était la fleur unique, et se produisait habilement dans un moment où Paul se trouvait sous la tyrannie d'une idée à laquelle succombent la plupart des hommes. Aussi, ces raisons de juxtà-position jointes aux raisons d'amour-propre, et à une passion réelle qui n'avait d'autre issue que le mariage pour se satisfaire, amenèrent-elles Paul à un amour déraisonnable dont il eut le bon sens de se garder le secret à lui-même, il le fit passer pour une envie de se marier. Il s'efforça même d'étudier mademoiselle Évangélista en homme qui ne voulait pas compromettre son avenir, car les terribles paroles de de Marsay ronflaient parfois dans ses oreilles. Mais d'abord, les personnes habituées au luxe ont une apparente simplicité qui trompe, elles le dédaignent, elles s'en servent, il est un instrument et non le travail de leur existence. Paul n'imagina pas, en trouvant les mœurs de ces dames si conformes aux siennes, qu'elles cachassent une seule cause de ruine. Puis, s'il est quelques règles générales pour tempérer les soucis du mariage, il n'en existe aucune ni pour les deviner, ni pour les prévenir. Quand le malheur se dresse entre deux êtres qui ont entrepris de se rendre l'un à l'autre la vie agréable et facile à porter, il naît du contact produit par une intimité continuelle qui n'existe point entre deux jeunes gens à marier, et ne saurait exister tant que les mœurs et les lois ne seront pas changées en France. Tout est tromperie entre deux êtres prêts à s'associer, mais leur tromperie est innocente, involontaire. Chacun se montre nécessairement sous un jour favorable, tous deux luttent à qui se posera le mieux, et prennent alors d'eux-mêmes une idée favorable à laquelle ils ne peuvent répondre. La vie véritable, comme les jours atmosphériques, se compose beaucoup plus de ces momens ternes et gris dont la nature est embrumée, que de périodes où le soleil brille et réjouit les champs. Les jeunes gens ne voient que les beaux jours. Plus tard, ils attribuent au mariage les malheurs de la vie elle-même, car il est en l'homme une disposition qui le porte à chercher la cause de ses misères dans les choses ou les êtres qui lui sont immédiats.

Pour découvrir dans l'attitude ou dans la physionomie, dans les paroles ou dans les gestes de mademoiselle Évangélista, les indices qui eussent révélé le tribut d'imperfections que comportait son caractère, comme celui de toute créature humaine, Paul aurait dû posséder non-seulement les sciences de Lavater et de Gall, mais encore une science dont il n'existe aucun corps de doctrine, la science individuelle de l'observateur et qui exige des connaissances presque universelles.

Comme toutes les jeunes personnes, Natalie avait une figure impénétrable. La paix profonde et sereine imprimée par les sculpteurs aux visages des figures vierges destinées à représenter la justice, l'innocence, toutes les divinités qui ne savent rien des agitations terrestres ; ce calme est le plus grand charme d'une fille, il est le signe de sa pureté ; rien encore ne l'a émue ; aucune passion brisée, aucun intérêt trahi n'a nuancé la placide expression de son visage ; est-il joué, la jeune fille n'est plus. Sans cesse au cœur de sa mère, Natalie n'avait reçu, comme toute femme espagnole, qu'une instruction purement religieuse et quelques enseignemens de mère à fille, utiles au rôle qu'elle devait jouer. Le calme de son visage était donc naturel. Mais il formait un voile dans lequel la femme était enveloppée, comme le papillon l'est dans sa larve. Néanmoins, un homme habile à manier le scalpel de l'analyse eût surpris, chez Natalie, quelque révélation des difficultés que son caractère devait offrir quand elle serait aux prises avec la vie conjugale ou sociale. Sa beauté vraiment merveilleuse venait d'une excessive régularité de traits en harmonie avec les proportions de la tête et du corps. Cette perfection est de mauvais augure pour l'esprit. On trouve peu d'exceptions à cette règle. Toute nature supérieure a dans la forme de légères imperfections qui deviennent d'irrésistibles attraits, des points lumineux où brillent les sentimens opposés, où s'arrêtent les regards. Une parfaite harmonie annonce la froideur des organisations mixtes. Natalie avait la taille ronde, signe de force, mais indice immanquable d'une volonté qui souvent arrive à l'entêtement chez les personnes dont l'esprit n'est ni vif, ni étendu. Ses mains de statue grecque confirmaient les prédictions du visage et de la taille en annonçant un esprit de domination illogique, le vouloir pour le vouloir. Ses sourcils se rejoignaient, et selon les observateurs ce trait indique une pente à la jalousie. La jalousie des personnes supérieures devient émulation, elle engendre de grandes choses ; celle des petits esprits devient de la haine. *L'odiate et aspettate* de sa mère était chez elle sans feintise. Ses yeux noirs en apparence, mais en réalité d'un brun orangé, contrastaient avec ses cheveux dont le blond fauve, si prisé des Romains, se nomme *auburn* en Angleterre, et qui sont presque toujours ceux de l'enfant né de deux personnes à chevelure noire comme l'était celle de monsieur et de madame Evangélista. La blancheur et la délicatesse du teint de Natalie donnaient à cette opposition de couleur entre ses cheveux et ses yeux des attraits inexprimables, mais d'une finesse purement extérieure ; car, toutes les fois que les lignes d'un visage manquent d'une certaine rondeur molle, quels que soient le fini, la grâce des détails, n'en transportez point les heureux présages à l'âme. Ces roses d'une jeunesse trompeuse s'effeuillent, et vous êtes surpris, après quelques années, de voir la sécheresse, la dureté, là où vous admiriez l'élégance des qualités nobles.

Quoique les contours de son visage eussent quelque chose d'auguste, le menton de Natalie était légèrement empâté, expression de peintre qui peut servir à expliquer la préexistence de sentimens dont la violence ne devait se déclarer qu'au milieu de sa vie. Sa bouche, un peu rentrée, exprimait une fierté rouge en harmonie avec sa main, son menton, ses sourcils et sa belle taille. Enfin, dernier diagnostic qui seul aurait déterminé le jugement d'un connaisseur, la voix pure de Natalie, cette voix si séduisante, avait des tons métalliques. Quelque doucement manié que fût ce cuivre, malgré la grâce avec laquelle les sons couraient dans les spirales du cor, cet organe annonçait le caractère du duc d'Albe de qui descendaient collatéralement les Casa-Réal. Ces indices supposaient des passions violentes sans tendresse, des dévouemens brusques, des haines irréconciliables, de l'esprit sans intelligence, et l'envie de dominer naturelle aux personnes qui se sentent inférieures à leurs prétentions.

Ces défauts, nés du tempérament et de la constitution, compensés peut-être par les qualités d'un sang généreux, étaient ensevelis chez Natalie, comme l'or dans la mine, et ne devaient en sortir que sous les durs traitemens et par les chocs auxquels les caractères sont soumis dans le monde. En ce moment la grâce et la fraîcheur de la jeunesse, la distinction de ses manières, sa sainte ignorance, la gentillesse de la jeune fille coloraient ses traits d'un vernis délicat qui trompait nécessairement les gens superficiels. Puis sa mère lui avait de bonne heure communiqué ce babil agréable qui joue la supériorité, qui répond aux objections par la plaisanterie, et séduit par une gracieuse volubilité sous laquelle une femme cache le tuf de son esprit comme la nature déguise les terrains ingrats sous le luxe des plantes éphémères. Enfin Natalie avait le charme des enfans gâtés qui n'ont point connu la souffrance, elle entraînait par sa franchise, et n'avait point cet air solennel que les mères imposent à leurs filles en leur traçant un programme de façons et de langage ridicules au moment de les marier. Elle était rieuse et vraie comme la jeune fille qui ne sait rien du mariage, n'en attend que des plaisirs, n'y prévoit aucun malheur, et croit y acquérir le droit de toujours faire ses volontés.

Comment Paul, qui aimait comme on aime quand le désir augmente l'amour, aurait-il reconnu dans une fille de ce caractère et dont la beauté l'éblouissait, la femme telle qu'elle devait être à trente ans, alors que certains observateurs eussent pu se tromper aux apparences? Si le bonheur était difficile à trouver dans un mariage avec cette jeune fille, il n'était pas impossible. A travers ses défauts en germe, brillaient quelques belles qualités. Sous la main d'un maître habile, il n'est pas de qualité qui, bien développée, n'étouffe les défauts, surtout chez une jeune fille qui aime. Mais pour rendre ductile une femme aussi peu malléable, ce poignet de fer dont de Marsay parlait à Paul était nécessaire. Le

dandy parisien avait raison. La crainte, inspirée p[ar]
l'amour, est un instrument infaillible pour mani[er]
l'esprit d'une femme. Qui aime, craint; et q[ui]
craint, est plus près de l'affection que de la hai[ne.]
Paul aurait-il le sang-froid, le jugement, la ferm[eté]
qu'exigeait cette lutte dont une femme ne doit [pas]
soupçonner l'existence. Puis, Natalie aimait-e[lle]
Paul?

Semblable à la plupart des jeunes personnes, N[a]talie prenait pour de l'amour les premiers mouv[e]mens de l'instinct et le plaisir que lui causait l'ex[té]rieur de Paul, sans rien savoir ni des choses [du] mariage, ni des choses du ménage. Pour elle, M. [le] comte de Manerville, l'apprenti diplomate auq[uel] les cours de l'Europe étaient connues, l'un [des] jeunes gens élégans de Paris, ne pouvait pas être [un] homme ordinaire, sans force morale, à la fois tim[ide] et courageux, énergique peut-être au milieu [de] l'adversité, mais sans défense contre les ennuis [qui] gâtent le bonheur. Aurait-elle plus tard assez [de] tact pour distinguer les belles qualités de Paul [au] milieu de ses légers défauts? Ne grossirait-elle [pas] les uns, et n'oublierait-elle pas les autres, selon [la] coutume des jeunes femmes qui ne savent rien d[e la] vie? Il est un âge où la femme pardonne des v[ices] à qui lui évite des contrariétés, et prend les contra[]riétés pour des malheurs. Quelle force conciliatr[ice,] quelle expérience maintiendrait, éclairerait ce je[une] ménage? Paul et sa femme ne croiraient-ils [pas] s'aimer quand ils n'en seraient encore qu'à ces simagrées caressantes que les jeunes femmes se commettent au commencement d'une vie à deux, à ces complimens que les maris font au retour du bal, quand ils ont encore les grâces du désir? Dans cette situation, Paul ne se prêterait-il pas à la tyrannie de sa femme au lieu d'établir son empire? Paul saurait-il dire : Non. Tout était péril pour un homme faible, là où l'homme le plus fort aurait peut-être encore couru des risques.

Le sujet de cette étude n'est pas dans la transition du garçon à l'état d'homme marié, peinture qui largement composée ne manquerait point de l'attrait que prête l'orage intérieur de nos sentimens aux choses les plus vulgaires de la vie. Les événemens et les idées qui amenèrent le mariage de Paul avec mademoiselle Évangélista sont la préface de l'œuvre, uniquement destinée à retracer la grande comédie qui précède toute vie conjugale ; une scène que jusqu'ici les auteurs dramatiques ont négligée, quoiqu'elle pouvait offrir des ressources neuves à leur verve, scène qui domina l'avenir de Paul, et que madame Évangélista voyait venir avec terreur. Cette comédie est la discussion à laquelle donnent lieu les contrats de mariage dans toutes les familles, nobles ou bourgeoises, car les passions humaines sont aussi vigoureusement agitées par de petits que par de grands intérêts. Ces comédies jouées par-devant notaire ressemblent toutes plus ou moins à celle-ci dont l'intérêt sera donc moins dans les pages de ce livre que dans le souvenir des gens mariés, et à laquelle l'origine des deux principaux personnages permet de donner une senteur espagnole en la divisant par journées suivant la poétique des Caldéron et des Lope de Véga.

LE CONTRAT DE MARIAGE.

Première journée.

Au commencement de l'hiver, en 1822, Paul de Manerville fit demander la main de mademoiselle Évangélista par sa grand'tante la baronne de Maulincour. Quoique la baronne ne passât jamais plus de deux mois en Médoc, elle y resta jusqu'à la fin d'octobre pour assister son petit-neveu dans cette circonstance et jouer le rôle d'une mère. Après avoir porté les premières paroles à madame Évangélista, la tante, vieille femme expérimentée, vint apprendre à Paul le résultat de sa démarche.

— Mon enfant, lui dit-elle, votre affaire est faite. En causant des choses d'intérêt, j'ai su que madame Évangélista ne donnait rien de son chef à sa fille. Mademoiselle Natalie se marie avec ses droits. Épousez, mon ami! Les gens qui ont un nom et des terres à transmettre, une famille à conserver, doivent tôt ou tard finir par là. Je voudrais voir mon cher Auguste prendre le même chemin! Vous vous marierez bien sans moi, je n'ai que ma bénédiction à vous donner, et les femmes aussi vieilles que je le suis n'ont rien à faire au milieu d'une noce. Je partirai donc demain pour Paris. Quand vous présenterez votre femme au monde, je la verrai chez moi beaucoup plus commodément qu'ici. Si vous n'aviez point eu d'hôtel à Paris, vous auriez trouvé un gîte chez moi, j'aurais volontiers fait arranger pour vous le second de ma maison.

— Chère tante, dit Paul, je vous remercie. Mais qu'entendez-vous par ces paroles? sa mère ne lui donne rien de son chef, elle se marie avec ses droits.

— La mère, mon enfant, est une fine mouche qui profite de la beauté de sa fille pour imposer des conditions et ne vous laisser que ce qu'elle ne peut pas vous ôter, la fortune du père. Nous autres vieilles gens, nous tenons fort au : Qu'a-t-il? Qu'a-t-elle? Je vous engage à donner de bonnes instructions à votre notaire. Le contrat, mon enfant, est le plus saint des devoirs. Si votre père et votre mère n'avaient pas bien fait leur lit, vous seriez peut-être aujourd'hui sans draps. Vous aurez des enfans, ce sont les suites les plus communes du mariage, il y faut donc penser. Voyez maître Mathias, notre vieux notaire.

Madame de Maulincour partit après avoir plongé Paul en d'étranges perplexités. Sa belle-mère était une fine mouche! Il fallait débattre ses intérêts au contrat et nécessairement les défendre : qui donc allait les attaquer? Il suivit le conseil de sa tante et confia le soin de rédiger son contrat à maître Mathias. Mais ces débats pressentis le préoccupèrent. Aussi n'entra-t-il pas sans une émotion vive chez madame Évangélista à laquelle il venait annoncer ses intentions. Comme tous les gens timides, il tremblait de laisser deviner les défiances que sa tante lui avait suggérées et qui lui semblaient insultantes. Pour éviter le plus léger froissement avec une personne aussi imposante que l'était pour lui sa future belle-mère, il inventa de ces circonlocutions naturelles aux esprits qui n'osent pas aborder de front les difficultés.

— Madame, dit-il en prenant un moment où Natalie s'absenta, vous savez ce que sont les notaires de famille, le mien est un bon vieillard, pour qui ce serait un véritable chagrin que de ne pas être chargé de mon contrat de...

— Comment donc, mon cher, lui répondit en l'interrompant madame Évangélista, mais nos contrats de mariage ne se font-ils pas toujours par l'intervention du notaire de chaque famille?

Le temps pendant lequel Paul était resté sans entamer cette question, madame Évangélista l'avait employé à se demander : « A quoi pense-t-il? » car les femmes possèdent à un haut degré la connaissance des pensées intimes par le jeu des physionomies. Elle devina les observations de la grand'tante dans le regard embarrassé, dans le son de voix émue qui trahissait en Paul un combat intérieur.

— Enfin, se dit-elle en elle-même, le jour fatal

est arrivé ! la crise commence, quel en sera le résultat ?

— Mon notaire est M. Solonet, dit-elle après une pause, le vôtre est M. Mathias, je les inviterai à venir dîner demain, et ils s'entendront sur cette affaire. Leur métier n'est-il pas de concilier les intérêts, sans que nous nous en mêlions, comme les cuisiniers sont chargés de nous faire faire bonne chère ?

— Mais vous avez raison, répondit-il en laissant échapper un imperceptible soupir de contentement.

Par une singulière interposition des deux rôles, Paul innocent de tout blâme tremblait, et madame Évangélista paraissait calme en éprouvant d'horribles anxiétés. Cette veuve devait à sa fille le tiers de la fortune laissée par M. Évangélista, douze cent mille francs environ, et se trouvait hors d'état de s'acquitter, même en se dépouillant de tous ses biens. Elle allait donc être à la merci de son gendre. Si elle était maîtresse de Paul tout seul, Paul, éclairé par son notaire, transigerait-il sur la reddition des comptes de tutelle ? S'il se retirait, tout Bordeaux en saurait les motifs, et le mariage de Natalie y devenait impossible. Cette mère qui voulait le bonheur de sa fille, cette femme qui depuis sa naissance avait noblement vécu, songea que le lendemain il fallait devenir improbe. Comme ces grands capitaines qui voudraient effacer de leur vie le moment où ils ont été secrètement lâches, elle aurait voulu pouvoir retrancher cette journée du nombre de ses jours. Certes, quelques-uns de ses cheveux blanchirent pendant la nuit où, face à face avec les faits, elle se reprocha son insouciance, en sentant les dures nécessités de sa situation. D'abord, elle était obligée de se confier à son notaire, qu'elle avait mandé pour l'heure de son lever. Il fallait avouer une détresse intérieure qu'elle n'avait jamais voulu s'avouer à elle-même ; car elle avait toujours marché vers l'abîme, en comptant sur un de ces hasards qui n'arrivent jamais. Il s'éleva dans son âme, contre Paul, un léger mouvement où il n'y avait ni haine, ni aversion, ni rien de mauvais encore ; mais n'était-il pas la partie adverse de ce procès secret ? mais ne devenait-il pas, sans le savoir, un innocent ennemi qu'il fallait vaincre ? Quel être a pu jamais aimer sa dupe ? Contrainte à ruser, l'Espagnole résolut, comme toutes les femmes, de déployer sa supériorité dans ce combat dont la honte ne pouvait s'absoudre que par une complète victoire. Dans le calme de la nuit, elle s'excusa par une suite de raisonnemens que sa fierté domina. Natalie n'avait-elle pas profité de ses dissipations ? Y avait-il dans sa conduite un seul de ces motifs bas et ignobles qui salissent l'âme ? Elle ne savait pas compter, était-ce un crime, un délit ? Un homme n'était-il pas trop heureux d'avoir une fille comme Natalie ? Le trésor qu'elle avait conservé ne valait-il pas une quittance ? Beaucoup d'hommes n'achètent-ils pas une femme aimée par mille sacrifices ? Pourquoi ferait-on moins pour une femme légitime que pour une courtisane ? D'ailleurs Paul était un homme nul, incapable ; elle déploierait pour lui les ressources de son esprit, lui ferait faire un beau chemin dans le monde ; il lui serait redevable du pouvoir ; n'acquitterait-elle pas bien un jour sa dette ? Ce serait un sot d'hésiter ! Hésiter pour quelques écus de plus ou de moins ! Il serait infâme.

— Si le succès ne se décide pas tout d'abord, se dit-elle, je quitterai Bordeaux, et pourrai toujours faire un beau sort à Natalie, en capitalisant ce qui me reste, hôtel, diamans, mobilier, en lui donnant tout et ne me réservant qu'une pension.

Quand un esprit fortement trempé se construit une retraite comme Richelieu à Brouage, et se dessine une fin grandiose, il s'en fait comme un point d'appui qui l'aide à triompher. Ce dénoûment, en cas de malheur, rassura madame Évangélista qui s'endormit d'ailleurs pleine de confiance en son parrain dans ce duel. Elle comptait beaucoup sur le concours du plus habile notaire de Bordeaux, M. Solonet, jeune homme de vingt-sept ans, décoré de la Légion-d'Honneur pour avoir contribué fort activement à la seconde rentrée des Bourbons. Heureux et fier d'être reçu dans la maison de madame Évangélista, moins comme notaire que comme appartenant à la société royaliste de Bordeaux, M. Solonet avait conçu pour ce beau coucher de soleil une de ces passions que les femmes comme madame Évangélista repoussent, mais dont elles sont flattées, et que les plus prudes d'entr'elles laissent à fleur d'eau. M. Solonet demeurait dans une vaniteuse attitude pleine de respect et d'espérance, très-convenable.

Il vint le lendemain avec l'empressement de l'esclave, et fut reçu dans la chambre à coucher par la coquette veuve qui se montra dans le désordre d'un savant déshabillé.

— Puis-je, lui dit-elle, compter sur votre discrétion et votre entier dévouement dans la discussion qui aura lieu ce soir? Vous devinez qu'il s'agit du contrat de mariage de ma fille.

Le jeune homme se perdit en protestations galantes.

— Au fait, dit-elle.

— J'écoute, répondit-il en paraissant se recueillir.

Madame Évangélista lui exposa crûment sa situation.

— Ma belle dame, ceci n'est rien, dit maître Solonet en prenant un air avantageux quand madame Évangélista lui eut donné des chiffres exacts. Comment vous êtes-vous tenue avec M. de Manerville? Ici, les questions morales dominent les questions de droit et de finance.

Madame Évangélista se drapa dans sa supériorité. Le jeune notaire apprit avec un vif plaisir que, jusqu'à ce jour, madame Évangélista avait gardé dans ses relations avec Paul la plus haute dignité; que moitié fierté sérieuse, moitié calcul involontaire, elle avait agi constamment comme si le comte de Manerville lui était inférieur, comme s'il y avait pour lui de l'honneur à épouser mademoiselle Évangélista ; que ni elle, ni sa fille ne pouvaient être soupçonnées d'avoir des vues intéressées ; que leurs sentimens paraissaient purs de toute mesquinerie ; qu'à la moindre difficulté financière soulevée par Paul, elles avaient le droit de s'envoler à une distance incommensurable ; et qu'enfin elle avait sur son futur gendre un ascendant insurmontable.

— Cela étant ainsi, dit M. Solonet, quelles sont les dernières concessions que vous voulez faire ?

— J'en veux faire le moins possible, répondit-elle en riant.

— Réponse de femme, s'écria Solonet. Madame, tenez-vous à marier mademoiselle Natalie ?

— Oui.

— Vous voulez quittance des onze cent cinquante-six mille francs dont vous serez reliquataire d'après le compte de tutelle à présenter au susdit gendre.

— Oui.

— Que voulez-vous garder ?

— Trente mille livres de rentes au moins, répondit-elle.

— Il faut vaincre ou périr.

— Oui.

— Eh bien, je vais réfléchir aux moyens nécessaires pour atteindre au but, car il nous faut beaucoup d'adresse et ménager nos forces. Je vous donnerai quelques instructions en arrivant, exécutez-les ponctuellement, et je puis déjà vous prédire un succès complet.

— Le comte Paul aime-t-il mademoiselle Natalie? demanda-t-il en se levant.

— Il l'adore.

— Ce n'est pas assez. La désire-t-il en tant que femme au point de passer par-dessus quelques difficultés pécuniaires?

— Oui.

— Voilà ce que je regarde comme un Avoir dans les Propres d'une fille! s'écria le notaire. Faites-la donc bien belle ce soir, ajouta-t-il d'un air fin.

— Nous avons la plus jolie toilette du monde.

— La robe du contrat contient selon moi la moitié des donations, dit Solonet.

Ce dernier argument parut si nécessaire à madame Évangélista qu'elle voulut assister à la toilette de Natalie, autant pour la surveiller que pour en faire une innocente complice de sa conspiration financière. Coiffée à la Sévigné, vêtue d'une robe de cachemire blanc, ornée de nœuds roses, sa fille lui parut si belle qu'elle pressentit la victoire. Quand la femme de chambre fut sortie, et que madame Évangélista fut certaine que personne ne pouvait être à portée d'entendre, elle arrangea quelques boucles dans la coiffure de sa fille, en manière d'exorde.

— Chère enfant, aimes-tu bien sincèrement monsieur de Manerville? lui dit-elle d'une voix ferme en apparence.

La mère et la fille se jetèrent, l'une à l'autre, un étrange regard.

— Pourquoi, ma petite mère, me faites-vous cette question aujourd'hui plutôt qu'hier? Pourquoi me l'avez-vous laissé voir?

— S'il fallait nous quitter pour toujours, persisterais-tu dans ce mariage?

— J'y renoncerais et n'en mourrais pas de chagrin.

— Tu n'aimes pas, ma chère! dit la mère en baisant sa fille au front.

— Mais pourquoi, bonne mère, fais-tu le grand inquisiteur?

— Je voulais savoir si tu tenais au mariage, sans être folle du mari.

— Je l'aime.

— Tu as raison, il est comte, nous en ferons un pair de France à nous deux; mais il va se rencontrer des difficultés.

— Des difficultés entre gens qui s'aiment? Non. La fleur des pois, chère mère, s'est trop bien plantée là, dit-elle en montrant son cœur par un geste mignon, pour faire la plus légère objection. J'en suis sûre.

— S'il en était autrement? dit madame Évangélista.

— Il serait profondément oublié, répondit Natalie.

— Bien, noble fille des Casa-Réal! Mais, quoique t'aimant comme un fou, s'il survenait des discussions auxquelles il serait étranger, et par-dessus lesquelles il faudrait qu'il passât, pour toi, comme pour moi, Natalie, hein? Si, sans blesser aucunement les convenances, un peu de gentillesse dans les manières le décidait? Allons, un rien, un mot? Les hommes sont ainsi faits, ils résistent à une discussion sérieuse et tombent sous un regard.

— J'entends, un petit coup pour que Favori saute la barrière, dit Natalie en faisant le geste de donner un coup de cravache à son cheval.

— Mon ange, je ne te demande rien qui ressemble à de la séduction. Nous avons des sentimens de vieil honneur castillan qui ne nous permettent pas de passer les bornes. Le comte Paul connaîtra ma situation.

— Quelle situation?

— Tu n'y comprendrais rien. Eh bien si, après t'avoir vue dans toute ta gloire, son regard trahissait la moindre hésitation, et je l'observerai! certes, à l'instant je romprais tout, je saurais liquider ma fortune, quitter Bordeaux et aller à Douai chez les Claës, qui, malgré tout, sont nos parens par leur alliance avec les Temninck. Puis, je te marierais à un pair de France, dussé-je me réfugier dans un couvent, afin de te donner toute ma fortune.

— Ma mère, que faut-il donc faire pour empêcher de tels malheurs? dit Natalie.

— Je ne t'ai jamais vue si belle, mon enfant! Sois un peu coquette, et tout ira bien.

Madame Évangélista laissa Natalie pensive, et alla faire une toilette qui lui permît de soutenir le parallèle avec sa fille. Si Natalie devait être attrayante pour Paul, ne devait-elle pas enflammer son champion? La mère et la fille se trouvèrent sous les armes quand Paul vint apporter le bouquet que depuis trois mois il avait l'habitude de donner chaque jour à Natalie. Puis, tous trois se mirent à causer en attendant les deux notaires.

Cette journée fut pour Paul la première escarmouche de cette longue et fatigante guerre nommée le mariage; il est donc nécessaire d'établir les forces de chaque parti, la position des corps belligérans et le terrain sur lequel ils devaient manœuvrer. Pour soutenir une lutte dont il était incapable de soupçonner l'importance, Paul avait pour tout défenseur son vieux notaire, **M. Mathias**. L'un et l'autre allaient être surpris sans défense par un événement inattendu, pressés par un ennemi dont le thème était fait, et forcés de prendre un parti sans avoir le temps d'y réfléchir. Assisté par Cujas et Barthole eux-mêmes, quel homme n'eût pas succombé? Comment croire à la perfidie, là où tout semble facile et naturel? Que pouvait **M.** Mathias seul contre madame Évangélista, contre son notaire et Natalie, surtout quand son amoureux client passerait à l'ennemi, dès que les difficultés menaceraient son bonheur? Déjà Paul s'enferrait en débitant les jolis propos d'usage entre amans, mais auxquels sa passion prêtait en ce moment une valeur énorme aux yeux de madame Évangélista qui le poussait à se compromettre.

Ces *Condottieri* matrimoniaux qui s'allaient battre pour leurs cliens, et dont les forces personnelles devenaient si décisives en cette solennelle rencontre, les deux notaires représentaient les anciennes et les nouvelles mœurs, l'ancien et le nouveau notariat.

Maître Mathias était un vieux bonhomme âgé de soixante-neuf ans, et qui se faisait gloire de quarante-quatre années d'exercice en sa charge. Ses gros pieds de goutteux étaient chaussés de souliers ornés d'agrafes en argent, et terminaient ridiculement des jambes si menues, à rotules si saillantes, que quand il les croisait vous eussiez dit les deux os gravés au-dessus des *ci-gît*. Ses petites cuisses maigres, perdues dans de larges culottes noires à boucles, semblaient plier sous le poids d'un ventre rond et d'un torse développé comme l'est le buste des gens de cabinet, grosse boule toujours empaquetée dans un habit vert à basques carrées, que personne ne se souvenait d'avoir vu neuf. Ses cheveux bien tirés et poudrés se réunissaient en une petite queue de rat, toujours logée entre le collet de l'habit et celui de son gilet blanc à fleurs. Avec sa tête ronde, sa figure colorée comme une feuille de vigne, ses yeux bleus, le nez en trompette, une bouche à grosses lèvres, un menton doublé, ce cher petit homme excitait, partout où il se montrait sans être connu, le rire généreusement octroyé par le Français aux créations falottes que se permet la nature, que l'art s'amuse à charger et que nous nommons des caricatures. Mais, chez maître Mathias, l'esprit avait triomphé de la forme, les qualités de l'âme avaient vaincu les bizarreries du corps. La plupart des Bordelais lui témoignaient un respect amical, une déférence pleine d'estime. La voix du notaire gagnait le cœur en y faisant résonner l'éloquence de la probité. Pour toute ruse, il allait droit au fait en culbutant les mauvaises pensées par des interrogations précises. Son coup-d'œil prompt, sa grande habitude des affaires lui donnaient ce sens divinatoire qui permet d'aller au fond des consciences et d'y lire les pensées secrètes. Quoique grave et posé dans les affaires, ce patriarche avait la gaîté de nos ancêtres : il devait risquer la chanson de table, admettre et conserver les solennités de famille, célébrer les anniversaires, les fêtes des grand'mères et des enfans, enterrer avec cérémonie la bûche de Noël ; il devait aimer à donner des étrennes, à faire des surprises et offrir des œufs de Pâques ; il devait croire aux obligations du parrainage, et ne déserter aucune des coutumes qui coloraient la vie d'autrefois. Maître Mathias était un noble et respectable débris de ces notaires, grands hommes obscurs qui ne donnaient pas de reçu en acceptant des millions, mais les rendaient dans les mêmes sacs, ficelés de la même ficelle ; qui exécutaient à la lettre les fidéicommis, dressaient décemment les inventaires, s'intéressaient comme de seconds pères aux intérêts de leurs cliens, barraient quelquefois le chemin devant les dissipateurs, et auxquels les familles confiaient leurs secrets; enfin, l'un de ces notaires qui se croyaient responsables de leurs erreurs dans les actes, et les méditaient longuement. Jamais, durant sa vie notariale, un de ses cliens n'eut à se plaindre d'un placement perdu, d'une hypothèque ou mal prise ou mal assise. Sa fortune, lentement mais loyalement acquise, ne lui était venue qu'après trente années d'exercice et d'économie. Il avait établi quatorze de ses clercs. Religieux et généreux incognito, M. Mathias se trouvait partout où le bien s'opérait sans salaire. Membre actif du comité des hospices et du comité de bienfaisance, il s'inscrivait pour la plus forte somme dans les impositions volontaires destinées à secourir les infortunes subites, à créer quelques établissemens utiles. Aussi ni lui, ni sa femme n'avaient-ils de voiture, aussi sa parole était-elle sacrée, aussi ses caves gardaient-elles autant de capitaux qu'en avait la banque, aussi le nommait-on *le bon monsieur Mathias*, et quand il mourut, y eut-il trois mille personnes à son convoi.

M. Solonet était ce jeune notaire qui arrive en fredonnant, affecte un air léger, prétend que les affaires se font aussi bien en riant qu'en gardant son sérieux; le notaire capitaine dans la garde nationale qui se fâche d'être pris pour un notaire, et postule la croix de la Légion-d'Honneur, qui a sa voiture, et laisse vérifier les pièces à ses clercs; le notaire qui va au bal, au spectacle, achète des tableaux et joue à l'écarté, qui a une caisse où se versent les dépôts et rend en billets de banque ce qu'il a reçu en or ; le notaire qui marche avec son époque et risque les capitaux en placemens douteux, spécule, et veut se retirer riche de trente mille livres de rentes après dix ans de notariat ; le notaire dont la science vient de sa duplicité, mais que beaucoup de gens craignent comme un complice qui possède leurs secrets ; enfin, le notaire qui voit dans sa charge un moyen de se marier à quelque héritière en bas bleus.

Quand le mince et blond M. Solonet, frisé, parfumé, botté comme un jeune premier du Vaudeville, vêtu comme un dandy dont l'affaire la plus importante est un duel, entra précédant son vieux confrère retardé par un ressentiment de goutte, ces deux hommes représentèrent au naturel une de ces caricatures intitulées JADIS et AUJOURD'HUI, qui eurent tant de succès sous l'empire.

Si madame et mademoiselle Évangélista, auxquelles *le bon monsieur Mathias* était inconnu, eurent d'abord une légère envie de rire, elles furent aussitôt touchées de la grâce avec laquelle il les complimenta. La parole du bonhomme respira cette aménité que les vieillards aimables savent répandre autant dans les idées que dans la manière dont ils les expriment. Le jeune notaire au ton sémillant eut alors le dessous. M. Mathias témoigna de la supériorité de son savoir-vivre par la façon mesurée avec laquelle il aborda Paul. Sans compromettre ses cheveux blancs, il respecta la noblesse dans un jeune homme, en sachant qu'il appartient quelques honneurs à la vieillesse, et que tous les droits sociaux sont solidaires. Au contraire, le salut et le bonjour de M. Solonet avaient été l'expression d'une égalité parfaite qui devait blesser les prétentions des gens du monde et le ridiculiser aux yeux des personnes vraiment nobles.

Le jeune notaire fit un geste assez familier à madame Évangélista pour l'inviter à venir causer dans une embrasure de fenêtre. Durant quelques momens, l'un et l'autre se parlèrent à l'oreille, en laissant échapper quelques rires, sans doute pour donner le change sur l'importance de cette conversation par laquelle maître Solonet communiqua le plan de la bataille à sa souveraine.

— Mais, lui dit-il en terminant, aurez-vous le courage de vendre votre hôtel?

— Parfaitement, dit-elle.

Madame Évangélista ne voulut pas dire à son notaire la raison de cet héroïsme qui le frappa, car le zèle de Solonet aurait pu se refroidir s'il avait su que sa cliente allait quitter Bordeaux. Elle n'en avait même encore rien dit à Paul, afin de ne pas l'effrayer par l'étendue des circonvallations qu'exigeaient les premiers travaux d'une vie politique.

Après le dîner, les deux plénipotentiaires laissèrent les amans près de la mère, et se rendirent dans un salon voisin destiné à leur conférence. Il se passa donc une double scène. Au coin de la cheminée du grand salon, une scène d'amour où la vie apparaissait riante et joyeuse. Dans l'autre pièce, une scène grave et sombre où l'intérêt mis à nu jouait par avance le rôle qu'il joue sous les apparences fleuries de la vie.

— Mon cher maître, dit M. Solonet à M. Mathias, l'acte restera dans votre étude, je sais tout ce que je dois à mon ancien.

M. Mathias salua gravement.

— Mais, reprit Solonet, en dépliant un projet d'acte inutile qu'il avait fait brouillonner par un clerc, comme nous sommes la partie opprimée, que nous sommes la fille, j'ai rédigé le contrat pour vous en éviter la peine. Nous nous marions avec nos droits, sous le régime de la communauté; donation générale de nos biens l'un à l'autre en cas de mort sans héritiers; sinon, donation d'un quart en usufruit et d'un quart en nu-propriété; la somme mise dans la communauté sera du quart des apports respectifs; le survivant garde le mobilier sans être tenu de faire inventaire. Tout est simple comme bonjour.

— Ta, ta, ta, ta, dit M. Mathias, je ne fais pas les affaires comme on chante une ariette. Quels sont vos droits?

— Quels sont les vôtres? dit M. Solonet.

— Notre dot à nous, dit M. Mathias, est la terre de Lanstrac du produit de vingt-trois mille livres de rentes, en sac, sans compter les redevances en nature. *Item*, les fermes du Grossou et du Guadet, valant chacune trois mille six cents livres de rentes. *Item*, le clos de Belle-Rose, rapportant, année commune, seize mille livres; total, quarante-six mille deux cents francs de rente. *Item*, un hôtel patrimonial à Bordeaux, imposé à neuf cents francs. *Item*, une belle maison entre cour et jardin, sise à Paris, rue de la Pépinière, imposée à quinze cents francs. Ces propriétés, dont les titres sont chez moi, proviennent de la succession de nos père et mère, excepté la maison de Paris, laquelle est un de nos acquêts. Nous avons également à compter le mobilier de nos deux maisons et celui du château de Lanstrac, estimés quatre cent cinquante mille francs. Voilà la table, la nappe et le premier service. Qu'apportez-vous pour le second service et pour le dessert?

— Nos droits, dit M. Solonet.

— Spécifiez-les, mon cher maître, reprit M. Mathias. Que m'apportez-vous? où est l'inventaire fait après le décès de M. Évangélista? montrez-moi la liquidation, l'emploi de vos fonds. Où sont vos capitaux, s'il y a capital? où sont vos propriétés, s'il y a propriété? Bref, montrez-nous un compte de tutelle, et dites-nous ce que vous donne ou vous assure votre mère.

— M. le comte de Manerville aime-t-il mademoiselle Évangélista?

— Il en veut faire sa femme, si toutes les convenances se rencontrent, dit le vieux notaire. Je ne suis pas un enfant, il s'agit ici de nos affaires, et non de nos sentimens.

— L'affaire est manquée, si vous n'avez pas les sentimens généreux. Voici pourquoi, reprit M. Solonet. Nous n'avons pas fait inventaire après la mort de notre mari, nous étions Espagnole, créole, et nous ne connaissions pas les lois françaises. D'ailleurs, nous étions trop douloureusement affectée pour songer à de misérables formalités que remplissent les cœurs froids. Il est de notoriété publique que nous étions adorée par le défunt et que nous l'avons énormément pleuré. Si nous avons une liquidation précédée d'un bout d'inventaire fait par commune renommée, remerciez-en notre subrogé-tuteur qui nous a forcé d'établir une situation et de reconnaître à notre fille une fortune telle quelle, au moment où il nous a fallu retirer de Londres des rentes anglaises dont le capital était immense et que nous voulions replacer à Paris où nous en doublions les intérêts.

— Ne me dites donc pas de niaiseries. Il existe des moyens de contrôle. Quels droits de succession avez-vous payés au domaine? le chiffre nous suffira pour établir les comptes. Allez donc droit au fait. Dites-nous franchement ce qu'il vous revenait et ce qui vous reste. Hé bien, si nous sommes trop amoureux, nous verrons.

— Si vous nous épousez pour de l'argent, allez vous promener. Nous avons droit à plus d'un million, il ne reste à notre mère que cet hôtel, son mobilier, et quatre cent mille francs employés vers 1817 en cinq pour cent, donnant aujourd'hui trente mille francs de revenu.

— Comment menez-vous un train qui exige cent

mille livres de rentes? s'écria M. Mathias atterré.

— Notre fille nous a coûté les yeux de la tête. D'ailleurs nous aimons la dépense! Enfin vos jérémiades ne nous feront pas retrouver deux liards.

— Avec les cinquante mille francs de rentes qui appartenaient à mademoiselle Natalie, vous pouviez l'élever richement sans vous ruiner! Mais si vous avez mangé de si bon appétit quand vous étiez fille, vous dévorerez donc quand vous serez femme.

— Laissez-nous alors, dit M. Solonet, la plus belle fille du monde doit toujours manger plus qu'elle n'a.

— Je vais dire deux mots à mon client, reprit le vieux notaire.

— Va, va, mon vieux père Cassandre, va dire à ton client que nous n'avons pas un liard! pensa maître Solonet qui, dans le silence du cabinet, avait stratégiquement disposé ses masses, échelonné ses propositions, arrêté les tournans de la discussion, et préparé le point où les parties, croyant tout perdu, se trouveraient devant une heureuse transaction où triompherait sa cliente.

La robe blanche à nœuds roses, les tire-bouchons à la Sévigné, le petit pied de Natalie, ses fins regards, sa jolie main sans cesse occupée à réparer le désordre de boucles qui ne se dérangeaient pas, ce manége d'une jeune fille faisant la roue comme un paon au soleil, avait amené Paul au point où le voulait voir sa future belle-mère : il était ivre de désirs, et souhaitait sa prétendue, comme un lycéen peut désirer une courtisane. Ses regards, sûr thermomètre de l'âme, annonçaient ce degré de passion auquel un homme fait mille sottises.

— Natalie est si belle, dit-il à l'oreille de sa belle-mère, que je conçois la frénésie qui nous pousse à payer un plaisir par notre mort.

Madame Évangélista répondit en hochant la tête :
— Paroles d'amoureux! Mon mari ne me disait aucune de ces belles phrases, mais il m'épousa sans fortune, et pendant treize ans il ne m'a jamais causé de chagrins.

— Est-ce une leçon que vous me donnez? dit Paul en riant.

— Vous savez comme je vous aime, cher enfant! dit-elle en lui serrant la main. D'ailleurs, ne faut-il pas bien vous aimer pour vous donner ma Natalie!

— Me donner! me donner! dit la jeune fille en riant et agitant un écran fait en plumes d'oiseaux indiens. Que dites-vous tout bas?

— Je disais, reprit Paul, combien je vous aime, puisque les convenances me défendent de vous exprimer mes désirs.

— Pourquoi?

— Je me crains!

— Oh! vous avez trop d'esprit pour ne pas savoir bien sertir les joyaux de la flatterie. Voulez-vous que je vous dise mon opinion sur vous.... Hé bien, je vous trouve plus d'esprit qu'un homme amoureux n'en doit avoir. Être *la fleur des pois*, et rester très-spirituel, dit-elle en baissant les yeux, c'est avoir trop d'avantages : un homme devrait opter. Je crains aussi, moi!

— Quoi?

— Ne parlons pas ainsi, ne trouvez-vous pas, ma mère, que cette conversation est dangereuse quand notre contrat n'est pas encore signé?

— Il va l'être! dit Paul.

— Je voudrais bien savoir ce que disent Achille et Nestor, dit Natalie en indiquant par un regard d'enfantine curiosité la porte d'un petit salon.

— Ils parlent de nos enfans, de notre mort et de je ne sais quelles autres frivolités semblables; ils comptent nos écus pour nous dire si nous pourrons toujours avoir cinq chevaux à l'écurie. Ils s'occupent aussi de donations, mais je les ai prévenus.

— Comment? dit Natalie.

— Ne me suis-je pas déjà donné tout entier? dit-il en regardant la jeune fille dont la beauté redoubla quand le plaisir causé par cette réponse eut coloré son visage.

— Ma mère, comment puis-je reconnaître tant de générosité?

— Ma chère enfant, n'as-tu pas toute la vie pour y répondre! Savoir faire le bonheur de chaque jour, n'est-ce pas apporter d'inépuisables trésors? Moi je n'en avais pas d'autres en dot.

— Aimez-vous Lanstrac? dit Paul à Natalie.

— Comment n'aimerais-je pas une chose à vous? dit-elle. Aussi voudrais-je bien voir votre maison.

— Notre maison, dit Paul. Vous voulez savoir

si j'ai bien prévu vos goûts, si vous vous y plairez. Madame votre mère a rendu la tâche d'un mari difficile, vous avez toujours été bien heureuse ; mais quand l'amour est infini, rien ne lui est impossible.

— Chers enfans, dit madame Évangélista, pourrez-vous rester à Bordeaux pendant les premiers jours de votre mariage? Si vous vous sentez le courage d'affronter le monde qui vous connaît, vous épie, vous gêne, soit ! Mais si vous éprouvez tous deux cette pudeur de sentiment qui enserre l'âme et ne s'exprime pas, nous irons à Paris où la vie d'un jeune ménage se perd dans le torrent. Là seulement vous pourrez être comme deux amans, sans avoir à craindre le ridicule.

— Vous avez raison, ma mère. Je n'y pensais point. Mais à peine aurai-je le temps de préparer ma maison. J'écrirai ce soir à de Marsay, celui de mes amis sur lequel je puis compter pour faire marcher les ouvriers.

Au moment où, semblable aux jeunes gens habitués à satisfaire leurs plaisirs sans calcul préalable, Paul s'engageait inconsidérément dans les dépenses d'un séjour à Paris, maître Mathias entra dans le salon et fit signe à son client de venir lui parler.

— Qu'y a-t-il, mon ami? dit Paul en se laissant mener dans une embrasure de fenêtre.

— Monsieur le comte, dit le bon homme, il n'y a pas un sou de dot. Mon avis est de remettre la conférence à un autre jour afin que vous puissiez prendre un parti convenable.

— Monsieur Paul, dit Natalie, je veux vous dire aussi mon mot à part.

Quoique la contenance de madame Évangélista fût calme, jamais juif du moyen-âge ne souffrit dans sa chaudière pleine d'huile bouillante le martyre qu'elle souffrait dans sa robe de velours violet. Son notaire lui avait garanti le mariage, mais elle ignorait les moyens, les conditions du succès, et subissait l'horrible angoisse des alternatives. Elle dut peut-être son triomphe à la désobéissance de sa fille. Natalie avait commenté les paroles de sa mère dont l'inquiétude était visible pour elle. Quand elle vit le succès de sa coquetterie, elle se sentit atteinte au cœur par mille pensées contradictoires. Sans blâmer sa mère, elle fut honteuse à demi de ce manége dont le prix était un gain quelconque. Puis, elle fut prise d'une curiosité jalouse assez concevable. Elle voulut savoir si Paul l'aimait assez pour surmonter les difficultés prévues par sa mère, et que lui dénonçait la figure un peu nuageuse de maître Mathias. Ces sentimens la poussèrent à un mouvement de loyauté qui d'ailleurs la posait bien. La plus noire perfidie n'eût pas été si dangereuse que le fut son innocence.

— Paul, lui dit-elle à voix basse, et elle le nommait ainsi pour la première fois, si quelques difficultés d'intérêts pouvaient nous séparer, songez que je vous relève de vos engagemens, et vous permets de jeter sur moi la défaveur qui résulterait d'une rupture.

Elle mit une si profonde dignité dans l'expression de sa générosité, que Paul crut au désintéressement de Natalie, à son ignorance du fait dont son notaire venait de lui donner connaissance; il pressa la main de la jeune fille et la baisa comme un homme à qui l'amour était plus cher que l'intérêt. Natalie sortit.

— Sac à papier, monsieur le comte, vous faites des sottises, reprit le vieux notaire en rejoignant son client.

Paul demeura songeur : il comptait avoir environ cent mille livres de rentes, en réunissant sa fortune à celle de Natalie ; or, quelque passionné que soit un homme, il ne passe pas sans émotion de cent à quarante-six mille livres de rentes, en acceptant une femme habituée au luxe.

— Ma fille n'est plus là, reprit madame Évangélista qui s'avança royalement vers son gendre et le notaire, pouvez-vous me dire ce qui nous arrive.

— Madame, répondit M. Mathias épouvanté du silence de Paul, et qui rompit la glace, il survient un empêchement dilatoire...

A ce mot, maître Solonet sortit du petit salon et coupa la parole à son vieux confrère par une phrase qui rendit la vie à Paul. Accablé par le souvenir de ses phrases galantes, par son attitude amoureuse, Paul ne savait ni comment les démentir, ni comment en changer; il aurait voulu pouvoir se jeter dans un gouffre.

— Il est un moyen d'acquitter madame envers sa fille, dit le jeune notaire d'un ton dégagé. Madame Évangélista possède trente mille livres de rentes en inscriptions cinq pour cent, dont le capital sera bientôt au pair, s'il ne le dépasse; ainsi nous pouvons le compter pour six cent mille francs. Cet hôtel et son jardin valent plus de trois cent mille francs. Cela posé, madame peut transporter par le contrat la nu-propriété de ces valeurs à sa fille, car je ne pense pas que les intentions de monsieur soient de laisser sa belle-mère sans ressources. Si madame a mangé sa fortune, elle rend celle de sa fille, à une bagatelle près.

— Les femmes sont bien malheureuses de ne rien entendre aux affaires, dit madame Évangélista. J'ai des nu-propriétés? Qu'est-ce que cela, mon Dieu!

Paul était dans une sorte d'extase en entendant cette transaction. Le vieux notaire voyant le piége tendu, son client un pied déjà pris, resta pétrifié, se disant : — Je crois que l'on se joue de nous !

— Si madame suit mon conseil, elle assurera sa tranquillité, dit le jeune notaire en continuant. En se sacrifiant, au moins ne faut-il pas que des mineurs la tracassent. On ne sait ni qui vit ni qui meurt! Monsieur le comte reconnaîtra donc par le contrat avoir reçu la somme totale revenant à mademoiselle Évangélista sur la succession de son père.

M. Mathias ne put comprimer l'indignation qui brilla dans ses yeux et lui colora la face.

— Et cette somme, dit-il en tremblant, est de?

— Un million cent cinquante-six mille francs suivant l'acte...

— Pourquoi ne demandez-vous pas à M. le comte de faire *hic et nunc* le délaissement de sa fortune à sa future épouse? dit M. Mathias, ce serait plus franc que ce que vous nous demandez. La ruine du comte de Manerville ne s'accomplira pas sous mes yeux, je me retire.

Il fit un pas vers la porte afin d'instruire son client de la gravité des circonstances; mais il revint, et s'adressant à madame Évangélista : — Ne croyez pas, madame, que je vous fasse solidaire des idées de mon confrère, je vous tiens pour une honnête femme, une grande dame qui ne savez rien des affaires.

— Merci, mon cher confrère, dit M. Solonet.

— Vous savez bien qu'entre nous il n'y a jamais d'injure, lui répondit M. Mathias. Madame, sachez au moins le résultat de ces stipulations? Vous êtes encore assez jeune, assez belle pour vous remarier.

— Oh! mon dieu, madame, dit le vieillard à un geste de madame Évangélista, qui peut répondre de soi!

— Je ne croyais pas, monsieur, dit madame Évangélista, qu'après être restée veuve pendant sept belles années et avoir refusé de brillans partis par amour pour ma fille, je serais soupçonnée à trente-neuf ans d'une semblable folie! Si nous n'étions pas en affaire, je prendrais cette supposition pour une impertinence.

— Ne serait-il pas plus impertinent de croire que vous ne pouvez plus vous marier?

— Vouloir et pouvoir sont deux termes biens différens, dit galamment Solonet.

— Hé bien, dit maître Mathias, ne parlons pas de votre mariage. Vous pouvez, et nous le désirons tous, vivre encore quarante-cinq ans. Or, comme vous gardez pour vous l'usufruit de la fortune de M. Évangélista, durant votre existence, vos enfans pendront-ils leurs dents au croc?

— Qu'est-ce que signifie cette phrase? dit la veuve. Que veulent dire ce *croc* et cet *usufruit?*

M. Solonet, homme de goût et d'élégance, se mit à rire.

— Je vais la traduire, répondit le bon homme. Si vos enfans veulent être sages, ils penseront à l'avenir. Penser à l'avenir, c'est économiser la moitié de ses revenus en supposant qu'il ne nous vienne que deux enfans, auxquels il faudra donner d'abord une belle éducation, puis une grosse dot. Votre fille et votre gendre seront donc réduits à vingt mille livres de rentes, quand l'un et l'autre en dépensaient cinquante sans être mariés. Ceci n'est rien. Mon client devra compter un jour à ses enfans trois cent mille francs du bien de leur mère et ne les aura pas reçus. En conscience, signer un pareil contrat, n'est-ce pas se jeter pieds et poings liés dans la Gironde? Vous voulez faire le bonheur de mademoiselle votre fille? Si elle aime son mari, sentiment dont les notaires ne doutent jamais, elle épousera ses chagrins. Madame, j'en vois assez pour la faire mourir de douleur, car elle sera dans la misère. Oui, madame, la misère pour des gens auxquels il faut cent mille livres de rentes, est de n'en avoir plus que vingt mille. Si, par amour, M. le comte faisait des folies, sa femme le ruinerait par ses reprises le jour où quelque malheur adviendrait. Je plaide ici pour vous, pour eux, pour leurs enfans, pour tout le monde.

— Le bon homme a bien fait feu de tous ses canons, pensa maître Solonet en jetant un regard à sa cliente comme pour lui dire : — Allons!

— Il est un moyen d'accorder ces intérêts, répondit avec calme madame Évangélista. Je puis me réserver seulement une pension nécessaire pour entrer dans un couvent, et vous aurez mes biens dès à présent. Je puis renoncer au monde, si ma mort anticipée assure le bonheur de ma fille.

— Madame, dit le vieux notaire, prenons le temps de peser mûrement le parti qui conciliera toutes les difficultés.

— Hé, mon Dieu, monsieur, dit madame Évangélista, qui voyait sa perte dans un retard, tout est pesé. J'ignorais ce qu'était un mariage en France, je suis Espagnole et créole. J'ignorais qu'avant de marier ma fille, il fallût savoir le nombre de jours que Dieu m'accorderait encore ; que ma fille souffrirait de ma vie, que j'ai tort de vivre et tort d'avoir vécu. Quand mon mari m'épousa, je n'avais que mon nom et ma personne. Mon nom seul valait pour lui des trésors auprès desquels pâlissaient les siens. Quelle fortune égale un grand nom? Ma dot était la beauté, la vertu, le bonheur, la naissance, l'éducation. L'argent donne-t-il ces trésors? Si le père de Natalie entendait notre conversation, son âme généreuse en serait affectée pour toujours et lui gâterait son bonheur en paradis. J'ai dissipé, follement peut-être! quelques millions sans que jamais ses sourcils aient fait un mouvement. Depuis sa mort, je suis devenue économe et rangée en comparaison de la vie qu'il voulait que je menasse. Brisons donc! M. de Manerville est tellement abattu que je...

Aucune onomatopée ne peut rendre la confusion et le désordre que le mot Brisons introduisit dans la conversation ; il suffira de dire que ces quatre personnes si bien élevées parlèrent toutes ensemble.

— On se marie en Espagne à l'espagnole et comme on veut ; mais l'on se marie en France raisonnablement et comme on peut! disait Mathias.

— Ha, madame, s'écria Paul en sortant de sa stupeur, vous vous méprenez sur mes sentimens.

— Il ne s'agit pas ici de sentimens, dit le vieux notaire, en voulant arrêter son client ; nous faisons les affaires de trois générations. Est-ce nous qui avons mangé les millions absens, nous qui ne demandons qu'à résoudre des difficultés dont nous sommes innocens?

— Épousez-nous, disait Solonet, et ne chipotez pas.

— Chipoter! chipoter! Vous appelez chipoter défendre les intérêts des enfans, du père et de la mère! disait Mathias.

— Oui, disait Paul à sa belle-mère en continuant, je déplore les dissipations de ma jeunesse qui ne me permettent pas de clore cette discussion par un mot, comme vous déplorez votre ignorance des affaires et votre désordre involontaire. Dieu m'est témoin que je ne pense pas en ce moment à moi. Une vie simple à Lanstrac ne m'effraie point; mais ne faut-il pas que mademoiselle Natalie renonce à ses goûts, à ses habitudes? Voici notre existence modifiée.

— Où donc M. Évangélista puisait-il ses millions? disait la veuve.

— M. Évangélista faisait des affaires, il jouait le grand jeu des commerçans, il expédiait des navires, et gagnait des sommes considérables; nous sommes un propriétaire dont le capital est placé, dont les revenus sont inflexibles, répondit vivement le vieux notaire.

— Il est encore un moyen de tout concilier, dit M. Solonet, qui, par cette phrase proférée d'un ton de fausset, imposa silence aux trois autres en attirant leurs regards et leur attention.

Ce jeune homme ressemblait à un habile cocher qui tient les rênes d'un attelage à quatre chevaux et s'amuse à les animer, à les retenir. Il déchaînait les passions, il les calmait tour à tour en faisant suer dans son harnais, Paul dont la vie et le bonheur étaient à tout moment en question, et sa cliente qui ne voyait pas clair à travers les tournoiemens de la discussion.

— Madame Évangélista, dit-il après une pause, peut délaisser dès aujourd'hui les inscriptions cinq pour cent, et vendre son hôtel. Je lui en ferai trouver trois cent mille francs en l'exploitant par lots. Sur ce prix, elle vous remettra cent cinquante mille francs. Ainsi madame vous donnera sept cent cinquante mille francs immédiatement. Si ce n'est pas ce qu'elle doit à sa fille, trouvez beaucoup de dots semblables en France ?

— Bien, dit maître Mathias, mais que deviendra madame ?

A cette question qui supposait un assentiment, M. Solonet se dit en lui-même : — Allons donc, mon vieux loup, te voilà pris !

— Madame ? répondit à haute voix le jeune notaire, madame gardera les cinquante mille écus restant sur le prix de son hôtel. Cette somme jointe au produit de son mobilier peut se placer en rentes viagères, et lui procurera vingt mille livres de rentes. Monsieur le comte lui arrangera une demeure chez lui. Lanstrac est grand. Vous avez un hôtel à Paris, dit-il en s'adressant directement à Paul, madame votre belle-mère peut donc vivre partout avec vous. Une veuve qui, sans avoir à supporter les charges d'une maison, possède vingt mille livres de rentes, est plus riche que ne l'était madame quand elle jouissait de toute sa fortune. Madame Évangélista n'a que sa fille, vous êtes également seul, vos héritiers sont éloignés, aucune collision d'intérêts n'est à craindre. La belle-mère et le gendre qui se trouvent dans les conditions où vous êtes, forment toujours une même famille. Madame Évangélista compensera le déficit actuel par les bénéfices d'une pension qu'elle vous donnera sur ses vingt mille livres de rentes viagères, ce qui aidera d'autant votre existence. Nous connaissons madame trop généreuse, trop grande pour supposer qu'elle veuille être à charge à ses enfans. Ainsi vous vivrez unis, heureux, en pouvant disposer de cent mille francs par an, somme suffisante, n'est-ce pas, monsieur le comte? pour jouir en tout pays des agrémens de l'existence et satisfaire ses caprices. Et croyez-moi, les jeunes mariés sentent souvent la nécessité d'un tiers dans leur ménage. Or, je le demande, quel tiers plus affectueux qu'une bonne mère...

Paul croyait entendre un ange en entendant parler M. Solonet. Il regarda M. Mathias pour savoir s'il ne partageait pas son admiration pour la chaleureuse éloquence de Solonet, car il ignorait que sous les feints emportemens de leurs paroles passionnées, les notaires comme les avoués cachent la froideur et l'attention continue des diplomates.

— Un petit paradis, s'écria le vieillard qui, stupéfait par la joie de son client, alla s'asseoir sur une ottomane et y resta la tête dans une de ses mains, plongé dans une méditation évidemment douloureuse.

La lourde phraséologie dans laquelle les gens d'affaires enveloppent à dessein leurs malices, il la connaissait, et n'était pas homme à s'y laisser prendre; il se mit à regarder à la dérobée son confrère et madame Évangélista qui continuèrent à converser avec Paul, et il essaya de surprendre quelques indices du complot dont il commençait à saisir la trame si savamment ourdie.

— Monsieur, dit Paul à Solonet, je vous remercie du soin que vous prenez à concilier nos intérêts. Cette transaction résout toutes les difficultés plus heureusement que je ne l'espérais ; si toutefois elle vous convient, Madame, dit-il en se tournant vers madame Évangélista, car je ne voudrais rien de ce qui ne vous arrangerait pas également.

— Moi, reprit-elle, tout ce qui fera le bien de mes enfans me comblera de joie. Ne me comptez pour rien.

— Il n'en doit pas être ainsi, dit vivement Paul. Si votre existence n'était pas honorablement assurée, Natalie et moi nous en souffririons plus que vous n'en souffririez vous-même.

— Soyez sans inquiétude, monsieur le comte, reprit Solonet.

— Ha! pensa maître Mathias, ils vont lui faire baiser les verges avant de lui donner le fouet.

— Rassurez-vous, disait Solonet, il se fait en ce moment tant de spéculations à Bordeaux, que les placemens en viager s'y négocient à des taux avantageux. Après avoir prélevé sur le prix de l'hôtel et du mobilier les cinquante mille écus que nous vous devrons, je crois pouvoir garantir à madame qu'il lui restera deux cent cinquante mille francs. Je me charge de mettre cette somme en rentes viagères par première hypothèque sur des biens valant un million, et d'en obtenir dix pour cent, vingt-cinq mille livres de rentes. Ainsi nous marions, à peu de chose près, des fortunes égales. En effet, contre vos quarante-six mille livres de rentes, mademoiselle Natalie apporte trente mille livres de rente en cinq pour cent, et cent cinquante mille francs en écus, susceptibles de donner sept mille livres de rentes : total, quarante-deux.

— Mais cela est évident, dit Paul.

En achevant sa phrase, maître Solonet avait jeté sur sa cliente un regard oblique, saisi par M. Mathias, et qui voulait dire : — Lancez la réserve!

— Mais! s'écria madame Évangélista dans un accès de joie qui ne parut pas jouée, je puis donner à Natalie mes diamans, ils doivent valoir au moins deux cent mille francs.

— Nous pouvons les faire estimer, dit le notaire, et ceci change tout-à-fait la thèse. Rien ne s'oppose alors à ce que M. le comte reconnaisse avoir reçu l'intégralité des sommes revenant à mademoiselle Natalie de la succession de son père, et que les futurs époux n'entendent au contrat le compte de tutelle. Si madame, en se dépouillant avec une loyauté tout espagnole, remplit à cent mille francs près ses obligations, il est juste de lui donner quittance.

— Rien n'est plus juste, dit Paul, je suis seulement confus de ces procédés généreux.

— Ma fille n'est-elle pas une autre moi? dit madame Évangélista.

Maître Mathias aperçut une expression de joie sur la figure de madame Évangélista quand elle vit les difficultés à peu près levées. Cette joie et l'oubli des diamans qui arrivaient là comme des troupes fraîches lui confirmèrent tous ses soupçons.

— La scène était préparée entre eux, comme les joueurs préparent les cartes pour une partie où l'on ruinera quelque pigeon, se dit le vieux notaire. Ce pauvre enfant que j'ai vu naître sera-t-il donc plumé vif par sa belle-mère, rôti par l'amour et dévoré par sa femme? Moi qui ai si bien soigné ces belles terres, les verrai-je fricassées en une seule soirée?

En découvrant dans l'âme de cette femme des intentions qui, sans tenir à la scélératesse, au crime, au vol, à la supercherie, à l'escroquerie, à aucun sentiment mauvais ni à rien de blâmable, comportaient néanmoins toutes les criminalités en germe, maître Mathias n'éprouva ni douleur, ni généreuse indignation. Il n'était pas le Misantrope; il était un vieux notaire, habitué par son métier aux adroits calculs des gens du monde, à ces habiles traîtrises plus funestes que ne l'est un franc assassinat commis sur la grande route par un pauvre diable, guillotiné en grand appareil. Pour la haute société, ces passages de la vie, ces congrès diplomatiques sont comme de petits coins honteux où chacun jette ses ordures. Plein de pitié pour son client, maître Mathias jetait un long regard sur l'avenir et n'y voyait rien de bon.

— Entrons donc en campagne avec les mêmes armes, se dit-il, et battons-les.

En ce moment, Paul, M. Solonet et madame Évangélista, gênés par le silence du vieillard, sentirent combien l'approbation de ce censeur leur était nécessaire pour sanctionner cette transaction, et tous trois ils le regardèrent simultanément.

— Eh bien ! mon cher monsieur Mathias, que pensez-vous de ceci ? lui dit Paul.

— Voici ce que je pense, répondit l'intraitable et consciencieux notaire. Vous n'êtes pas assez riche pour faire de ces royales folies. La terre de Lanstrac, estimée à trois pour cent, représente un million, y compris son mobilier ; les fermes du Grossou et du Guadet, votre clos de Bellerose valent un autre million ; vos deux hôtels et leur mobilier un troisième million. Contre ces trois millions donnant quarante-sept mille deux cents francs de rentes, mademoiselle Natalie apporte six cent mille francs sur le grand-livre, et supposons deux cent mille francs de diamans qui me semblent une valeur hypothétique ! plus, cent cinquante mille francs d'argent, en tout neuf cent cinquante mille francs ! En présence de ces faits, mon confrère vous dit glorieusement que nous marions des fortunes égales ! Il veut que nous restions grévés de deux cent mille francs envers nos enfans, puisque nous reconnaîtrions à notre femme, par le compte de tutelle entendu, un apport de onze cent cinquante-six mille francs, en n'en recevant que neuf cent cinquante mille! Vous écoutez de pareilles sornettes avec le ravissement d'un amoureux, et vous croyez que maître Mathias qui n'est pas amoureux peut oublier l'arithmétique et ne signalera pas la différence qui existe entre les placemens territoriaux dont le capital est énorme, qui va croissant, et les revenus de la dot dont le capital est sujet à des chances et à des diminutions d'intérêt. Je suis assez vieux pour avoir vu l'argent décroître et les terres augmenter. Vous m'avez appelé, monsieur le comte, pour stipuler vos intérêts. Laissez-moi les défendre, ou renvoyez-moi.

— Si monsieur cherche une fortune égale en capital à la sienne, dit M. Solonet, nous n'avons pas trois millions, rien n'est plus évident. Si vous possédez trois accablans millions, nous ne pouvons offrir que nos pauvres petits neuf cent cinquante mille francs, presque rien! trois fois la dot d'une archiduchesse de la maison d'Autriche. Bonaparte a reçu deux cent cinquante mille francs en épousant Marie-Louise.

— Marie-Louise a perdu Bonaparte! dit maître Mathias en grommelant.

La mère de Natalie saisit le sens de cette phrase.

— Si mes sacrifices ne servent à rien, s'écria-t-elle, je n'entends pas pousser plus loin une discussion semblable, je compte sur la discrétion de monsieur, et renonce à l'honneur de sa main pour ma fille.

Après les évolutions que le jeune notaire avait prescrites, cette bataille d'intérêts était arrivée au terme où la victoire devait appartenir à madame Évangélista. La belle-mère s'ouvrait le cœur, livrait ses biens, était quasi libérée. Sous peine de manquer aux lois de la générosité, de mentir à l'amour, le futur époux devait accepter ces conditions résolues par avance entre maître Solonet et madame Évangélista. Comme une aiguille d'horloge mue par ses rouages, Paul arriva fidèlement au but.

— Comment, madame! s'écria Paul, en un moment, vous pourriez briser...

— Mais, monsieur, répondit-elle, à qui dois-je? à ma fille. Quand elle aura vingt et un ans, elle recevra mes comptes, et me donnera quittance. Alors elle possédera neuf cent cinquante mille francs, et pourra, si elle veut, choisir parmi les fils de tous les pairs de France. N'est-elle pas une Casa-Réal?

— Madame a raison. Pourquoi serait-elle plus maltraitée aujourd'hui qu'elle ne le sera dans quatorze mois. Ne la privez pas des bénéfices de sa maternité, dit Solonet.

— Mathias, s'écria Paul avec une profonde douleur, il est deux sortes de ruine; et vous me perdez en ce moment!

Il fit un pas vers lui, sans doute pour lui dire qu'il voulait que le contrat fût rédigé sur l'heure.

Le vieux notaire prévint ce malheur par un regard qui voulait dire : — Attendez ! Puis il vit des larmes dans les yeux de Paul, larmes arrachées par la honte que lui causait ce débat, par la phrase péremptoire de madame Évangélista qui annonçait une rupture, et il les sécha par un geste, celui d'Archimède criant : — *Euréka !* Le mot PAIR DE FRANCE avait été pour lui comme une torche dans un souterrain.

Natalie apparut en ce moment ravissante comme une aurore, et demanda d'un air enfantin : — Suis-je de trop !

— Singulièrement de trop, ma fille, lui répondit sa mère avec une cruelle amertume.

— Venez, ma chère Natalie, dit Paul en la prenant par la main et l'amenant à un fauteuil près de la cheminée, tout est arrangé ! Car il lui fut impossible de supporter le renversement de ses espérances.

M. Mathias reprit vivement : — Oui, tout peut encore s'arranger !

Semblable au général qui, dans un moment, renverse les combinaisons préparées par l'ennemi, le vieux notaire avait vu le génie qui préside au Notariat lui déroulant en caractères légaux une conception capable de sauver l'avenir de Paul et celui de ses enfans. Maître Solonet ne connaissait pas d'autre dénouement à ces difficultés inconciliables que la résolution inspirée au jeune homme par l'amour, et à laquelle l'avait conduit cette tempête de sentimens et d'intérêts contrariés. Aussi fut-il étrangement surpris de l'exclamation de son confrère.

Curieux de connaître le remède que maître Mathias pouvait trouver à un état de choses qui devait lui paraître perdu sans ressources, il lui dit : — Que proposez-vous?

— Natalie, ma chère enfant, laissez-nous, dit madame Évangélista.

— Mademoiselle n'est pas de trop, répondit maître Mathias en souriant, je vais parler pour elle aussi bien que pour M. le comte.

Il se fit un silence profond pendant lequel chacun plein d'agitation attendit l'improvisation du vieillard avec une indicible curiosité.

— Aujourd'hui, reprit M. Mathias après une pause, la profession de notaire a changé de face. Aujourd'hui, les révolutions politiques influent sur l'avenir des familles, ce qui n'arrivait pas autrefois. Autrefois les existences étaient définies et les rangs étaient déterminés...

— Nous n'avons pas un cours d'économie politique à faire, mais un contrat de mariage, dit M. Solonet en laissant échapper un geste d'impatience et interrompant le vieillard.

— Je vous prie de me laisser parler à mon tour, dit le bonhomme.

M. Solonet alla s'asseoir sur l'ottomane, en disant à voix basse à madame Évangélista : — Vous allez connaître ce que nous nommons entre nous le *galimathias*.

— Les notaires sont donc obligés de suivre la marche des affaires politiques qui maintenant sont intimement liées aux affaires des particuliers. En voici un exemple! — Autrefois, les familles nobles avaient des fortunes inébranlables que les lois de la révolution ont brisées et que le système actuel tend à reconstituer, reprit le vieux notaire en se livrant aussi à la faconde du *tabellionaris boa constrictor* (le Boa-Notaire). Par son nom, par ses talens et par sa fortune, M. le comte est appelé à siéger un jour à la chambre élective. Peut-être ses destinées le mèneront-elles à la chambre héréditaire! Nous lui connaissons assez de moyens pour justifier nos prévisions. Ne partagez-vous pas mon opinion, madame? dit-il à la veuve.

— Vous avez pressenti mon plus cher espoir, dit-elle. M. de Manerville sera pair de France, ou je mourrais de chagrin.

— Tout ce qui peut nous acheminer vers ce but?.. dit maître Mathias en interrogeant l'astucieuse belle-mère par un geste de bonhomie.

— Est, répondit-elle, mon plus cher désir.

— Eh bien! reprit Mathias, ce mariage n'est-il pas une occasion naturelle de fonder un majorat? fondation qui, certes, militera dans l'esprit du gouvernement actuel pour la nomination de M. le comte, au moment d'une fournée. M. le comte y consacrera nécessairement la terre de Lanstrac qui vaut un million. Je ne demande pas à mademoiselle de contribuer à cet établissement par une somme égale, ce ne serait pas juste; mais nous pouvons y affecter six cent mille francs de son apport. Je connais à vendre en ce moment deux domaines qui jouxtent la terre de Lanstrac, et où les six cent mille francs à employer en acquisitions territoriales seront placés un jour à quatre et demi pour cent. L'hôtel à Paris doit être également compris dans l'institution du majorat. Le surplus des deux fortunes, sagement administré, suffira grandement à l'établissement des autres enfans. Si les parties contractantes s'accordent sur ces dispositions, M. le comte peut accepter votre compte de tutelle et rester chargé du reliquat. Je consens !

— *Questa coda non è di questo gatto* (*cette queue n'est pas de ce chat*), s'écria madame Évangélista en regardant son parrain Solonet et lui montrant Mathias.

— Il y a quelque anguille sous roche, lui dit à mi-voix Solonet en répondant par un proverbe français au proverbe italien.

Paul emmena maître Mathias dans le petit salon.

— Pourquoi tout ce gâchis-là? lui demanda-t-il.

— Pour empêcher votre ruine, dit à voix basse le vieux notaire. Vous voulez absolument épouser une fille et une mère qui ont mangé environ deux millions en sept ans, vous acceptez un débet de deux cent mille francs envers vos enfans, auxquels vous devrez compter un jour les onze cent cinquante mille francs de leur mère, quand vous n'en recevez aujourd'hui que neuf cent cinquante mille. Vous risquez de voir votre fortune dévorée en cinq ans, et de rester nu comme un Saint-Jean, en restant débiteur de sommes énormes envers votre femme ou ses hoirs. Si vous voulez vous embarquer dans cette galère, allez-y, monsieur le comte. Mais laissez au moins votre vieil ami sauver la maison de Manerville.

— Comment la sauvez-vous ainsi? demanda Paul.

— Écoutez, monsieur le comte, vous êtes amoureux?

— Oui!

— Un amoureux est discret, à peu près comme un coup de canon; je ne veux vous rien dire. Si vous parliez, peut-être votre mariage serait-il rompu. Je mets votre amour sous la protection de mon silence. Avez-vous confiance en mon dévouement?

— Belle question!

— Eh bien, sachez que madame Évangélista, son notaire et sa fille nous jouaient par-dessous jambe, et sont plus qu'adroits. Tudieu, quel jeu serré!

— Natalie? s'écria Paul.

— Je n'en mettrais pas ma main au feu, dit le vieillard. Vous la voulez, prenez-la! Mais je désirerais voir manquer ce mariage sans qu'il y eût le moindre tort de votre côté.

— Pourquoi?

— Cette fille dépenserait le Pérou. Puis, elle monte à cheval comme un écuyer du Cirque, elle est quasiment émancipée : ces sortes de filles font de mauvaises femmes!

Paul serra la main de maître Mathias, et lui dit en prenant un petit air fat : — Soyez tranquille ! Mais, pour le moment, que dois-je faire?

— Tenez ferme à ces conditions, ils y consentiront, elles ne blessent aucun intérêt. D'ailleurs, madame Évangélista ne veut que marier sa fille, j'ai vu dans son jeu ! Défiez-vous d'elle !

Paul rentra dans le salon, où il vit sa belle-mère causant à voix basse avec M. Solonet, comme il venait de causer avec M. Mathias. Mise en dehors de ces deux conférences mystérieuses, Natalie jouait avec son écran. Assez embarrassée d'elle-même, elle se demandait : — Par quelle bizarrerie ne me dit-on rien de mes affaires ?

Le jeune notaire saisissait en gros l'effet lointain d'une stipulation basée sur l'amour-propre des parties, et dans laquelle sa cliente avait donné tête baissée. Mais si Mathias n'était plus que notaire, Solonet était encore un peu homme, et portait dans les affaires un amour-propre juvénile. Il arrive souvent ainsi que la vanité personnelle fait oublier à un jeune homme l'intérêt de son client. En cette circonstance, maître Solonet ne voulait pas laisser croire à la veuve que Nestor battait Achille, et lui conseillait d'en finir promptement sur ces bases. Peu lui importait la future liquidation de ce contrat ; pour lui, les conditions de la victoire étaient madame Évangélista libérée, son existence assurée, Natalie mariée.

— Bordeaux saura que vous donnez environ douze cent mille francs à Natalie, et qu'il vous reste vingt-cinq mille livres de rentes, dit M. Solonet à l'oreille de madame Évangélista. Je ne croyais pas obtenir un si beau résultat.

— Mais, dit-elle, expliquez-moi donc pourquoi la création de ce majorat apaise si promptement l'orage?

— Défiance de vous et de votre fille. Un majorat est inaliénable, aucun des époux n'y peut toucher.

— Ceci est positivement injurieux.

— Non. Nous appelons cela de la prévoyance. Le bonhomme vous a pris dans un piége. Refusez de constituer ce majorat? Il nous dira : — Vous voulez donc dissiper la fortune de mon client qui, par la création du majorat, est mise hors de toute atteinte, comme si les époux se mariaient sous le régime dotal.

Solonet calma ses scrupules, en se disant : — Ces stipulations n'ont d'effets que dans l'avenir; et alors, madame Évangélista sera morte et enterrée?

En ce moment, madame Évangélista se contenta des explications de Solonet en qui elle avait toute confiance. D'ailleurs, elle ignorait les lois, elle voyait sa fille mariée, elle n'en demandait pas davantage le matin, elle fut toute à la joie du succès. Ainsi, comme le pensait M. Mathias, ni Solonet, ni madame Évangélista ne comprenaient encore dans toute son étendue sa conception appuyée sur des raisons inattaquables.

— Hé bien, monsieur Mathias, dit la veuve, tout est pour le mieux.

— Madame, si vous et monsieur le comte consentez à ces dispositions, vous devez échanger vos paroles. — Il est bien entendu, n'est-ce pas, dit-il en les regardant l'un et l'autre, que le mariage n'aura lieu que sous la condition de la constitution d'un majorat composé de la terre de Lanstrac et de l'hôtel situé rue de la Pépinière, appartenant au futur époux, *item* de six cent mille francs pris en argent dans l'apport de la future épouse, et dont l'emploi se fera en terres? Pardonnez-moi, madame, cette répétition? Un engagement positif et solennel est ici nécessaire. L'érection d'un majorat exige des formalités, des démarches à la chancellerie, une ordonnance royale, et nous devons conclure immédiatement l'acquisition des terres afin de les comprendre dans la désignation des biens que l'ordonnance royale a la vertu de rendre inaliénables. Dans beaucoup de familles on ferait un compromis, mais entre vous un simple consentement doit suffire. Consentez-vous?

— Oui, dit madame Évangélista.

— Oui, dit Paul.

— Et moi? dit Natalie en riant.

— Vous êtes mineure, mademoiselle, lui répondit Solonet, ne vous en plaignez pas.

Il fut alors convenu que maître Mathias rédigerait le contrat, que maître Solonet minuterait le compte de tutelle, et que ces actes se signeraient, suivant la loi, quelques jours avant la célébration du mariage. Après quelques salutations, les deux notaires se levèrent.

— Il pleut, M. Mathias, voulez-vous que je vous reconduise, dit Solonet, j'ai mon cabriolet.

— Ma voiture est à vos ordres, dit Paul en manifestant l'intention d'accompagner le bonhomme.

— Je ne veux pas vous voler un instant, dit le vieillard, j'accepte la proposition de mon confrère.

— Hé bien, dit Achille à Nestor quand le cabriolet roula dans les rues, vous avez été vraiment patriarcal. En vérité ces jeunes gens se seraient ruinés.

— J'étais effrayé de leur avenir, dit M. Mathias en gardant le secret sur les motifs de sa profession.

En ce moment les deux notaires ressemblaient à deux acteurs qui se donnent la main dans la coulisse, après avoir joué sur le théâtre une scène de provocations haineuses.

— Mais, dit Solonet qui pensait alors aux choses du métier, n'est-ce pas à moi d'acquérir les terres dont vous parlez? n'est-ce pas l'emploi de notre dot?

— Comment pourrez-vous faire comprendre dans un majorat établi par le comte de Manerville, les biens de mademoiselle Évangélista? répondit Mathias.

— La chancellerie nous répondra sur cette difficulté, dit Solonet.

— Mais je suis le notaire du vendeur aussi bien que de l'acquéreur, répondit Mathias. D'ailleurs, M. de Manerville peut acheter en son nom; lors du paiement, nous ferons mention de l'emploi des fonds dotaux.

— Vous avez réponse à tout, mon ancien, dit Solonet en riant. Vous avez été surprenant ce soir, vous nous avez battus.

— Pour un vieux qui ne s'attendait pas à vos batteries chargées à mitraille, ce n'était pas mal? hein!

— Ha! ha! fit Solonet.

La lutte odieuse où le bonheur matériel d'une famille avait été périlleusement risqué, n'était plus pour eux qu'une question de polémique notariale.

— Nous n'avons pas pour rien quarante ans de bricolle! dit Mathias. — Écoutez, Solonet? reprit-il, je suis bonhomme, vous pourrez assister au contrat de vente des terres à joindre au majorat.

— Merci, mon bon Mathias, à la première occasion vous me trouverez tout à vous.

Pendant que les deux notaires s'en allaient ainsi paisiblement sans autre émotion qu'un peu de chaleur à la gorge, Paul et madame Évangélista se trouvaient en proie à cette trépidation de nerfs, à cette agitation précordiale, à ces tressaillemens de moelle et de cervelle que ressentent les gens passionnés après une scène où leurs intérêts et leurs sentimens ont été violemment secoués. Chez madame Évangélista, ces derniers grondemens de l'orage étaient dominés par une terrible réflexion, par une lueur rouge qu'elle voulait éclaircir.

— Maître Mathias n'aurait-il pas détruit en quelques minutes mon ouvrage de six mois? se dit-elle. N'aurait-il pas soustrait Paul à mon influence, en lui inspirant de mauvais soupçons pendant leur conférence secrète dans le petit salon?

Elle était debout devant sa cheminée, le coude appuyé sur le coin du manteau de marbre, toute songeuse. Quand la porte cochère se ferma sur la voiture des deux notaires, elle se retourna vers son gendre, impatientée de résoudre ses doutes.

— Voilà la plus terrible journée de ma vie, s'écria Paul vraiment joyeux de voir ces difficultés terminées. Je ne sais rien de plus rude que ce vieux père Mathias. Que Dieu l'entende, et que je devienne *pair de France !* Chère Natalie, je le désire maintenant plus pour vous que pour moi. Vous êtes toute mon ambition, je ne vis qu'en vous.

En entendant cette phrase accentuée par le cœur, en voyant surtout le limpide azur des yeux de Paul dont le regard aussi bien que le front n'accusait aucune arrière-pensée, la joie de madame Évangélista fut entière; elle se reprocha les paroles un peu vives par lesquelles elle avait éperonné son gendre, et dans l'ivresse du succès, elle se résolut à rasséréner l'avenir. Elle reprit sa contenance calme, fit exprimer à ses yeux cette douce amitié qui la rendait si séduisante, et répondit à Paul : — Je puis vous en dire autant. Aussi, cher enfant, peut-être ma nature espagnole m'a-t-elle emportée plus loin que mon cœur ne le voulait. Soyez ce que vous êtes, bon comme Dieu ! Ne me gardez point rancune de quelques paroles inconsidérées, hein, dites? Donnez-moi la main?

Paul était confus, il se trouvait mille torts, il embrassa madame Évangélista.

— Cher Paul, dit-elle tout émue, pourquoi ces deux escogriffes n'ont-ils pas arrangé cela sans nous, puisque tout devait si bien s'arranger?

— Je n'aurais pas su, dit Paul, combien vous étiez grande et généreuse.

— Bien cela, Paul! dit Natalie en lui serrant la main.

— Nous avons, dit madame Évangélista, plusieurs petites choses à régler, mon cher enfant. Ma fille et moi, nous sommes au-dessus de niaiseries auxquelles certaines gens tiennent beaucoup. Ainsi, Natalie n'a nul besoin de diamans, je lui donne les miens.

— Ah! chère mère, croyez-vous que je puisse les accepter, s'écria Natalie.

— Oui, mon enfant, ils sont une condition du contrat.

— Je ne le veux pas, je ne me marie pas, répondit vivement Natalie. Gardez ces pierreries que mon père prenait tant de plaisir à vous offrir. Comment monsieur Paul peut-il exiger?

— Tais-toi, chère fille, dit la mère dont les yeux se remplirent de larmes. Mon ignorance des affaires exige bien davantage!

— Quoi donc?

— Je vais vendre mon hôtel pour m'acquitter de ce que je te dois.

— Que pouvez-vous me devoir, dit-elle, à moi qui

vous dois la vie? Puis-je m'acquitter jamais envers vous, moi! Si mon mariage vous coûte le plus léger sacrifice, je ne veux pas me marier!

— Enfant!

— Chère Natalie, dit Paul, comprenez donc que ce n'est ni moi, ni votre mère, ni vous qui exigeons ces sacrifices, mais les enfans...

— Et si je ne me marie pas? dit-elle en l'interrompant.

— Vous ne m'aimez donc point, dit Paul.

— Allons, petite folle, crois-tu qu'un contrat soit un château de cartes, sur lequel tu puisses souffler à plaisir. Chère ignorante, tu ne sais pas combien nous avons eu de peine à bâtir un majorat à l'aîné de tes enfans! ne nous rejette pas dans les ennuis d'où nous sommes sortis.

— Pourquoi ruiner ma mère? dit Natalie en regardant Paul.

— Pourquoi êtes-vous si riche? répondit-il en souriant.

— Ne vous disputez pas trop, mes enfans, vous n'êtes pas encore mariés, dit madame Évangélista.

— Paul, reprit-elle, il ne faut donc ni corbeille, ni joyaux, ni trousseau : Natalie a tout en profusion. Réservez plutôt l'argent que vous auriez mis à des cadeaux de noces pour vous assurer à jamais un petit luxe intérieur. Je ne sais rien de plus sottement bourgeois que de dépenser cent mille francs à une corbeille dont il ne subsiste rien un jour qu'un vieux coffre en satin blanc. Au contraire, cinq mille francs par an attribués à la toilette évitent mille soucis à une jeune femme, et lui restent pendant toute la vie. D'ailleurs, l'argent d'une corbeille sera nécessaire à l'arrangement de votre hôtel à Paris. Nous reviendrons à Lanstrac au printemps, et, pendant l'hiver, Solonet aura liquidé mes affaires.

— Tout est pour le mieux, dit Paul au comble du bonheur.

— Je verrai donc Paris! s'écria Natalie avec un accent dont un observateur aurait été justement effrayé.

— Si nous nous arrangeons ainsi, dit Paul, je vais écrire à de Marsay de me prendre une loge aux Italiens et à l'Opéra pour l'hiver.

— Vous êtes bien aimable, je n'osais pas vous le demander, dit Natalie. Le mariage est une institution fort agréable, si elle donne aux maris le talent de deviner les désirs de leurs femmes.

— Ce n'est pas autre chose, dit Paul; mais il est minuit, il faut partir.

— Pourquoi si tôt aujourd'hui? dit madame Évangélista, qui déploya les câlineries auxquelles les hommes sont si sensibles.

Quoique tout se fût passé dans les meilleurs termes, et selon les lois de la plus exquise politesse, l'effet de la discussion de ces intérêts avait néanmoins jeté chez le gendre et chez la belle-mère un germe de défiance et d'inimitié prêt à lever au premier feu d'une colère ou sous la chaleur d'un sentiment trop violemment heurté. Dans la plupart des familles, la constitution des dots et les donations à faire au contrat de mariage engendrent ainsi des hostilités primitives, soulevées par l'amour-propre, par la lésion de quelques sentiments, par le regret des sacrifices et l'envie de les diminuer. Ne faut-il pas un vainqueur et un vaincu, lorsqu'il s'élève une difficulté? Les parens des futurs essaient de conclure avantageusement cette affaire à leurs yeux purement commerciale, et qui comporte les ruses, les profits, les déceptions du négoce. La plupart du temps, le mari seul est initié dans les secrets de ces débats, et la jeune épouse reste, comme le fut Natalie, étrangère aux stipulations qui la font ou riche ou pauvre. En s'en allant, Paul pensait que, grâce à l'habileté de son notaire, sa fortune était presque entièrement garantie de toute ruine. Si madame Évangélista ne se séparait point de sa fille, leur maison aurait au-delà de cent mille francs à dépenser par an; ainsi, toutes ses prévisions d'existence heureuse se réalisaient.

— Ma belle-mère me paraît être une excellente femme, se dit-il encore sous le charme des patelineries par lesquelles madame Évangélista s'était efforcée de dissiper les nuages élevés par la discussion. M. Mathias se trompe. Ces notaires sont singuliers, ils enveniment tout. Le mal est venu de ce petit ergoteur de Solonet, qui a voulu faire l'habile.

Pendant que Paul se couchait en récapitulant les avantages qu'il avait remportés dans cette soirée, madame Évangélista s'attribuait également la victoire.

— Eh bien! mère chérie, es-tu contente? dit Natalie en suivant sa mère dans sa chambre à coucher.

— Oui, mon amour, répondit la mère, tout a réussi selon mes désirs, et je me sens un poids de moins sur les épaules qui, ce matin, m'écrasait. Paul est une excellente pâte d'homme! Ce cher enfant, oui, certes, nous lui ferons une belle existence! Tu le rendras heureux, et moi, je me charge de sa fortune politique. L'ambassadeur d'Espagne est un de mes amis, je vais renouer avec lui, comme avec toutes mes connaissances. Oh! nous serons bientôt au cœur des affaires, tout sera joie pour nous. A vous les plaisirs, chers enfans! à moi les dernières occupations de la vie, le jeu de l'ambition. Ne t'effraie pas de me voir vendre mon hôtel, crois-tu que nous revenions jamais à Bordeaux? A Lanstrac? oui. Mais nous irons passer tous les hivers à Paris, où sont maintenant nos véritables intérêts. Eh bien! Natalie, était-il si difficile de faire ce que je te demandais?

— Ma petite mère, par momens j'avais honte!

— Solonet me conseille de mettre mon bien en rente viagère, se dit madame Évangélista, mais il faut faire autrement, je ne veux pas t'enlever un liard de ma fortune.

— Je vous ai vus tous bien en colère, dit Natalie. Comment cette tempête s'est-elle donc apaisée?

— Par l'offre de mes diamans! répondit madame Évangélista. Solonet avait raison. Avec quel talent il a conduit l'affaire! Mais, dit-elle, prends donc mon écrin, Natalie! Je ne me suis jamais sérieusement demandé ce que valent ces diamans. Quand je disais deux cent mille francs, j'étais folle. Madame de Gyas ne prétendait-elle pas que le collier et les boucles d'oreilles que m'a donnés ton père, le jour de notre mariage, valaient au moins cette somme. Mon pauvre mari était d'une prodigalité! Puis mon diamant de famille, celui que Philippe II a donné au duc d'Albe et que m'a légué ma tante, le *Discreto*, fut, je crois, estimé jadis quatre mille quadruples.

Natalie apporta sur la toilette de sa mère ses colliers de perles, ses parures, ses bracelets d'or, ses pierreries de toute nature, et les y entassa complaisamment en manifestant l'inexprimable sentiment qui réjouit certaines femmes à l'aspect de ces trésors avec lesquels, suivant les commentateurs du Talmud, les anges maudits séduisirent les filles de l'homme en allant chercher au fond de la terre ces fleurs du feu céleste.

— Certes, dit madame Évangélista, quoiqu'en fait de joyaux je ne sois bonne qu'à les recevoir et les porter, il me semble qu'en voici pour beaucoup d'argent. Puis, si nous ne faisons plus qu'une seule maison, je peux vendre mon argenterie, qui, seulement au poids, vaut trente mille francs. Quand nous l'avons apportée de Lima, je me souviens qu'ici la douane lui attribuait cette valeur. Solonet a raison ! J'enverrai chercher Élie Magus. Le juif m'estimera ces écrins. Peut-être serais-je dispensée de mettre le reste de ma fortune à fonds perdu.

— Le beau collier de perles ! dit Natalie.

— J'espère qu'il te le laissera, s'il t'aime. Ne devrait-il pas faire remonter tout ce que je lui remettrai de pierreries et te les offrir. D'après le contrat, les diamans t'appartiennent. Allons, adieu, mon ange ! Après une aussi fatigante journée, nous avons toutes deux besoin de repos.

La petite-maîtresse, la créole, la grande dame incapable d'analyser les dispositions d'un contrat qui n'était pas encore formulé, s'endormit donc dans la joie en voyant sa fille mariée à un homme facile à conduire, qui les laisserait toutes deux également maîtresses au logis, et dont la fortune, réunie aux leurs, permettrait de ne rien changer à leur manière de vivre. Après avoir rendu ses comptes à sa fille, dont toute la fortune était reconnue, madame Évangélista se trouvait encore à son aise.

— Étais-je folle de tant m'inquiéter ! se dit-elle, je voudrais que le mariage fût fini !

Ainsi madame Évangélista, Paul, Natalie et les deux notaires étaient tous enchantés de cette première journée. Le *Te Deum* se chantait dans les deux camps, situation dangereuse ! car il vient un moment où cesse l'erreur du vaincu. Pour la veuve, son gendre était le vaincu.

Deuxième journée.

Le lendemain matin, Élie Magus vint chez madame Évangélista, croyant, d'après les bruits qui couraient sur le mariage prochain de mademoiselle Natalie et du comte Paul, qu'il s'agissait de parures à leur vendre. Le juif fut donc étonné en apprenant qu'il s'agissait, au contraire, d'une prisée quasi-légale des diamans de la belle-mère. L'instinct des juifs, autant que certaines questions captieuses, lui fit comprendre que cette valeur allait sans doute être comptée dans le contrat de mariage. Les diamans n'étant pas à vendre, il les prisa comme s'ils devaient être achetés par un particulier chez un marchand. Les joailliers seuls savent reconnaître les diamans de l'Asie de ceux du Brésil. Les pierres de Golconde et de Visapour se distinguent par une blancheur, par une netteté de brillant que n'ont pas les autres dont l'eau comporte une teinte jaune qui les fait, à poids égal, déprécier lors de la vente. Les boucles d'oreilles et le collier de madame Évangélista, entièrement composés de diamans asiatiques, furent estimés trois cent mille francs par Élie Magus. Quant au *Discreto*, c'était, selon lui, l'un des plus beaux diamans possédés par des particuliers, il valait cent mille francs.

En apprenant un prix qui lui révélait les prodigalités de son mari, madame Évangélista demanda si elle pouvait avoir cette somme immédiatement.

— Madame, répondit le juif, si vous voulez vendre, je ne donnerais que soixante mille du brillant et deux cent cinquante mille du collier et des boucles d'oreilles.

— Et pourquoi ce rabais d'environ cent mille francs, demanda madame Évangélista surprise.

— Madame, répondit le juif, plus les diamans sont beaux, plus long-temps nous les conservons, car la rareté des occasions de placement est en raison de la haute valeur des pierres. Comme le marchand ne doit pas perdre les intérêts de son argent, les intérêts à recouvrer joints aux chances de la baisse et de la hausse à laquelle sont exposées ces marchandises, expliquent la différence entre le prix d'achat et le prix de vente. Vous avez perdu depuis vingt ans les intérêts de quatre cent mille francs, près d'un demi-million! Si vous portiez dix fois par an vos diamans, ils vous coûtaient chaque soirée mille écus. Combien de belles toilettes n'a-t-on pas pour mille écus? Ceux qui conservent des diamans sont donc des fous; mais, heureusement pour nous, les femmes ne veulent pas comprendre ces calculs.

— Je vous remercie de me les avoir exposés, Élie, j'en profiterai!

— Vous voulez vendre? reprit avidement le juif.

— Que vaut le reste? dit madame Évangélista.

Le juif considéra l'or des montures, mit les perles au jour, examina curieusement les rubis, les diadèmes, les agrafes, les bracelets, les fermoirs, les chaînes, et dit en marmottant : — Il s'y trouve beaucoup de diamans portugais, venus du Brésil! Cela ne vaut pour moi que cent quatre-vingt mille francs. Mais, de marchand à chaland, ajouta-t-il, ces bijoux se vendraient plus de deux cent mille francs.

— Nous les gardons, dit madame Évangélista.

— Vous avez tort, répondit Élie Magus. Avec les revenus de la somme qu'ils représentent, en cinq ans vous auriez d'aussi beaux diamans et vous conserveriez le capital.

Cette conférence assez singulière fut connue, et corrobora certaines rumeurs excitées par la discussion du contrat. En province tout se sait. Les gens de la maison ayant entendu quelques éclats de voix, supposèrent une discussion beaucoup plus vive qu'elle ne l'était ; leurs commérages avec les autres valets s'étendirent insensiblement, et de cette basse région remontèrent aux maîtres. L'attention du beau monde et de la ville était si bien fixée sur le mariage de deux personnes aussi riches ; petit ou grand, chacun s'en occupait tant, que huit jours après il circulait dans Bordeaux les bruits les plus étranges : — Madame Évangélista vendait son hôtel, elle était donc ruinée. Elle avait proposé ses diamans à Élie Magus. Rien n'était conclu entre elle et M. de Manerville. Ce mariage se ferait-il ? Les uns disaient *oui*, les autres *non*. Les deux notaires, questionnés, démentirent ces calomnies et parlèrent des difficultés purement réglementaires suscitées par la constitution d'un majorat. Mais quand l'opinion publique a pris une pente, il est bien difficile de la lui faire remonter.

Quoique Paul allât tous les jours chez madame Évangélista, malgré l'assertion des deux notaires, les doucereuses calomnies continuèrent. Plusieurs jeunes filles, leurs mères ou leurs tantes, chagrines d'un mariage rêvé pour elles-mêmes ou pour leurs familles, ne pardonnaient pas plus à madame Évangélista son bonheur qu'un auteur ne pardonne un succès à son voisin. Quelques personnes se vengeaient de vingt ans de luxe et de grandeur que la maison espagnole avait fait peser sur leur amour-propre. Un grand homme de préfecture disait que les deux notaires et les deux familles ne pouvaient pas tenir un autre langage, ni une autre conduite dans le cas d'une rupture. L'érection du majorat confirmait les soupçons des politiques bordelais.

— Ils amuseront le tapis pendant tout l'hiver ; puis, au printemps, ils iront aux eaux, et nous apprendrons dans un an que le mariage est manqué.

— Vous comprenez, disaient les uns, que pour ménager l'honneur de deux familles, les difficultés ne seront venues d'aucun côté, ce sera la chancellerie qui refusera, ce sera quelque chicane élevée sur le majorat qui fera naître la rupture.

— Madame Évangélista, disaient les autres, menait un train auquel les mines Valenciana n'auraient pas suffi. Quand il a fallu fondre la cloche, il ne se sera plus rien trouvé !

Excellente occasion pour chacun de supputer les dépenses de la belle veuve, afin d'en établir catégoriquement la ruine ! Les rumeurs furent telles, qu'il se fit des paris pour ou contre le mariage. Suivant la jurisprudence mondaine, ces caquetages couraient à l'insu des parties intéressées. Personne n'était ni assez ennemi, ni assez ami de Paul ou de madame Évangélista pour les en instruire. Paul eut quelques affaires à Lanstrac, et profita de la circonstance pour y faire une partie de chasse avec plusieurs jeunes gens de la ville, espèce d'adieu à la vie de garçon. Cette partie de chasse fut acceptée par la société, comme une éclatante confirmation des soupçons publics. Dans ces conjonctures, madame de Gyas, qui avait une fille à marier, jugea convenable de sonder le terrain et d'aller s'attrister joyeusement de l'échec reçu par les Évangélista. Natalie et sa mère furent assez surprises en voyant la figure mal grimée de la marquise, et lui demandèrent s'il ne lui était rien arrivé de fâcheux.

— Mais, dit-elle, vous ignorez donc les bruits qui circulent dans Bordeaux. Quoique je les croie faux, je venais savoir la vérité pour les faire cesser, sinon partout, au moins dans mon cercle d'amis? Être dupe ou complice d'une semblable erreur, est une position trop fausse pour que de vrais amis veuillent y rester.

— Mais que se passe-t-il donc? dirent la mère et la fille.

Madame de Gyas se donna le plaisir de raconter les dires de chacun, sans épargner un seul coup de poignard à ses deux amies intimes. Natalie et madame Évangélista se regardèrent en riant, mais elles avaient bien compris le sens de la narration et les motifs de leur amie. L'Espagnole prit sa revanche à peu près comme Célimène avec Arsinoé.

— Ma chère, ignorez-vous donc, vous qui connaissez la province, ignorez-vous ce dont est capable une mère quand elle a sur les bras une fille qui ne se marie pas faute de dot et d'amoureux, faute de beauté, faute d'esprit, quelquefois faute de tout? Elle arrêterait une diligence, elle assassinerait, elle attendrait un homme au coin d'une rue, elle se donnerait cent fois elle-même, si elle valait quelque chose! Il y en a beaucoup dans cette situation à Bordeaux qui nous prêtent sans doute leurs pensées et leurs actions. Les naturalistes nous ont dépeint les mœurs de beaucoup d'animaux féroces; mais ils ont oublié la mère et la fille en quête d'un mari; ce sont des hyènes qui, selon le psalmiste, cherchent une proie à dévorer, et qui joignent au naturel de la bête l'intelligence de l'homme et le génie de la femme. Que ces petites araignées bordelaises, mademoiselle A, mademoiselle B, etc., occupées depuis si longtemps à travailler leurs toiles sans y voir de mouche, sans entendre le moindre battement d'aile à l'entour, soient furieuses, je le conçois, je leur pardonne leurs propos envenimés. Mais que vous, qui marierez votre fille quand vous le voudrez, vous, riche et titrée, vous qui n'avez rien de provincial; vous dont la fille est spirituelle, pleine de qualités, jolie, en position de choisir; que vous, si distinguée des autres par vos grâces parisiennes, ayez pris le moindre souci, voilà pour nous un sujet d'étonnement? Dois-je compte au public des stipulations matrimoniales que les gens d'affaires ont trouvées utiles dans les circonstances politiques qui domineront l'existence de mon gendre? La manie des délibérations publiques va-t-elle atteindre l'intérieur des familles? Fallait-il convoquer par lettres closes les pères et les mères de la province pour les faire assister au vote des articles de notre contrat de mariage?

Un torrent d'épigrammes roula sur Bordeaux. Madame Évangélista quittait la ville, elle pouvait passer en revue ses amis, ses ennemis, les caricaturer, les fouetter à son gré, sans avoir rien à craindre. Aussi donna-t-elle passage à ses observations gardées, à ses vengeances ajournées, en cherchant quel intérêt avait telle ou telle personne à nier le soleil en plein midi.

— Mais, ma chère, dit la marquise de Gyas, le séjour de M. de Manerville à Lanstrac, ces fêtes aux jeunes gens, en semblables circonstances...

— Hé, ma chère, dit la grande dame en l'interrompant, croyez-vous que nous adoptions les petitesses du cérémonial bourgeois? Le comte Paul est-il tenu en lesse, comme un homme qui peut s'enfuir? Croyez-vous que nous ayons besoin de le faire garder par la gendarmerie? Craignons-nous de nous le voir enlever par quelque conspiration bordelaise.

— Soyez persuadée, chère amie, que vous me faites un plaisir extrême...

La parole fut coupée à la marquise par le valet de

chambre, qui annonça Paul. Comme tous les amoureux, Paul avait trouvé charmant de faire quatre lieues pour venir passer une heure avec Natalie. Il avait laissé ses amis à la chasse, et arrivait éperonné, botté, cravaché.

— Cher Paul, dit Natalie, vous ne savez pas quelle réponse vous donnez en ce moment à madame.

Quand Paul apprit les calomnies qui couraient dans Bordeaux, il se mit à rire au lieu de se mettre en colère.

— Ces braves gens savent peut-être qu'il n'y aura pas de ces nopces et festins en usage dans les provinces, ni mariage à midi dans l'église, ils sont furieux. Eh bien, chère mère, dit-il, en baisant la main de madame Évangélista, nous leur jetterons à la tête un bal, le jour de la signature du contrat, comme on jette au peuple sa fête dans le grand carré des Champs-Élysées, et nous procurerons à nos bons amis le douloureux plaisir de signer un contrat comme il s'en fait rarement en province.

Cet incident fut d'une haute importance. Madame Évangélista pria tout Bordeaux pour le jour de la signature du contrat, et manifesta l'intention de déployer dans sa dernière fête un luxe qui donnât d'éclatans démentis aux sots mensonges de la société. Ce fut un engagement solennel pris à la face du public de marier Paul et Natalie. Les préparatifs de cette fête durèrent quarante jours ; elle fut nommée la nuit des camélias, car il y eut une immense quantité de ces fleurs dans l'escalier, dans l'antichambre et dans la salle où l'on servit le souper. Ce délai coïncida naturellement avec ceux qu'exigeaient les formalités préliminaires du mariage, et les démarches faites à Paris pour l'érection du majorat. L'achat des terres qui joûxtaient Lanstrac eut lieu, les bans se publièrent, les doutes se dissipèrent. Amis et ennemis ne pensèrent plus qu'à préparer leurs toilettes pour la fête indiquée. Les événemens de ces deux mois passèrent donc sur les difficultés soulevées par la première conférence, en emportant dans l'oubli les paroles et les débats de l'orageuse discussion à laquelle avait donné lieu le contrat de mariage. Ni Paul, ni sa belle-mère n'y songeaient plus. N'était-ce pas, comme l'avait dit madame Évangélista, l'affaire des deux notaires. Mais à qui n'est-il pas arrivé, quand la vie est torrentueuse, d'être soudainement interpellé par la voix d'un souvenir qui se dresse souvent trop tard, et vous rappelle un fait important, un danger prochain. Dans la matinée du jour où devait se signer le contrat de Paul et de Natalie, un de ces feux follets de l'âme brilla chez madame Évangélista, pendant les somnolescences de son réveil. Cette phrase : *Questa coda non è di questo gatto !* dite par elle à l'instant où M. Mathias accédait aux conditions de Solonet, lui fut criée par une voix. Malgré son inaptitude aux affaires, madame Évangélista se dit en elle-même : — Si l'habile maître Mathias s'est apaisé, sans doute il trouvait satisfaction aux dépens de l'un des deux époux. L'intérêt lésé ne devait pas être celui de Paul, comme elle l'avait espéré. Serait-ce donc la fortune de sa fille qui payait les frais de la guerre? Elle se proposa de demander des explications sur la teneur du contrat, sans penser à ce qu'elle devait faire au cas où ses intérêts seraient trop gravement compromis. Cette journée influa tellement sur la vie conjugale de Paul, qu'il est nécessaire d'expliquer quelques-unes de ces circonstances extérieures qui déterminent tous les esprits. L'hôtel Évangélista devant être vendu, la belle-mère du comte de Manerville n'avait reculé devant aucune dépense pour la fête. La cour était sablée, couverte d'une tente à la turque et parée d'arbustes malgré l'hiver. Ces camélias, dont il était parlé depuis Angoulême jusqu'à Dax, tapissaient les escaliers et les vestibules. Des pans de murs avaient disparu pour agrandir la salle du festin et celle où l'on dansait. Bordeaux était dans l'attente des féeries annoncées. Vers huit heures, au moment de la dernière discussion, les gens curieux de voir les femmes en toilette descendant de voiture se rassemblèrent en deux haies de chaque côté de la porte cochère. Ainsi la somptueuse atmosphère d'une fête agissait sur les esprits au moment de signer le contrat. Lors de la crise, les lampions allumés flambaient sur leurs ifs, et le roulement des premières voitures retentissait dans la cour.

Les deux notaires dînèrent avec les deux fiancés et la belle-mère. Le premier clerc de M. Mathias, chargé de recevoir les signatures pendant la soirée, en veillant à ce que le contrat ne fût pas indiscrètement lu, était également un des convives. Chacun peut feuilleter ses souvenirs, aucune toilette, aucune femme, rien ne serait comparable à la beauté de Natalie, qui parée de dentelles et de satin, coquettement coiffée de ses cheveux retombant en mille boucles sur son col, ressemblait à une fleur enveloppée de son feuillage. Vêtue d'une robe en velours cerise, couleur habilement choisie pour rehausser l'éclat de son teint, ses yeux et ses cheveux noirs, madame Évangélista dans toute la beauté de la femme à quarante ans, portait son collier de perles agrafé par le *Discreto*, afin de démentir la calomnie. Pour l'intelligence de la scène, il est nécessaire de dire que Paul et Natalie demeurèrent assis au coin du feu, sur une causeuse et n'écoutèrent aucun article du compte de tutelle. Aussi enfans l'un que l'autre, également heureux l'un par ses désirs, l'autre par sa curieuse attente, voyant la vie comme un ciel tout bleu ; riches, jeunes, amoureux, ils ne cessèrent de s'entretenir à voix basse en se parlant à l'oreille. Armant déjà son amour de la légalité, Paul se plut à baiser le bout des doigts de Natalie, à effleurer son dos de neige, à frôler ses cheveux en dérobant à tous les regards les joies de cette émancipation illégale. Natalie jouait avec l'écran en plumes indiennes que lui avait offert Paul, cadeau qui, d'après les croyances superstitieuses de quelques pays, est pour l'amour un présage aussi sinistre que celui des ciseaux ou de tout autre instrument tranchant donné, qui sans doute rappelle les Parques de la Mythologie. Assise près des deux notaires, madame Évangélista prêtait la plus scrupuleuse attention à la lecture des pièces. Après avoir entendu le compte de la tutelle, savamment rédigé par Solonet, et qui, de trois millions et quelques cent mille francs laissés par M. Évangélista, réduisait la part de Natalie aux fameux onze cent cinquante-six mille francs, elle dit au jeune couple : — Mais écoutez donc, mes enfans, voici votre contrat !

Le clerc but un verre d'eau sucrée, Solonet et M. Mathias se mouchèrent, Paul et Natalie regardèrent ces quatre personnages, écoutèrent le préambule et se remirent à causer. L'établissement des apports, la donation générale en cas de mort sans enfans, la donation du quart en usufruit et du quart en nue-propriété permise par le Code quel que soit le nombre des enfans, la constitution du fonds de la communauté, le don des diamans à la femme, des bibliothèques et des chevaux au mari, tout passa sans observations. Vint la constitution du majorat. Là, quand tout fut lu et qu'il n'y eut plus qu'à signer, madame Évangélista demanda quel serait l'effet de ce majorat.

— Le majorat, madame, dit maître Solonet, est une fortune inaliénable, prélevée sur celle des deux époux et constituée au profit de l'aîné de la maison, à chaque génération, sans qu'il soit privé de ses droits au partage général des autres biens.

— Qu'en résultera-t-il pour ma fille? demanda-t-elle.

Maître Mathias, incapable de déguiser la vérité, prit la parole.

— Madame, dit-il, le majorat étant un apanage distrait des deux fortunes, si la future épouse meurt la première en laissant un ou plusieurs enfans dont un mâle, M. le comte de Manerville leur tiendra compte de cinq cent cinquante mille francs seulement, sur lesquels il exercera sa donation du quart en usufruit, du quart en nue-propriété. Ainsi sa dette envers eux est réduite à trois cent mille francs environ, sauf ses bénéfices dans la communauté, ses reprises, etc. Au cas contraire, s'il décédait le premier, laissant également des enfans mâles, madame de Manerville aurait droit à cinq cent cinquante mille francs seulement, à ses donations sur les biens de M. de Manerville qui ne font point partie du majorat, à ses reprises en diamans, et à sa part dans la communauté.

Les effets de la profonde politique de maître Mathias apparurent alors dans tout leur jour.

— Ma fille est ruinée, dit à voix basse madame Évangélista.

Le vieux et le jeune notaires entendirent cette phrase.

— Est-ce se ruiner, lui répondit à mi-voix maître Mathias, que de constituer à sa famille une fortune indestructible?

En voyant l'expression que prit la figure de sa cliente, le jeune notaire ne crut pas pouvoir se dispenser de chiffrer le désastre.

— Nous voulions leur attraper trois cent mille francs, ils nous en reprennent évidemment six cent mille, le contrat se balance par une perte de quatre cent mille francs à notre charge. Il faut rompre ou poursuivre, dit Solonet à madame Évangélista.

Le moment de silence que gardèrent alors ces personnages ne saurait se décrire. Maître Mathias attendait en triomphateur la signature des deux personnes qui avaient cru dépouiller son client. Natalie, hors d'état de comprendre qu'elle perdait la moitié de sa fortune, Paul ignorant que la maison de Manerville la gagnait, riaient et causaient toujours. M. Solonet et madame Évangélista se regardaient en contenant l'un son dépit, l'autre une foule de sentimens irrités.

Après s'être livrée à des remords inouïs, après avoir regardé Paul comme la cause de son improbité, la veuve s'était décidée à pratiquer de honteuses manœuvres pour rejeter sur lui les fautes de sa tutelle, en le considérant comme sa victime. En un moment, elle s'apercevait que là où elle croyait triompher, elle périssait, et la victime était sa propre fille! Coupable sans profit, elle se trouvait la dupe d'un vieillard probe dont elle perdait sans doute l'estime. Sa conduite secrète n'avait-elle pas inspiré les stipulations de maître Mathias? Réflexion horrible! M. Mathias avait éclairé Paul. S'il n'avait pas encore parlé, certes le contrat une fois signé, ce vieux loup préviendrait son client des dangers courus, et maintenant évités, ne fût-ce que pour en recevoir ces éloges auxquels tous les esprits sont accessibles? Ne le mettrait-il pas en garde contre une femme assez astucieuse pour avoir trempé dans cette ignoble conspiration? ne détruirait-il pas l'empire qu'elle avait conquis sur son gendre. Les natures faibles, une fois prévenues, se jettent en des entêtemens dont elles ne reviennent jamais. Tout était donc perdu! Le jour où commença la discussion, elle avait compté sur la faiblesse de Paul, sur l'impossibilité où il serait de rompre une union aussi avancée. En ce moment, elle s'était bien autrement liée! Deux mois auparavant, Paul n'avait que peu d'obstacles à vaincre pour rompre son mariage; mais aujourd'hui tout Bordeaux savait que depuis deux mois les notaires avaient aplani les difficultés. Les bans étaient publiés. Le mariage devait être célébré dans deux jours. Les amis des deux familles, toute la société parée pour la fête arrivaient. Comment déclarer que tout était ajourné. La cause de cette rupture se saurait, la probité sévère de maître Mathias aurait créance, il serait préférablement écouté. Les rieurs seraient contre les Évangélista qui ne manquaient pas de jaloux. Il fallait donc céder! Ces réflexions si cruellement justes tombèrent sur madame Évangélista comme une trombe, et lui fendirent la cervelle. Si elle garda le sérieux des diplomates, son menton éprouva ce mouvement apoplectique par lequel Catherine II manifesta sa colère, le jour où, sur son trône, devant sa cour et dans des circonstances presque semblables, elle fut bravée par le jeune roi de Suède. Solonet remarqua ce jeu de muscles qui annonçait la contraction d'une haine mortelle, orage sourd et sans éclair! En ce moment, madame Évangélista vouait effectivement à son gendre une de ces haines insatiables, dont les Arabes ont laissé le germe dans l'atmosphère des deux Espagnes.

— Monsieur, dit-elle en se penchant à l'oreille de son notaire, vous nommiez ceci du galimathias, il me semble que rien n'était plus clair.

— Madame, permettez!

— Monsieur, dit la veuve en continuant sans écouter Solonet, si vous n'avez pas aperçu l'effet de ces stipulations, lors de la conférence que nous avons eue, il est bien extraordinaire que vous n'y ayez point songé dans le silence du cabinet. Ce ne saurait être par incapacité.

Le jeune notaire entraîna sa cliente dans le petit salon en se disant à lui-même : — J'ai plus de mille écus d'honoraires pour le compte de tutelle, mille écus pour le contrat, six mille francs à gagner par la vente de l'hôtel, en tout quinze mille francs à sauver, ne nous fâchons pas!

Il ferma la porte, jeta sur madame Évangélista le froid regard des gens d'affaires, et devina les sentimens qui l'agitaient.

— Madame, quand j'ai peut-être dépassé pour

vous les bornes de la finesse, comptez-vous payer mon dévouement par un semblable mot?

— Mais, monsieur...

— Madame, je n'ai pas calculé l'effet des donations, il est vrai; mais, si vous ne voulez pas du comte Paul pour votre gendre, êtes-vous forcée de l'accepter? Le contrat est-il signé? Donnez votre fête, et remettons la signature. Il vaut mieux attraper tout Bordeaux que de s'attraper soi-même.

— Comment justifier à toute la société déjà prévenue contre nous, la non-conclusion de l'affaire?

— Une erreur commise à Paris, un manque de pièces, dit Solonet.

— Mais les acquisitions?

— M. de Manerville ne manquera ni de dots ni de partis.

— Oui, lui ne perdra rien! nous perdrons tout, nous!

— Vous, reprit Solonet, vous pourrez avoir un comte à meilleur marché, si, pour vous, le titre est la raison suprême de ce mariage.

— Non, non, nous ne pouvons pas ainsi jouer notre honneur! Je suis prise au piége, monsieur. Tout Bordeaux demain retentirait de ceci. Nous avons échangé des paroles solennelles.

— Vous voulez que mademoiselle Natalie soit heureuse, reprit Solonet.

— Avant tout.

— Être heureuse en France, dit le notaire, n'est-ce pas être la maîtresse au logis. Elle mènera par le bout du nez M. de Manerville! il est si nul, qu'il ne s'est aperçu de rien. S'il se défiait maintenant de vous, il croira toujours en sa femme. Sa femme, n'est-ce pas vous? Le sort du comte Paul est encore entre vos mains.

Un éclair brilla dans les yeux de madame Évangélista.

— Si vous disiez vrai, monsieur, je ne sais pas ce que je pourrais vous refuser, dit-elle dans un transport qui colora son regard.

— Rentrons, madame, dit maître Solonet en comprenant sa cliente; mais sur toute chose écoutez-moi bien?

— Mon cher confrère, dit en rentrant le jeune notaire à maître Mathias, *malgré votre habileté* vous n'avez prévu ni le cas où M. de Manerville décéderait sans enfans, ni celui où il mourrait ne laissant que des filles. Dans ces deux cas, le majorait donnerait lieu à des procès avec les Manerville, car alors

Il s'en présentera, gardez-vous d'en douter!

Je crois donc nécessaire de stipuler que dans le premier cas, le majorat sera soumis à la donation générale des biens faite entre les époux, et que dans le second l'institution du majorat sera caduque. La convention concerne uniquement la future épouse.

— Cette clause me semble parfaitement juste, dit maître Mathias. Quant à sa ratification, M. le comte s'entendra sans doute avec la chancellerie, s'il est besoin.

Le jeune notaire prit une plume et libella sur la marge de l'acte cette terrible clause, à laquelle Paul et Natalie ne firent aucune attention. Madame Évangélista baissa les yeux pendant que maître Mathias la lut.

— Signons, dit la mère.

Le volume de voix que réprima madame Évangélista, trahissait une violente émotion. Elle venait de se dire : — Non, ma fille ne sera pas ruinée ; mais lui ! Ma fille aura le nom, le titre et la fortune. S'il arrive à Natalie de s'apercevoir qu'elle n'aime pas son mari, si elle en aimait un jour irrésistiblement un autre, Paul sera banni de France ! et ma fille sera libre, heureuse et riche.

Si maître Mathias se connaissait à l'analyse des intérêts, il connaissait peu l'analyse des passions humaines, il accepta ce mot comme une amende honorable, au lieu d'y voir une déclaration de guerre. Pendant que Solonet et son clerc veillaient à ce que Natalie signât et paraphât tous les actes, opération qui voulait du temps, M. Mathias prit Paul à part dans l'embrasure d'une croisée, et lui donna le secret des stipulations qu'il avait inventées pour le sauver d'une ruine certaine.

— Vous avez une hypothèque de cent cinquante mille francs sur cet hôtel, lui dit-il en terminant, et demain elle sera prise. J'ai chez moi les inscriptions au grand-livre, immatriculées par mes soins au nom de votre femme. Tout est en règle. Mais le contrat contient quittance de la somme représentée par les diamans, demandez-les? les affaires sont les affaires. Le diamant gagne en ce moment, il peut perdre. L'achat des domaines de d'Auzac et de Saint-Froult vous permet de faire argent de tout, afin de ne pas toucher aux rentes de votre femme. Ainsi, monsieur le comte, point de fausse honte. Le premier paiement est exigible après les formalités, il est de deux cent mille francs, affectez-y les diamans. Vous aurez l'hypothèque sur l'hôtel Évangélista pour le second terme, et les revenus du majorat vous aideront à solder le reste. Si vous avez le courage de ne dépenser que cinquante mille francs pendant trois ans, vous récupérerez les deux cent mille francs dont vous êtes maintenant débiteur. Si vous plantez de la vigne dans les parties montagneuses de Saint-Froult, vous pourrez en porter le revenu à vingt-six mille francs. Votre majorat, sans compter votre hôtel à Paris, vaudra donc quelque jour cinquante mille livres de rente, ce sera l'un des plus beaux que je connaisse. Ainsi vous aurez fait un excellent mariage.

Paul serra très-affectueusement les mains de son vieux ami. Ce geste ne put échapper à madame Évangélista qui vint présenter la plume à Paul. Pour elle, ses soupçons devinrent des réalités, elle crut alors que Paul et Mathias s'étaient entendus. Des vagues menaçantes, pleines de rage et de haine, lui arrivèrent au cœur. Tout fut dit.

— Madame, dit maître Mathias après avoir vérifié si tous les renvois étaient paraphés, si les trois contractans avaient bien mis leurs initiales et leurs paraphes au bas des rectos, tout est parfaitement en règle. — Je ne pense pas, ajouta-t-il en regardant tour-à-tour Paul et sa belle-mère, que la remise des diamans fasse une question, vous êtes maintenant une même famille.

— Il serait plus régulier que madame les donnât, M. de Manerville est chargé du reliquat du compte de tutelle, et l'on ne sait ni qui vit ni qui meurt, dit maître Solonet qui crut apercevoir dans cette circonstance un moyen d'animer la belle-mère contre le gendre.

— Ha, ma mère, dit Paul, ce serait nous faire injure à tous que d'agir ainsi. — *Summum jus, summa injuria*, monsieur, dit-il à Solonet.

— Et moi, dit madame Évangélista qui, dans les dispositions haineuses où elle était, vit une insulte dans la demande indirecte de M. Mathias, je déchire le contrat si vous ne les acceptez pas !

Elle sortit en proie à l'une de ces rages sanguinaires qui font souhaiter le pouvoir de tout abîmer, et que l'impuissance porte jusqu'à la folie.

— Au nom du ciel, prenez-les, Paul, lui dit Natalie à l'oreille. Ma mère est fâchée, je saurai ce soir pourquoi, je vous le dirai, nous l'apaiserons.

Heureuse de cette première malice, madame Évangélista garda les boucles d'oreilles et son collier. Elle fit apporter les bijoux évalués à cent quatre-vingt mille francs par Élie Magus. Habitués à voir les diamans de famille dans les successions, maître Mathias et Solonet examinèrent les écrins et se récrièrent sur leur beauté.

— Vous ne perdrez rien sur la dot, monsieur le comte, dit Solonet en faisant rougir Paul.

— Oui, dit Mathias, ces bijoux peuvent bien payer le premier terme du prix des domaines acquis.

— Et les frais du contrat, dit Solonet.

La haine comme l'amour se nourrit des plus petites choses, tout lui va ; de même que la personne aimée ne fait rien de mal, de même la personne haïe ne fait rien de bien. Madame Évangélista taxa de simagrées les façons qu'une pudeur assez compréhensible fit faire à Paul qui voulait laisser les diamans, et qui ne savait où mettre les écrins, il aurait voulu pouvoir les jeter par la fenêtre. Madame Évangélista voyant son embarras, le pressait du regard, et semblait lui dire : — Emportez-les d'ici.

— Chère Natalie, dit Paul à l'oreille de sa future femme, serrez vous-même ces bijoux, ils sont à vous, je vous les donne.

Natalie les mit dans le tiroir d'une console. En ce moment, le fracas des voitures était si grand, et le murmure des conversations que tenaient dans les salons voisins les personnes arrivées, forcèrent Natalie et sa mère à paraître. Les salons furent pleins en un moment, et la fête commença.

— Profitez de la lune de miel pour vendre vos

diamans, dit le vieux notaire à Paul en s'en allant.

En attendant le signal de la danse, chacun se parlait à l'oreille du mariage, et quelques personnes exprimaient des doutes sur l'avenir des deux prétendus.

— Est-ce bien fini? demanda l'un des personnages les plus importans de la ville à madame Évangélista.

— Nous avons eu tant de pièces à lire et à écouter que nous nous trouvons en retard, mais nous sommes assez excusables, répondit-elle.

— Quant à moi, je n'ai rien entendu, dit Natalie en prenant la main de Paul pour ouvrir le bal.

— Ces jeunes gens-là aiment tous deux la dépense, et ce ne sera pas la mère qui les retiendra, disait une douairière.

— Mais ils ont fondé, dit-on, un majorat de cinquante mille livres de rente.

— Bah!

— Je vois que le bon monsieur Mathias a passé par là, dit un magistrat. Certes, s'il en est ainsi, le bonhomme aura voulu sauver l'avenir de cette famille.

— Natalie est trop belle pour ne pas être horriblement coquette. Une fois qu'elle aura deux ans de mariage, disait une jeune femme, je ne répondrais pas que M. de Manerville ne fût pas un homme malheureux dans son intérieur.

— La fleur des pois serait donc ramée? lui répondit maître Solonet.

— Il ne lui fallait pas autre chose que cette grande perche, lui dit une jeune fille.

— Ne trouvez-vous pas un air mécontent à madame Évangélista?

— Mais, ma chère, quelqu'un vient de me dire qu'elle garde à peine vingt-cinq mille livres de rente, et qu'est-ce que cela pour elle?

— La misère, ma chère.

— Oui, elle s'est dépouillée pour sa fille. M. de Manerville a été d'une exigence...

— Excessive! dit maître Solonet. Mais il sera pair de France. Les Maulincour, le Vidame de Pamiers le protégeront, il appartient au faubourg Saint-Germain.

— Oh! il y est reçu, voilà tout, dit une dame qui l'avait voulu pour gendre. Mademoiselle Évangélista, la fille d'un commerçant, ne lui ouvrira certes pas les portes du chapitre de Cologne.

— Elle est petite nièce du duc de Casa-Réal.

— Par les femmes!

Tous les propos furent bientôt épuisés, les joueurs se mirent au jeu, les jeunes filles et les jeunes gens dansèrent, le souper se servit, et le bruit de la fête s'apaisa vers le matin, au moment où les premières lueurs du jour blanchirent les croisées. Après avoir dit adieu à Paul, qui s'en alla le dernier, madame Évangélista monta chez sa fille, car sa chambre avait été prise par l'architecte pour agrandir le théâtre de la fête. Quoique Natalie et sa mère fussent accablées de sommeil, quand elles furent seules, elles se dirent quelques paroles.

— Voyons, ma mère chérie, qu'avez-vous?

— Mon ange, j'ai su ce soir jusqu'où pouvait aller la tendresse d'une mère. Tu ne connais rien aux affaires et tu ignores à quels soupçons ma probité vient d'être exposée. Enfin j'ai foulé mon orgueil à mes pieds, il s'agissait de ton bonheur et de notre réputation.

— Vous voulez parler de ces diamans? il en a pleuré le pauvre garçon, il n'en a pas voulu, je les ai.

— Dors, cher enfant, nous causerons d'affaires à notre réveil, car, dit-elle en soupirant, nous avons des affaires, et maintenant il existe un tiers entre nous.

— Ah, chère mère, Paul ne sera jamais un obstacle à notre bonheur, dit Natalie en s'endormant.

— Pauvre fillette, elle ne sait pas que cet homme vient de la ruiner!

Madame Évangélista fut alors saisie par la première pensée de cette avarice à laquelle les gens âgés finissent par être en proie. Elle voulut reconstituer, au profit de sa fille, toute la fortune laissée par M. Évangélista. Elle y trouva son honneur engagé. Son amour pour Natalie la fit en un moment aussi habile calculatrice qu'elle avait été jusqu'alors aussi insouciante en fait d'argent et gaspilleuse. Elle pensait à faire valoir ses capitaux, après en avoir placé une partie dans les fonds qui, à cette époque, valaient environ quatre-vingts francs. Une passion change souvent en un moment le caractère ; l'indiscret devient diplomate, le poltron est tout à coup brave. La haine rendit avare la prodigue madame Évangélista. La fortune pouvait servir ses projets de vengeance encore mal dessinés et confus qu'elle allait mûrir. Elle s'endormit en se disant : — A demain ! Par un phénomène inexpliqué, mais dont tous les penseurs ont éprouvé les effets, son esprit devait pendant le sommeil travailler ses idées, les éclaircir, les coordonner, lui préparer un moyen de dominer la vie de Paul, et lui fournir un plan qu'elle mit en œuvre le lendemain même.

Si l'entraînement de la fête avait chassé les pensées soucieuses qui par momens avaient assailli Paul, quand il fut seul avec lui-même et dans son lit, elles revinrent le tourmenter.

— Il paraît, se dit-il, que, sans le bon M. Mathias, j'étais roué par ma belle-mère. Est-ce croyable ? Quel intérêt l'aurait poussée à me tromper ? ne devons-nous pas confondre nos fortunes et vivre ensemble ? D'ailleurs, à quoi bon prendre du souci ? demain soir Natalie sera ma femme, nos intérêts sont bien définis, rien ne peut nous désunir. Vogue la galère ! Néanmoins je serai sur mes gardes. Si Mathias avait raison ; hé bien, après tout, je ne suis pas obligé d'épouser ma belle-mère.

Dans cette deuxième journée, l'avenir de Paul avait complètement changé de face sans qu'il le sût.

Des deux êtres avec lesquels il se mariait, le plus habile était devenu son ennemi capital et méditait de séparer ses intérêts des siens. Incapable d'observer la différence que le caractère créole mettait entre sa belle-mère et les autres femmes, il pouvait encore moins en soupçonner la profonde habileté. La créole est une nature à part qui tient à l'Europe par l'intelligence, aux Tropiques par la violence illogique de ses passions, à l'Inde par l'apathique insouciance avec laquelle elle fait ou souffre également le bien et le mal. Nature gracieuse d'ailleurs, mais dangereuse comme un enfant est dangereux s'il n'est pas surveillé. Comme l'enfant, cette femme veut tout avoir immédiatement ; comme l'enfant, elle mettrait le feu à la maison pour cuire un œuf. Dans sa vie molle, elle ne songe à rien ; elle songe à tout quand elle est passionnée. Elle a quelque chose de la perfidie des nègres qui l'ont entourée dès le berceau, mais elle est aussi naïve qu'ils sont naïfs ; comme eux et comme les enfans, elle sait toujours vouloir la même chose avec une croissante intensité de désir, et couver son idée pour la faire éclore. Étrange assemblage de qualités et de défauts, que le génie espagnol avait corroboré chez madame Évangélista, et sur lequel la politesse française avait jeté la glace de son vernis. Ce caractère endormi par le bonheur pendant seize ans, occupé depuis par les minuties du monde, et à qui la première de ses haines avait révélé sa force, se réveillait comme un incendie, il éclatait à un moment de la vie où la femme perd ses plus chères affections et veut un nouvel élément pour nourrir l'activité qui la dévore.

Natalie restait encore pendant quarante-huit heures sous l'influence de sa mère! Madame Évangélista vaincue avait donc à elle une journée, la dernière de celles qu'une fille passe avec sa mère. Par un seul mot, la créole pouvait influencer la vie de ces deux êtres destinés à marcher ensemble à travers les halliers et les grandes routes de la société parisienne, car Natalie avait en sa mère une croyance aveugle. Quelle portée acquérait un conseil dans un esprit ainsi prévenu! Tout un avenir pouvait être déterminé par une phrase. Aucun code, aucune institution humaine ne peut prévenir le crime moral qui tue par un mot. Là est le défaut des constitutions sociales, et là est la différence qui se trouve entre les mœurs du grand monde et les mœurs du peuple; l'un est franc, l'autre est hypocrite; à l'un le couteau, à l'autre le venin du langage ou des idées.

Troisième journée.

Le lendemain, vers midi, madame Évangélista se trouvait à demi-couchée sur le bord du lit de Natalie. Pendant l'heure du réveil, toutes deux luttaient de câlineries et de caresses en reprenant les heureux souvenirs de leur vie à deux, durant laquelle aucun discord n'avait troublé ni l'harmonie de leurs sentimens, ni la convenance de leurs idées, ni la mutualité de leurs plaisirs.

— Pauvre chère petite, disait la mère en pleurant

de véritables larmes, il m'est impossible de ne pas être émue en pensant qu'après avoir toujours fait tes volontés, demain soir tu seras à un homme auquel il faudra obéir?

— Oh, chère mère, quant à lui obéir! dit Natalie en laissant échapper un geste de tête qui exprimait une gracieuse mutinerie. Vous riez? reprit-elle. Mon père n'a-t-il pas toujours satisfait vos caprices? pourquoi? il vous aimait. Ne serais-je donc pas aimée, moi?

— Oui, Paul a pour toi de l'amour; mais si une femme mariée n'y prend garde, rien ne se dissipe plus vite que l'amour conjugal. L'influence que doit avoir une femme sur son mari dépend de son début dans le mariage, il te faudra d'excellens conseils.

— Mais vous serez avec nous...

— Peut-être, chère enfant! Hier, pendant le bal, j'ai beaucoup réfléchi aux dangers de notre réunion. Si ma présence te nuisait, si les petits actes par lesquels tu dois lentement établir ton autorité de femme étaient attribués à mon influence, ton ménage ne deviendrait-il pas un enfer? Au premier froncement de sourcils que se permettrait ton mari, fière comme je le suis, ne quitterais-je pas à l'instant la maison? Si je la dois quitter un jour, mon avis est de n'y pas entrer. Je ne pardonnerais pas à ton mari la désunion qu'il mettrait entre nous. Au contraire, quand tu seras la maîtresse, lorsque ton mari sera pour toi ce que ton père était pour moi, ce malheur ne sera plus à craindre. Quoique cette politique doive coûter à un cœur jeune et tendre comme est le tien, ton bonheur exige que tu sois chez toi souveraine absolue.

— Pourquoi, ma mère, me disiez-vous alors que je dois lui obéir?

— Chère fillette, pour qu'une femme commande, elle doit avoir l'air de toujours faire ce que veut son mari. Si tu ne le savais pas, tu pourrais par une révolte intempestive gâter ton avenir. Paul est un jeune homme faible, il pourrait se laisser dominer par un ami, peut-être même pourrait-il tomber sous l'empire d'une femme, qui te feraient subir leurs influences. Préviens ces chagrins en te rendant maîtresse de lui. Ne vaut-il pas mieux qu'il soit gouverné par toi que de l'être par un autre?

— Certes, dit Natalie. Moi je ne puis vouloir que son bonheur.

— Il m'est bien permis, ma chère enfant, de penser exclusivement au tien, et de vouloir que dans une affaire aussi grave, tu ne te trouves pas sans boussole au milieu des écueils que tu vas rencontrer.

— Mais, ma mère chérie, ne sommes-nous donc pas assez fortes toutes les deux pour rester ensemble près de lui, sans avoir à redouter ce froncement de sourcils que vous paraissez redouter? Paul t'aime, maman.

— Oh! oh! il me craint plus qu'il ne m'aime! Observe-le bien aujourd'hui quand je lui dirai que je vous laisse aller à Paris sans moi, tu verras sur sa figure, quelle que soit la peine qu'il prendra pour la dissimuler, une joie intérieure.

— Pourquoi? demanda Natalie.

— Pourquoi? chère enfant! Je suis comme saint Jean-Bouche-d'or, je le lui dirai à lui-même, et devant toi.

— Mais si je me marie à la seule condition de ne te pas quitter? dit Natalie.

— Notre séparation est devenue nécessaire, reprit madame Évangélista, car plusieurs considérations modifient mon avenir. Je suis ruinée. Vous aurez la plus brillante existence à Paris, je ne saurais y être convenablement, sans manger le peu qui me reste; tandis qu'en vivant à Lanstrac, j'aurai soin de vos intérêts et referai ma fortune à force d'économies.

— Toi, maman, faire des économies! s'écria railleusement Natalie. Ne deviens donc pas déjà grand'mère? Comment, tu me quitterais pour de semblables motifs! Chère mère, Paul peut te sembler un petit peu bête, mais il n'est pas le moins du monde intéressé...

— Ha! ha! répondit madame Évangélista d'un son de voix gros d'observations et qui fit palpiter Natalie, la discussion du contrat m'a rendue défiante, et m'inspire quelques doutes. — Mais sois sans inquiétudes, chère enfant, dit-elle en prenant sa fille par le col, et l'amenant à elle pour l'embrasser, je ne te laisserai pas long-temps seule. Quand mon retour parmi vous ne causera plus d'ombrage, quand Paul m'aura jugée, nous reprendrons notre bonne petite vie, nos causeries du soir...

— Comment, ma mère, tu pourras vivre sans ta Ninie?

— Oui, cher ange, parce que je vivrai pour toi. Mon cœur de mère ne sera-t-il pas sans cesse satisfait par l'idée que je contribue, comme je le dois, à votre double fortune?

— Mais, chère adorable mère, vais-je donc être seule avec Paul, là, tout de suite? Que deviendrai-je? comment cela se passera-t-il? que dois-je faire, que dois-je ne pas faire?

— Pauvre petite, crois-tu que je veuille ainsi t'abandonner à la première bataille? Nous nous écrirons trois fois par semaine comme deux amans, et serons ainsi sans cesse au cœur l'une de l'autre. Il ne t'arrivera rien que je ne le sache, et je te garantirai de tout malheur. Puis il serait trop ridicule que je ne vinsse pas vous voir, ce serait jeter de la déconsidération sur ton mari, je passerai toujours un mois ou deux chez vous à Paris.

— Seule, dit Natalie avec terreur, en interrompant sa mère, déjà seule et avec lui!

— Ne faut-il pas que tu sois sa femme?

— Je le veux bien, mais au moins dis-moi comment je dois me conduire, toi qui faisais tout ce que tu voulais de mon père, tu t'y connais! je t'obéirai aveuglément.

Madame Évangélista baisa Natalie au front, elle voulait et attendait cette prière.

— Enfant, mes conseils doivent s'adapter aux circonstances. Les hommes ne se ressemblent pas entre eux ; le lion et la grenouille sont moins dissemblables que ne l'est un homme comparé à un autre, moralement parlant. Sais-je aujourd'hui ce qui t'adviendra demain ? je ne puis maintenant te donner que des avis généraux sur l'ensemble de ta conduite.

— Chère mère, dis-moi donc bien vite tout ce que tu sais, j'écoute.

— D'abord, ma chère enfant, la cause de la perte des femmes mariées qui tiennent à conserver le cœur de leurs maris..... Et, dit-elle en faisant une parenthèse, conserver leur cœur ou les gouverner est une seule et même chose ! Eh bien, la cause principale des désunions conjugales se trouve dans une cohésion constante qui n'existait pas autrefois, et qui s'est introduite dans ce pays-ci, avec la manie de la famille. Depuis la révolution qui s'est faite en France, les mœurs bourgeoises ont envahi les maisons aristocratiques. Ce malheur est dû à l'un de leurs écrivains, à Rousseau, hérétique infâme, qui n'a eu que des pensées anti-sociales et qui, je ne sais comment, a justifié les choses les plus déraisonnables. Il a prétendu que toutes les femmes avaient les mêmes droits, les mêmes facultés ; que, dans l'état de société, l'on devait obéir à la nature, comme si la femme d'un grand d'Espagne, comme si toi et moi nous avions quelque chose de commun avec une femme du peuple! Et, depuis, les femmes comme il faut ont nourri leurs enfans, ont élevé leurs filles et sont restées à la maison. Ainsi la vie s'est compliquée de telle sorte que le bonheur est devenu presque impossible, car une convenance entre deux caractères semblable à celle qui nous a fait vivre comme deux amies est une exception. Le contact perpétuel n'est pas moins dangereux entre les enfans et les parens qu'il l'est entre les époux. Il est peu d'âmes chez lesquelles l'amour résiste à l'omniprésence, ce miracle n'appartient qu'à Dieu. Mets donc entre Paul et toi les barrières du monde, va au bal, à l'Opéra ; promène-toi le matin, dîne en ville le soir, rends beaucoup de visites, accorde peu de momens à Paul ; par ce système tu ne perdras rien de ton prix. Quand pour aller jusqu'au bout de l'existence, deux êtres n'ont que le sentiment, ils en ont bientôt épuisé les ressources ; et bientôt l'indifférence, la satiété, le dégoût arrivent. Une fois le sentiment flétri, que devenir ? Sache bien que l'affection éteinte ne se remplace que par l'indifférence ou par le mépris. Sois donc toujours jeune et toujours jeune pour lui. Qu'il t'ennuie, cela peut arriver, mais toi ne l'ennuie jamais. Savoir s'ennuyer à propos est une des conditions de toute espèce de pouvoir. Vous ne pourrez diversifier le bonheur ni par les soins de fortune, ni par les occupations du ménage ; si donc tu ne faisais partager à ton mari tes occupations mondaines, si tu ne l'amusais pas, vous arriveriez à la plus horrible atonie. Là commence le *spleen* de l'amour. Mais on aime toujours qui nous amuse et qui nous rend heureux. Donner le bonheur ou le recevoir, sont deux systèmes de conduite féminine, séparés par un abîme.

— Chère mère, je vous écoute, mais je ne comprends pas.

— Si tu aimes Paul au point de faire tout ce qu'il voudra, s'il te donne vraiment le bonheur, tout sera dit, tu ne seras pas la maîtresse, et les meilleurs préceptes du monde ne serviront à rien.

— Ceci est plus clair, mais j'apprends la règle sans pouvoir l'appliquer, dit Natalie en riant. J'ai la théorie, la pratique viendra.

— Ma pauvre Ninie, reprit la mère qui laissa tomber une larme sincère en pensant au mariage de sa fille, et qui la pressa sur son cœur. Il t'arrivera des choses qui te donneront de la mémoire. — Enfin, reprit-elle après une pause pendant laquelle la mère et la fille restèrent unies dans un embrassement plein de sympathie, sache-le bien, ma Natalie, nous avons toutes une destinée en tant que femmes comme les hommes ont leur vocation. Ainsi, une femme est née pour être une femme à la mode, une charmante maîtresse de maison, comme un homme est né général ou poëte. Ta vocation est de plaire. Ton éducation t'a d'ailleurs formée pour le monde. Aujourd'hui, les femmes doivent être élevées pour le salon comme autrefois elles l'étaient pour le gynécée. Tu n'es faite ni pour être mère de famille, ni pour devenir un intendant. Si tu as des enfans, et j'espère qu'ils n'arriveront pas de manière à te gâter la taille le lendemain de ton mariage ; rien n'est plus bourgeois que d'être grosse un mois après la cérémonie, et d'abord cela prouve qu'un mari ne nous aime pas bien! Si donc tu as des enfans, deux ou trois ans après ton mariage, eh bien! les gouvernantes et les précepteurs les élèveront. Toi, sois la grande dame qui représente le luxe et le plaisir de la maison ; mais sois une supériorité visible seulement dans les choses qui flattent l'amour-propre des hommes, et cache la supériorité que tu pourras acquérir dans les grandes.

— Mais vous m'effrayez, chère maman, s'écria Natalie. Comment me souviendrais-je de ces préceptes? Comment vais-je faire, moi si étourdie, si enfant, pour tout calculer, pour réfléchir avant d'agir?

— Mais, ma chère petite, je ne te dis aujourd'hui que ce que tu apprendrais plus tard ; mais en achetant ton expérience par des fautes cruelles, par des erreurs de conduite qui te causeraient des regrets et embarrasseraient ta vie.

— Mais par quoi commencer? dit naïvement Natalie.

— L'instinct te guidera, reprit la mère. En ce moment, Paul te désire beaucoup plus qu'il ne t'aime, car l'amour enfanté par les désirs est une espérance, et celui qui succède à leur satisfaction est la réalité. Là, ma chère, sera ton pouvoir, là est toute la question. Quelle femme n'est pas aimée la veille? sois-le le lendemain, tu le seras toujours.

Paul est un homme faible, qui se façonne facilement à l'habitude; s'il te cède une première fois, il cèdera toujours. Une femme ardemment désirée peut tout demander : ne fais pas la folie que j'ai vu faire à beaucoup de femmes qui, ne connaissant pas l'importance des premières heures où nous régnons, les emploient à des niaiseries, à des sottises sans portée. Sers-toi de l'empire que te donnera la première passion de ton mari pour l'habituer à t'obéir. Mais, pour le faire céder, choisis la chose la plus déraisonnable, afin de bien mesurer l'étendue de ta puissance par l'étendue de la concession. Quel mérite aurais-tu en lui faisant vouloir une chose raisonnable ? Serait-ce à toi qu'il obéirait ? Il faut toujours attaquer le taureau par les cornes, dit un proverbe castillan; une fois qu'il a vu l'inutilité de ses défenses et de sa force, il est dompté. Si ton mari fait une sottise pour toi, tu le gouverneras.

— Mon Dieu ! pourquoi cela ?

— Parce que, mon enfant, le mariage dure toute la vie, et qu'un mari n'est pas un homme comme un autre. Aussi, ne fais jamais la folie de te livrer en quoi que ce soit. Garde une constante réserve dans tes discours et dans tes actions; tu peux même aller sans danger jusqu'à la froideur, car on peut la modifier à son gré, tandis qu'il n'y a rien au-delà des expressions extrêmes de l'amour. Un mari, ma chère, est le seul homme avec lequel une femme ne peut rien se permettre. Rien n'est d'ailleurs plus facile que de garder sa dignité. Ces mots : « Votre femme ne doit pas, votre femme ne peut pas faire ou dire telle et telle chose! » sont le grand talisman. Toute la vie d'une femme est dans : — Veux pas! — Peux pas! Je ne peux pas est l'irrésistible argument de la faiblesse qui se couche, qui pleure et séduit. Je ne veux pas est le dernier argument ; la force féminine se montre alors tout entière ; aussi doit-on ne l'employer que dans les occasions graves. Mais le succès est tout entier dans les manières dont une femme se sert de ces deux mots, les commente et les varie. Mais il est un moyen de domination meilleur que ceux-ci qui semblent comporter des débats. Moi, ma chère, j'ai régné par la Foi. Si ton mari croit en toi, tu peux tout. Pour lui inspirer cette religion, il faut lui persuader que tu le comprends. Et ne pense pas que ce soit chose facile : une femme peut toujours prouver à un homme qu'il est aimé, mais il est plus difficile de lui faire avouer qu'il est compris. Je dois te dire tout, à toi, mon enfant, car, pour toi, la vie avec ses complications, la vie où deux volontés doivent s'accorder, va commencer demain! Songes-tu bien à cette difficulté? Le meilleur moyen d'accorder vos deux volontés est de t'arranger de manière à ce qu'il n'y en ait qu'une seule au logis. Beaucoup de gens prétendent qu'une femme se crée des malheurs en changeant ainsi de rôle ; mais, ma chère, une femme est ainsi maîtresse de commander aux événemens au lieu de les subir, et ce seul avantage compense tous les inconvéniens possibles.

Natalie baisa les mains de sa mère en y laissant des armes de reconnaissance. Comme les femmes chez lesquelles la passion physique n'échauffe point la passion morale, elle comprit tout-à-coup la portée de cette haute politique de femme; mais, semblable aux enfans gâtés qui ne se tiennent pas pour battus par les raisons les plus solides, et qui reproduisent obstinément leur désir, elle revint à la charge avec un de ces argumens personnels que suggère la logique droite des enfans.

— Chère mère, dit-elle, il y a quelques jours, vous parliez tant des préparations nécessaires à la fortune de Paul que vous seule pouviez diriger, pourquoi changez-vous d'avis en nous abandonnant ainsi à nous-mêmes ?

— Je ne connaissais ni l'étendue de mes obligations, ni le chiffre de mes dettes, répondit la mère qui ne voulait pas dire son secret. D'ailleurs, dans un an ou deux d'ici, je te répondrai là-dessus. Paul va venir, habillons-nous. Sois chatte et gentille comme tu l'as été, tu sais, dans la soirée où nous avons discuté ce fatal contrat, car il s'agit aujourd'hui de sauver un débris de notre maison, et de te donner une chose à laquelle je suis superstitieusement attachée.

— Quoi ?
— *Le Discreto.*

Paul vint vers quatre heures. Quoiqu'il s'efforçât, en abordant sa belle-mère, de donner un air gracieux à son visage, madame Évangélista vit sur son front les nuages que les conseils de la nuit et les réflexions du réveil y avaient amassés.

— Mathias a parlé! se dit-elle en se promettant à elle-même de détruire l'ouvrage du vieux notaire.
— Cher enfant, lui dit-elle, vous avez laissé vos diamans dans la console, et je vous avoue que je ne voudrais plus voir des choses qui ont failli élever des nuages entre nous. D'ailleurs, comme l'a fait observer M. Mathias, il faut les vendre pour subvenir au premier paiement des terres que vous avez acquises.

— Ils ne sont plus à moi, dit-il, je les ai donnés à Natalie, afin qu'en les voyant sur elle, vous ne vous souveniez plus de la peine qu'ils vous ont causée.

Madame Évangélista prit la main de Paul et la serra cordialement en réprimant une larme d'attendrissement.

— Écoutez, mes bons enfans, dit-elle en regardant Natalie et Paul, s'il en est ainsi, je vais vous proposer une affaire. Je suis forcée de vendre mon collier de perles et mes boucles d'oreilles. Oui, Paul, je ne veux pas mettre un sou de ma fortune en rentes viagères, je n'oublie pas ce que je vous dois! Eh bien! j'avoue ma faiblesse, vendre le *Discreto* me semble un désastre. Vendre un diamant qui porte le surnom de Philippe II, et dont fut ornée sa royale main, une pierre historique que pendant dix ans le duc d'Albe a caressée sur le pommeau de son épée, non, ce ne sera pas. Élie Magus a estimé mes boucles d'oreilles et mon collier à deux cent et quelques mille francs, échangeons-les contre les joyaux que je vous livre pour accomplir mes engagemens envers ma fille; vous y gagnerez, mais qu'est-ce que cela me fait, je ne suis pas intéressée. Ainsi, Paul, avec vos économies, vous vous amuserez à composer pour Natalie un diadème ou des épis, diamant à diamant. Au lieu d'avoir ces parures de fantaisie, ces brimborions sans unité, qui ne sont à la mode que parmi les petites gens, votre femme aura de magnifiques diamans avec lesquels elle aura de véritables jouissances. Vendre pour vendre, ne vaut-il pas mieux se défaire de ces antiquailles, et garder dans la famille ces belles pierreries?

— Mais, ma mère, et vous? dit Paul.

— Moi, répondit madame Évangélista, je n'ai plus besoin de rien. Oui, je vais être votre fermière à Lanstrac. Ne serait-ce pas une folie que d'aller à Paris au moment où je dois liquider ici le reste de ma fortune? Je deviens avare pour mes petits-enfans.

— Chère mère, dit Paul tout ému, dois-je accepter cet échange sans soulte?

— Mon Dieu! n'êtes-vous pas mes plus chers intérêts? Croyez-vous qu'il n'y aura pas pour moi du bonheur à me dire au coin de mon feu : — Natalie arrive ce soir brillante au bal chez la duchesse de Berry. En se voyant mon diamant au cou, mes boucles aux oreilles, elle a ces petites jouissances d'amour-propre qui contribuent tant au bonheur d'une femme, et la rendent gaie, avenante; car rien n'attriste plus une femme que le froissement de ses vanités, je n'ai jamais vu nulle part une femme mal mise être aimable et de bonne humeur. Allons, soyez juste, Paul, nous jouissons beaucoup plus en l'objet aimé qu'en nous-même.

— Mon Dieu! que voulait donc dire Mathias? pensait Paul. Allons, maman, dit-il à demi-voix, j'accepte.

— Moi, je suis confuse, dit Natalie.

Solonet vint en ce moment pour annoncer une bonne nouvelle à sa cliente; il avait trouvé, parmi les spéculateurs de sa connaissance, deux entrepreneurs affriolés par l'hôtel où l'étendue des jardins permettait de faire des constructions.

— Ils offrent trois cent trente mille francs, dit-il, mais si vous y consentez je pourrais les amener à trois cent cinquante. Vous avez deux arpens de jardin.

— Mon mari a payé le tout deux cent mille francs, ainsi je consens, dit-elle, mais vous me réserverez le mobilier, les glaces...

— Ah! dit en riant Solonet, vous entendez les affaires.

— Hélas! il faut bien, dit-elle en soupirant.

— J'ai su que beaucoup de personnes viendront à votre messe de minuit, dit Solonet en se levant, car il s'aperçut qu'il était de trop.

Madame Évangélista le reconduisit jusqu'à la porte du dernier salon, et lui dit à l'oreille: — J'ai maintenant pour trois cent cinquante mille francs de bijoux à vendre, mon argenterie et mon mobilier vaudront près de cent mille francs, si j'ai deux cent mille francs à moi sur le prix de la maison, je puis réunir six cent cinquante mille francs de capitaux. Je veux en tirer le meilleur parti possible et compte sur vous pour cela. Je resterai probablement à Lanstrac.

Le jeune notaire baisa la main de sa cliente avec un geste de reconnaissance, car l'accent de la veuve fit croire à Solonet que cette alliance, conseillée par les intérêts, allait s'étendre un peu plus loin.

— Vous pouvez compter sur moi, dit-il, je vous trouverai des placemens sur marchandises où vous ne risquerez rien et où vous aurez des gains considérables...

— A demain, dit-elle, car vous êtes notre témoin avec M. le marquis de Gyas.

— Pourquoi, chère mère, dit Paul, refusez-vous de venir à Paris? Natalie me boude, comme si j'étais la cause de votre résolution.

— J'ai bien pensé à cela, mes enfans, je vous gênerais. Vous vous croiriez obligés de me mettre en tiers dans tout ce que vous feriez, et les jeunes gens ont des idées à eux que je pourrais involontairement contrarier. Allez seuls à Paris. Je ne veux pas continuer sur la comtesse de Manerville la douce domination que j'exerçais sur Natalie, il faut vous la laisser tout entière. Voyez-vous, il existe entre nous deux, Paul, des habitudes qu'il faut briser.

Mon influence doit céder à la vôtre. Je veux que vous m'aimiez, et croyez que je prends ici vos intérêts plus que vous ne l'imaginez. Les jeunes maris sont, tôt ou tard, jaloux de l'affection qu'une fille porte à sa mère. Ils ont raison peut-être. Quand vous serez bien unis, quand l'amour aura fondu vos âmes en une seule; eh bien, alors, mon cher enfant, vous ne craindrez plus, en me voyant chez vous, d'y voir une influence contrariante. Je connais le monde, les hommes et les choses; j'ai vu bien des ménages brouillés par l'amour aveugle de mères qui se rendaient insupportables à leurs filles autant qu'à leurs gendres. L'affection des vieilles gens est souvent minutieuse et tracassière. Peut-être ne saurais-je pas bien m'éclipser. J'ai la faiblesse de me croire encore belle, il y a des flatteurs qui veulent me prouver que je suis aimable, j'aurais des prétentions gênantes. Laissez-moi faire un sacrifice de plus à votre bonheur? je vous ai donné ma fortune, eh bien! je vous livre encore mes dernières vanités de femme. Votre père Mathias est vieux, il ne pourrait pas veiller sur vos propriétés; moi je me ferai votre intendant, je me créerai des occupations que, tôt ou tard, doivent avoir les vieilles gens; puis, quand il le faudra, je viendrai vous seconder à Paris dans vos projets d'ambition. Allons, Paul, soyez franc, ma résolution vous arrange, dites?

Paul ne voulut jamais en convenir, mais il était très-heureux d'avoir sa liberté. Les soupçons que le vieux notaire lui avait inspirés sur le caractère de sa belle-mère furent en un moment dissipés par cette conversation que madame Évangélista reprit et continua sur ce ton.

— Ma mère avait raison, se dit Natalie qui observait la physionomie de Paul. Il est fort content de me savoir séparée d'elle, pourquoi? Ce *pourquoi* n'était-il pas la première interrogation de la défiance, et ne donnait-il pas une autorité considérable aux enseignemens maternels.

Il est certains caractères qui, sur la foi d'une seule preuve, croient à l'amitié. Chez les gens ainsi faits, le vent du Nord chasse aussi vite les nuages que le vent d'orage les amène, ils s'arrêtent aux effets sans remonter aux causes. Paul était une de ces natures essentiellement confiantes, sans mauvais sentimens, mais aussi sans prévisions. Sa faiblesse procédait beaucoup plus de sa bonté, de sa croyance au bien, que d'une débilité d'âme.

Natalie était songeuse et triste, car elle ne savait pas se passer de sa mère. Paul, avec cette espèce de fatuité que donne l'amour, se riait de la mélancolie de sa future femme, en se disant que les plaisirs du mariage et l'entraînement de Paris la dissiperaient. Madame Évangélista voyait avec un sensible plaisir la confiance de Paul, car la première condition de la vengeance est la dissimulation. Une haine avouée est impuissante. La créole avait déjà fait deux grands pas. Sa fille se trouvait déjà riche d'une belle parure qui coûtait deux cent mille francs à Paul et que Paul compléterait sans doute. Puis elle laissait ces deux enfans à eux-mêmes, sans autre conseil que leur amour illogique. Elle préparait ainsi sa vengeance à l'insu de sa fille qui, tôt ou tard, serait sa complice. Natalie aimerait-elle Paul ? Là était une question encore indécise dont la solution pouvait modifier ses projets, car elle aimait trop sincèrement sa fille pour ne pas respecter son bonheur. L'avenir de Paul dépendait donc encore de lui-même. S'il se faisait aimer, il était sauvé.

Enfin, le lendemain soir à minuit, après une soirée passée en famille avec les quatre témoins auxquels madame Évangélista donna le long repas qui suit le mariage légal, les époux et les amis vinrent entendre une messe aux flambeaux, à laquelle assistèrent une centaine de personnes curieuses. Un mariage célébré nuitamment apporte toujours à l'âme de sinistres présages, la lumière est un symbole de vie et de plaisir dont les prophéties lui manquent. Demandez à l'âme la plus intrépide pourquoi elle est glacée ? pourquoi le froid noir des voûtes l'énerve ? pourquoi le bruit des pas effraie ? pourquoi l'on remarque le cri des chats-huans, et la clameur de chouettes ? Quoiqu'il n'existe aucune raison de trembler, chacun tremble, et les ténèbres, image de mort, attristent. Natalie, séparée de sa mère, pleurait. La jeune fille était en proie à tous les doutes qui saisissent le cœur à l'entrée d'une vie nouvelle, où, malgré les plus fortes assurances de bonheur, il existe mille piéges dans lesquels tombe la femme. Elle eut froid, il lui fallut un manteau.

L'attitude de madame Évangélista, celle des époux, excita quelques remarques parmi la foule élégante qui environnait l'autel.

— Solonet vient de me dire que les mariés partent demain matin, seuls pour Paris.

— Madame Évangélista devait aller vivre avec eux.

— Le comte Paul s'en est déjà débarrassé.

— Quelle faute, dit la marquise de Gyas. Fermer sa porte à la mère de sa femme, n'est-ce pas l'ouvrir à un amant? Il ne sait donc pas tout ce qu'est une mère?

— Il a été très-dur pour madame Évangélista, la pauvre femme a vendu son hôtel, et va vivre à Lanstrac.

— Natalie est bien triste.

— Aimeriez-vous, pour un lendemain de noces, de vous trouver sur une grande route?

— C'est bien gênant.

— Je suis bien aise d'être venue ici, dit une dame, pour me convaincre de la nécessité d'entourer le mariage de ses pompes, de ses fêtes d'usage, car je trouve ceci bien nu, bien triste. Et si vous voulez que je vous dise toute ma pensée, ajouta-t-elle en se penchant à l'oreille de son voisin, ce mariage me semble indécent.

Madame Évangélista prit Natalie dans sa voiture, et la conduisit elle-même chez le comte Paul.

— Hé bien, ma mère, tout est dit...

— Songe, ma chère enfant, à mes dernières recommandations, et tu seras heureuse, sois toujours sa femme, et non sa maitresse.

Quand Natalie fut couchée, la mère joua la petite comédie de se jeter dans les bras de son gendre en pleurant. Ce fut la seule chose provinciale qu'elle se permit, mais elle avait ses raisons. A travers ses larmes et ses paroles en apparence folles ou désespérées, elle obtint de Paul de ces concessions que font tous les maris.

Le lendemain, madame Évangélista mit les mariés en voiture, et les accompagna jusqu'au-delà du bac où l'on passe la Gironde. Un mot de Natalie lui avait appris que si Paul avait gagné la partie dans la seconde journée, sa revanche à elle commençait. Natalie avait obtenu déjà de son mari la plus parfaite obéissance.

LA SÉPARATION.

Vers la fin du mois de novembre 1826, dans l'après-midi, le comte Paul de Manerville enveloppé dans un manteau, la tête inclinée, entra mystérieusement chez M. Mathias à Bordeaux. Trop vieux pour continuer les affaires, le bonhomme avait vendu son étude et achevait paisiblement sa vie dans une de ses maisons où il s'était retiré. Une affaire urgente l'avait contraint de s'absenter quand arriva son hôte, mais sa vieille gouvernante prévenue de l'arrivée de Paul, le conduisit à la chambre de madame Mathias, morte depuis un an. Fatigué par un rapide voyage, Paul dormit jusqu'au soir. A son retour, le vieillard vint voir son ancien client, et se contenta de le regarder endormi, comme une mère regarde son enfant. Josette sa gouvernante l'accompagnait, et demeura debout devant le lit, les poings sur les hanches.

— Il y a aujourd'hui un an, Josette, quand je recevais ici le dernier soupir de ma chère femme, je ne savais pas que j'y reviendrais pour y voir M. le comte quasi mort.

— Pauvre monsieur, il geint en dormant, dit Josette.

L'ancien notaire ne répondit que par un : — Sac à papier ! innocent juron qui annonçait toujours en lui la désespérance de l'homme d'affaires rencontrant d'infranchissables difficultés. — Enfin, se dit-il, je lui ai sauvé la nue propriété de Lanstrac, de d'Auzac, de Saint-Froult et de son hôtel ! M. Mathias compta sur ses doigts, et s'écria : — Quatre ans ! Voici quatre ans, dans ce mois-ci précisément, sa vieille tante, aujourd'hui défunte, la respectable madame de Maulincour, demandait pour lui la main de ce petit crocodile habillé en femme qui définitivement l'a ruiné, comme je le pensais.

Après avoir long-temps contemplé le jeune homme, le bon vieux goutteux appuyé sur sa canne s'alla promener à pas lents dans son petit jardin. A neuf heures le souper était servi, car M. Mathias soupait ; il ne fut pas médiocrement étonné de voir à Paul un front calme, une figure sereine quoique sensiblement altérée. Si à trente-deux ans, le comte de Manerville paraissait en avoir quarante, ce changement de physionomie était dû seulement à des secousses morales, physiquement il se portait bien. Il alla prendre les mains du bonhomme pour le forcer à rester assis, et les lui serra fort affectueusement en lui disant : — Bon cher maître Mathias, vous avez eu vos douleurs vous !

— Les miennes étaient dans la nature, monsieur le comte, mais les vôtres...

— Nous parlerons de moi, tout à l'heure en soupant.

— Si je n'avais pas un fils dans la magistrature, et une fille mariée, dit le bonhomme, croyez, monsieur le comte, que vous auriez trouvé chez le vieux Mathias autre chose que l'hospitalité. Comment venez-vous à Bordeaux au moment où sur tous les murs les passans lisent les affiches de la saisie immobilière des fermes du Grossou, du Guadet, du clos de Belle-Rose et de votre hôtel ! Il m'est impossible de dire le chagrin que j'éprouve en voyant ces grands placards, moi qui pendant trente ans ai soigné ces immeubles comme s'ils m'appartenaient, moi qui, troisième clerc du digne monsieur Chesneau, mon prédécesseur, les ai achetés pour madame votre mère, et qui, de ma main de troisième clerc, ait si bien écrit l'acte de vente sur parchemin, en belle ronde ! moi qui ai les titres de propriété dans l'étude de mon successeur, moi qui ai fait les liquidations. Moi qui vous ai vu grand comme ça !

dit le notaire, en mettant la main à deux pieds de terre. Il faut avoir été notaire pendant cinquante-trois ans et demi, pour connaître l'espèce de douleur que me cause la vue de mon nom imprimé tout vif à la face d'Israël dans les verbaux de la saisie, et dans l'établissement de la propriété. Quand je passe dans la rue, et que je vois des gens occupés à lire ces horribles affiches jaunes, je suis honteux comme s'il s'agissait de ma propre ruine et de mon honneur. Il y a des imbécilles qui vous épellent cela tout haut, exprès pour attirer les curieux, et ils se mettent tous à faire les plus sots commentaires. N'est-on pas maître de son bien? Votre père avait mangé deux fortunes avant de refaire celle qu'il vous a laissée, vous ne seriez point un Manerville si vous ne l'imitiez pas. D'ailleurs les saisies immobilières ont donné lieu à tout un titre dans le Code, elles ont été prévues, vous êtes dans un cas admis par la loi. Si je n'étais pas un vieillard à cheveux blancs et qui n'attend qu'un coup de coude pour tomber dans sa fosse, je rosserais ceux qui s'arrêtent devant ces abominations : *A la requête de dame Natalie Évangélista, épouse de Paul-François-Joseph, comte de Manerville, séparée quant aux biens par jugement du tribunal de première instance du département de la Seine*, etc.

— Oui, dit Paul, et maintenant séparée de corps....

— Ah! fit le vieillard.

—Oh! contre le gré de Natalie, dit vivement

le comte, il m'a fallu la tromper, elle ignore mon départ.

— Vous partez!

— Mon passage est payé, je m'embarque sur la *Belle-Amélie* et vais à Calcutta.

— Dans deux jours! dit le vieillard. Ainsi nous ne nous verrons plus, monsieur le comte.

— Vous n'avez que soixante-treize ans, mon cher Mathias, et vous avez la goutte, un vrai brevet de vieillesse. Quand je serai de retour, je vous retrouverai sur vos pieds. Votre bonne tête et votre cœur seront encore sains, vous m'aiderez à reconstruire l'édifice ébranlé. Je veux gagner une belle fortune en six ans. A mon retour, je n'aurai pas encore quarante ans, tout est encore possible à cet âge.

— Vous, dit Mathias en laissant échapper un geste de surprise, vous monsieur le comte, aller faire le commerce! y pensez-vous?

— Je ne suis plus monsieur le comte, cher Mathias, mon passage est arrêté sous le nom de Camille, un des noms de baptême de ma mère. Puis j'ai des connaissances qui me permettent de faire fortune autrement. Le commerce sera ma dernière chance. Enfin, je pars avec une somme assez considérable pour qu'il me soit permis de tenter la fortune sur une grande échelle.

— Où est cette somme?

— Un ami doit me l'envoyer.

Le vieillard laissa tomber sa fourchette en entendant le mot d'*ami*, non par raillerie ni surprise ; son air exprima la douleur qu'il éprouvait en voyant Paul sous l'influence d'une illusion trompeuse ; car son œil plongeait dans un gouffre là où le comte apercevait un plancher solide.

— J'ai pendant cinquante ans environ exercé le notariat, je n'ai jamais vu les gens ruinés avoir des amis qui leur prêtassent de l'argent !

— Vous ne connaissez pas de Marsay ! A l'heure où je vous parle, je suis sûr qu'il a vendu des rentes, s'il le faut, et demain vous recevrez une lettre de change de cinquante mille écus.

— Je le souhaite. Cet ami ne pouvait-il donc pas arranger vos affaires. Vous auriez vécu tranquillement à Lanstrac avec les revenus de madame la comtesse pendant six ou sept ans.

— Une délégation aurait-elle payé deux millions de dettes, dans lesquelles ma femme entrait pour cent cinquante mille francs ?

— Comment, en quatre ans, avez-vous fait quatorze cent cinquante mille francs de dettes ?

— Rien de plus clair, Mathias. N'ai-je pas laissé les diamans à ma femme ? n'ai-je pas dépensé les cent cinquante mille francs qui nous revenaient sur le prix de l'hôtel Évangélista, dans l'arrangement de ma maison à Paris. N'a-t-il pas fallu payer ici les frais de nos acquisitions et ceux auxquels a donné lieu mon contrat de mariage ? Enfin, n'a-t-il pas fallu vendre les trente mille livres de rente de Natalie pour payer d'Auzac et Saint-Froult. Nous avons vendu à quatre-vingt-sept, je me suis donc endetté de près de cent mille francs dès le premier mois de mon mariage. Il nous est resté soixante-sept mille livres de rente. Nous en avons constamment dépensé deux cent mille en sus. Joignez à ces neuf cent mille francs quelques intérêts usuraires, vous trouverez facilement un million.

— Bouffre! fit le vieux notaire. Après?

— Hé bien, après! J'ai d'abord voulu compléter à ma femme la parure qui se trouvait commencée avec le collier de perles agrafé par le *discreto*, un diamant de famille, et par les boucles d'oreilles de sa mère. J'ai payé deux cent mille francs une couronne d'épis. Nous voici à douze cent mille francs. Je me trouve devoir la fortune de ma femme qui s'élève à cinq cent cinquante mille francs de sa dot.

— Mais, dit Mathias, si madame la comtesse avait engagé ses diamans et vous vos revenus, vous auriez à mon compte six cent mille francs avec lesquels vous pourriez apaiser vos créanciers...

— Quand un homme est tombé, Mathias, quand ses propriétés sont grevées d'hypothèques, quand sa femme prime les créanciers par ses reprises, quand enfin cet homme est sous le coup de cent mille francs de lettres de change qui s'acquitteront, je l'espère, par le haut prix auquel monteront mes biens, rien n'est possible. Et les frais d'expropriation donc?

— Effroyable! dit le notaire.

— Les saisies ont été converties heureusement en ventes volontaires, afin de couper le feu.

— Vendre Belle-Rose! s'écria Mathias, quand la récolte de 1825 est dans les caves.

— Je n'y puis rien.

— Belle-Rose vaut six cent mille francs.

— Natalie le rachètera, je le lui ai conseillé.

— Seize mille francs année commune, et des éventualités telles que 1825! je pousserai moi-même Belle-Rose à sept cent mille francs, et chacune des fermes à cent vingt mille francs.

— Tant mieux, je serai quitte, si mon hôtel de Bordeaux peut se vendre deux cent mille francs.

— Solonet le paiera bien quelque chose de plus, il en a envie. Il se retire avec cent et quelques mille livres de rente gagnées à jouer sur les trois-six. Il a vendu son étude trois cent mille francs, et il épouse une mulâtresse riche, Dieu sait à quoi elle a gagné son argent, mais riche, comme on dit, à millions. Un notaire jouer sur les trois-six! un notaire épouser une mulâtresse! Quel siècle! Il faisait valoir, dit-on, les fonds de votre belle-mère.

— Elle a bien embelli Lanstrac et bien soigné les terres, elle m'a bien payé son loyer.

— Je ne l'aurais jamais crue capable de se conduire ainsi.

— Elle est si bonne et si dévouée, elle payait toujours les dettes de Natalie, pendant les trois mois qu'elle venait passer à Paris.

— Elle le pouvait bien, elle vit sur Lanstrac, dit Mathias. Elle, devenir économe! quel miracle. Elle vient d'acheter entre Lanstrac et Grossou, le domaine de Grainrouge, en sorte que si elle continue l'avenue de Lanstrac jusqu'à la grande route, vous pourriez faire une lieue et demie sur vos terres. Elle a payé cent mille francs comptant Grainrouge qui vaut mille écus de rente, en sac.

— Elle est toujours belle! dit Paul. La vie de la campagne la conserve bien, je n'irai pas lui dire adieu, elle se saignerait pour moi.

— Vous iriez vainement, elle est à Paris. Elle y arrivait peut-être au moment où vous en partiez.

— Elle a sans doute appris la vente de mes propriétés, et vient à mon secours. Je n'ai pas à me plaindre de la vie. Je suis aimé, certes, autant qu'un homme peut l'être en ce bas-monde, aimé par deux femmes qui luttaient ensemble de dévouement; elles étaient jalouses l'une de l'autre : la fille reprochait à la mère de m'aimer trop, la mère reprochait à la fille ses dissipations. Cette affection m'a perdu. Comment ne pas satisfaire aux moindres caprices d'une femme que l'on aime? le moyen de s'en défendre. Mais aussi, comment accepter ses sacrifices? Oui, certes, nous pouvions liquider et venir vivre à Lanstrac; mais j'aime mieux aller aux Indes et en rapporter une fortune que d'arracher Natalie à la vie qu'elle aime. Aussi est-ce moi qui lui ai proposé la séparation de biens! Les femmes sont des anges qu'il ne faut jamais mêler aux intérêts de la vie!

Le vieux Mathias écoutait Paul d'un air de doute et d'étonnement.

— Vous n'avez pas d'enfans? lui dit-il.

— Heureusement, répondit Paul.

— Je comprends autrement le mariage, répondit naïvement le vieux notaire. Une femme doit, selon moi, partager le sort bon ou mauvais de son mari. J'ai entendu dire que les jeunes mariés qui s'aimaient comme des amans n'avaient pas d'enfans. Le plaisir est-il donc le seul but du mariage? N'est-ce pas plutôt le bonheur et la famille? Mais vous aviez à peine vingt-huit ans, et madame la comtesse en avait vingt; vous étiez excusable de ne songer qu'à l'amour. Cependant, la nature de votre contrat et votre nom, vous allez me trouver bien notaire? tout vous obligeait à commencer par faire un bon gros garçon. Oui, monsieur le comte, et si vous aviez eu des filles, il n'aurait pas fallu s'arrêter que vous n'ayez eu l'enfant mâle qui consolidait le majorat. Mademoiselle Évangélista n'était-elle pas forte, avait-elle à craindre quelque chose de la maternité? Vous me direz que ceci est une vieille méthode de nos ancêtres; mais dans les familles nobles, monsieur le comte, une femme légitime doit faire les enfans et les bien élever, comme le disait la duchesse de Sully, la femme du grand Sully, une femme n'est pas un instrument de plaisir, mais l'honneur et la vertu de la maison.

— Vous ne connaissez pas les femmes, mon bon Mathias, dit Paul. Pour être heureux, il faut les aimer comme elles veulent être aimées. N'y a-t-il pas quelque chose de brutal à sitôt priver une femme de ses avantages, à lui gâter sa beauté sans qu'elle en ai joui.

— Si vous aviez eu des enfans, la mère aurait empêché les dissipations dont la femme a été complice, elle serait restée au logis...

— Si vous aviez raison, mon cher, dit Paul en fronçant le sourcil, je serais encore plus malheureux ; n'aggravez pas mes douleurs par une morale après la chute, laissez-moi partir sans arrière-pensée.

Le lendemain M. Mathias reçut une lettre de change de cent cinquante mille francs payable à vue, envoyée par Henri de Marsay.

— Vous voyez, dit Paul, il ne m'écrit pas un mot, il commence par obliger. Henri est la nature la plus parfaitement imparfaite, la plus illégalement belle que je connaisse. Si vous saviez avec quelle supériorité cet homme encore jeune plane sur les sentimens, sur les intérêts, et quel grand politique il est, vous vous étonneriez comme moi de lui savoir tant de cœur.

M. Mathias essaya de combattre la détermination de Paul, mais elle était irrévocable, et justifiée par tant de raisons valables que le vieux notaire ne tenta plus de retenir son client. Il est rare que le départ des navires en charge se fasse avec exactitude ; mais par une circonstance fatale à Paul, le vent fut propice, et la *Belle-Amélie* dut mettre à la voile le lendemain. Au moment où part un navire, l'embarcadère est encombré de parens, d'amis, de curieux. Parmi les personnes qui se trouvaient là, quelques-unes connaissaient personnellement M. de Manerville. Son désastre le rendait aussi célèbre en ce moment qu'il l'avait été jadis par sa fortune; il y eut donc un mouvement de curiosité. Chacun disait son mot. Le vieillard avait accompagné Paul sur le port, ses souffrances durent être vives en attendant quelques-uns de ces propos :

— Qui reconnaîtrait dans cet homme que vous voyez là, près du vieux Mathias, ce dandy que l'on avait nommé *La fleur des pois*, et qui faisait il y a cinq ans à Bordeaux la pluie et le beau temps ?

— Quoi ! ce gros petit homme en redingote d'alpaga, qui a l'air d'un cocher, serait le comte Paul de Manerville ?

— Oui, ma chère, celui qui a épousé mademoiselle Évangélista. Le voici ruiné, sans sou ni maille, allant aux Indes pour y trouver la pie au nid.

— Mais comment s'est-il ruiné? il était si riche.

— Paris, les femmes, la Bourse, le jeu, le luxe.

— Puis, dit un autre, M. de Manerville est un pauvre sire, sans esprit, mou comme du papier mâché, se laissant manger la laine sur le dos, incapable de quoi que ce soit. Il était né ruiné.

Paul serra la main du vieillard et se réfugia sur le navire. M. Mathias resta sur le quai, regardant son ancien client qui s'appuya sur le bastingage en défiant la foule par un coup d'œil plein de mépris. Au moment où les matelots allaient lever l'ancre,

Paul aperçut M. Mathias qui lui faisait des signaux à l'aide de son mouchoir. La vieille gouvernante était arrivée en toute hâte près de son maître qu'un événement de haute importance semblait agiter. Paul pria le capitaine d'attendre encore un moment et d'envoyer un canot, afin de savoir ce que lui voulait le vieux notaire qui lui faisait tout bonnement signe de débarquer. Trop impotent pour pouvoir aller à bord, M. Mathias remit deux lettres à l'un des matelots qui amenèrent le canot.

— Mon cher ami, ce paquet, dit l'ancien notaire au matelot en lui montrant une des lettres qu'il lui donnait, tu vois bien, ne te trompes pas? ce paquet vient d'être apporté par un courrier qui a fait la route de Paris en trente heures. Dites bien cette circonstance à M. le comte, n'oublie pas? elle pourrait le faire changer de résolution.

— Et il faudrait le débarquer? demanda le matelot.

— Oui, mon ami, répondit imprudemment le notaire.

Le matelot est généralement en tout pays un être à part, qui presque toujours professe le plus profond mépris pour les gens de terre. Quant aux bourgeois, il n'en comprend rien, il ne se les explique pas, il s'en moque, il les vole s'il le peut, sans croire manquer aux lois de la probité. Celui-là par hasard était un Bas-Breton qui vit une seule chose dans les recommandations du bonhomme Mathias.

— C'est ça, se dit-il en ramant, le débarquer!

faire perdre un passager au capitaine. Si l'on écoutait ces marsouins-là, il faudrait passer sa vie à les embarquer et les débarquer. A-t-il peur que son fils n'attrape des rhumes?

Le matelot remit donc à Paul les lettres sans lui rien dire. En reconnaissant l'écriture de sa femme et celle de Marsay, Paul présuma tout ce que ces deux personnes pouvaient lui dire, et ne voulut pas se laisser influencer par les offres que leur inspirait le dévouement; il mit avec une apparente insouciance leurs lettres dans sa poche.

— Voilà pourquoi ils nous dérangent? des bêtises, dit le matelot en bas-breton au capitaine. Si c'était important comme le disait ce vieux lampion, monsieur le comte jetterait-il son paquet dans ses écoutilles?

Absorbé par les pensées tristes qui saisissent les hommes les plus forts en semblable circonstance, Paul s'abandonnait à la mélancolie en saluant de la main son vieil ami, en disant adieu à la France, en regardant les édifices de Bordeaux qui fuyaient avec rapidité. Il s'assit sur un paquet de cordages. La nuit le surprit là, perdu dans ses rêveries. Avec les demi-ténèbres du couchant vinrent les doutes: il plongeait dans l'avenir un œil inquiet; en le sondant, il n'y trouvait que périls et incertitudes; il se demandait s'il ne manquerait pas de courage; il avait des craintes vagues en sachant Natalie livrée à elle-même, il se repentait de sa résolution, il regrettait Paris et sa vie passée. Le mal de mer le prit. Chacun connaît les effets de cette maladie. La plus horrible de ses souffrances sans danger est une dissolution complète de la volonté. Un trouble inexpliqué relâche dans les centres les liens de la vitalité, l'âme ne fait plus ses fonctions et tout devient indifférent au malade : une mère oublie son enfant, l'amant ne pense plus à sa maîtresse, l'homme le plus fort gît comme une masse inerte. Paul fut porté dans sa cabine où il demeura pendant trois jours, étendu, tour à tour vomissant et gorgé de grog par les matelots, ne songeant à rien et dormant ; puis, il eut une espèce de convalescence et revint à son état ordinaire. Le matin où, se trouvant mieux, il alla se promener sur le tillac, pour y respirer les brises marines d'un nouveau climat, il sentit ses lettres en mettant les mains dans ses poches. Aussitôt il les saisit pour les lire, et commença par celle de Natalie. Pour que la lettre de la comtesse de Manerville puisse être bien comprise, il est nécessaire de rapporter celle que Paul avait écrite à sa femme et que voici.

Lettre de Paul de Manerville à sa femme.

Ma bien-aimée, quand tu liras cette lettre, je serai loin de toi, peut-être serai-je déjà sur le vaisseau qui m'emmène aux Indes où je vais refaire ma fortune abattue. Je ne me suis pas senti la force de t'annoncer mon départ. Je t'ai trompée. Mais ne le fallait-il pas? tu te serais inutilement gênée, tu m'aurais voulu sacrifier ta fortune. Chère Natalie, n'aie pas un remords, je n'ai pas un regret. Quand je rapporterais des millions, j'imiterais ton père, je les mettrais à tes pieds comme il mettait les siens aux pieds de ta mère, en te disant : — Tout est à toi. Je t'aime follement, Natalie. Je te le dis sans avoir à craindre que cet aveu ne te serve à étendre un pouvoir qui n'est redouté que par les gens faibles ; le tien fut sans bornes le jour où je t'ai bien connue. Mon amour est le seul complice de mon désastre. Ma ruine progressive m'a fait éprouver les délirans plaisirs du joueur. A mesure que mon argent diminuait, mon bonheur grandissait. Chaque fragment de ma fortune, converti pour toi en une petite jouissance, me causait des ravissemens célestes. Je t'aurais voulu plus de caprices que tu n'en avais. Je savais que j'allais vers un abîme, mais j'y allais le front couronné par la joie. Ce sont des sentimens que ne comprennent pas les gens vulgaires. J'ai agi comme ces amans qui s'enferment dans une petite maison au bord d'un lac pour un an ou deux, et qui se promettent de se tuer après s'être plongés dans un océan de plaisirs, mourant ainsi dans toute la gloire de leurs illusions et de leur amour. J'ai toujours trouvé ces gens-là prodigieusement raisonnables. Tu ne savais rien ni de mes plaisirs, ni de mes sacrifices. Ne trouve-t-on pas de grandes voluptés à cacher à la personne aimée le prix de ce qu'elle souhaite? Je puis t'avouer ces secrets. Je serai loin de toi quand tu tiendras ce papier chargé d'amour. Si je perds les trésors de ta reconnaissance, je n'éprouve pas cette contraction au cœur qui me prendrait en te parlant de ces choses. Puis, ma bien-aimée, n'y a-t-il pas quelque savant calcul à te révéler ainsi le passé ? n'est-ce pas étendre notre amour dans l'avenir ? Aurions-nous donc besoin de fortifians ? ne nous aimons-nous donc pas d'un amour pur, auquel les preuves sont indifférentes, qui méconnaît le temps, les distances, et vit de lui-même ? Ah ! Natalie, je viens de quitter la table où j'écris près du feu, je viens de te voir endormie, confiante, posée comme un enfant, naïve, la main tendue vers moi ! J'ai laissé une larme sur l'oreiller confident de nos joies. Je pars sans crainte sur la foi de cette attitude, je pars afin de conquérir le repos en conquérant une fortune assez considérable pour que nulle inquiétude ne trouble nos voluptés, pour que tu puisses satisfaire tes goûts. Ni toi, ni moi, nous ne saurions nous passer des jouissances de la vie que nous menons ; je suis homme, j'ai du courage ; à moi seul la tâche d'amasser la fortune qui nous est nécessaire. Peut-être m'aurais-tu suivi ! Je te cacherai le nom du vaisseau, le lieu de mon départ et le jour. Un ami te dira tout quand il ne sera plus temps. Natalie, mon affection est sans bornes, je t'aime comme une mère aime son enfant, comme un amant aime sa maîtresse, avec le plus grand désintéressement. A moi les travaux, à toi les plaisirs ; à moi les souffrances, à toi la vie heureuse. Amuse-toi, conserve toutes tes habitudes de luxe, va aux Italiens, à l'Opéra, dans le monde, au bal, je t'absous de tout. Chère ange, lorsque tu reviendras à ce nid où nous avons savouré les fruits éclos durant nos quatre années d'amour, pense à ton ami, pense à moi pendant un moment, endors-toi dans mon cœur. Voilà tout ce que je te demande. Moi, chère éternelle pensée, lorsque, perdu sous des cieux brûlans, travaillant pour nous deux, je rencontrerai des obstacles à vaincre, ou que, fatigué, je me reposerai dans les espérances du retour, moi je songerai à toi qui es ma belle vie. Oui, je tâcherai d'être en toi ; je me dirai que tu n'as ni peines, ni soucis, que tu es heureuse. De même que nous avons l'existence du jour et de la nuit, la veille et le sommeil ; ainsi j'aurai mon existence fleurie à Paris, mon existence de travail aux Indes ; un rêve pénible, une réalité délicieuse ; je vivrai si bien dans ta réalité que mes jours seront des rêves. J'aurai mes souvenirs, je reprendrai chant par chant ce beau poème de quatre ans ; je me rappellerai les jours où tu te plaisais à briller, où, par une toilette aussi bien que par un déshabillé, tu te faisais nouvelle à mes yeux. Je reprendrai sur mes lèvres le goût de nos festins. Oui, chère ange, je pars comme un homme voué à une entreprise dont la réussite lui donnera sa belle maîtresse ! Le passé sera, pour moi, comme ces rêves du désir qui précèdent la possession et que souvent la possession détrompe, mais que tu as toujours agrandis. Je reviendrai pour trouver une femme nouvelle, l'absence ne te donnera-t-elle pas des charmes nouveaux? O mon bel amour, ma Natalie, que je sois une religion pour toi! Sois bien l'enfant que je vois endormi. Si tu trahissais une confiance aveugle! Natalie, tu n'aurais pas à craindre ma colère, tu dois en être sûre, je mourrais silencieusement. Mais la femme ne trompe pas l'homme qui la laisse libre, car la femme n'est jamais lâche; elle se joue d'un tyran, mais une trahison facile qui donne la mort, elle y renonce! Non, je n'y pense pas. Grâce pour ce cri si naturel à un homme. Chère femme, tu verras de Marsay, il sera le locataire de notre hôtel et te le laissera. Ce bail simulé était nécessaire pour éviter des pertes inutiles. Les créanciers, ignorant que leur paiement est une question de temps, auraient pu saisir le mobilier et l'usufruit de notre hôtel. Sois bonne pour de Marsay, j'ai la plus entière confiance dans sa capacité, dans sa loyauté. Prends-le pour défenseur et pour conseil, fais-en ton menin. Quelles que soient ses occupations, il sera toujours à toi. Je le charge de veiller à ma liquidation. S'il avançait quelque somme dont il eût besoin plus tard, je compte sur toi pour la lui remettre. Songe que je ne te laisse pas à de Marsay, mais à toi-même; en te l'indiquant, je ne te l'impose pas. Hélas! il m'est impossible de te parler d'affaires, je n'ai plus qu'une heure à rester là près de toi! Je compte tes aspirations, je tâche de retrouver tes pensées dans les rares accidens de ton sommeil, ton souffle ranime les heures fleuries de notre amour. A chaque battement de ton cœur, le mien te verse ses trésors, j'effeuille sur toi toutes les roses de mon âme, comme les enfans les sèment devant l'autel au jour de la fête de Dieu. Je te recommande aux souvenirs dont je t'accable, je voudrais t'infuser mon sang pour que tu sois bien à moi, pour que ta pensée fût ma pensée, pour que ton cœur fût mon cœur, pour être tout en toi. Tu as laissé échapper un petit murmure, comme une douce réponse! Sois toujours calme et belle comme tu es calme et belle en ce moment. Ah! je voudrais posséder ce fabuleux pouvoir dont parlent les contes de fées, je voudrais te laisser endormie ainsi pendant mon absence, et te réveiller à mon retour par un baiser! Combien ne faut-il pas d'énergie, et combien ne faut-il pas t'aimer pour te quitter en te voyant ainsi! Tu es une Espagnole religieuse, tu respecteras un serment fait pendant le sommeil et où l'on ne doutait pas de ta parole inexprimée. Adieu, chère, voici ta pauvre Fleur des pois emportée par un vent d'orage, mais elle te reviendra pour toujours sur les ailes de la fortune. Non, chère Nini, je ne te dis pas adieu, je ne te quitterai jamais. Ne seras-tu pas l'âme de mes actions? L'espoir de t'apporter un bonheur indestructible n'animera-t-il pas mon entreprise, ne dirigera-t-il point tous mes pas? Ne seras-tu pas toujours là? Non, ce ne sera pas le soleil de l'Inde, mais le feu de ton regard qui m'éclairera. Sois aussi heureuse qu'une femme peut l'être sans son amant. J'aurais bien voulu ne pas prendre pour dernier baiser un baiser où tu n'étais que passive; mais, mon ange adoré, ma Nini, je n'ai pas voulu t'éveiller! A ton réveil, tu trouveras une larme sur ton front, fais-en un talisman! Songe, songe à qui mourra peut-être pour toi, loin de toi! songe moins au mari qu'à l'amant dévoué qui te confie à Dieu!

Réponse de la comtesse de Manerville à son mari.

Cher bien-aimé, dans quelle affliction me plonge ta lettre! Avais-tu le droit de prendre sans me consulter une résolution qui nous frappe également? Es-tu libre? ne m'appartiens-tu pas? ne suis-je pas à moitié créole? ne pouvais-je donc te suivre? Tu m'apprends que je ne te suis pas indispensable. Que t'ai-je fait, Paul, pour me priver de mes droits? Que veux-tu que je devienne seule dans Paris? Pauvre ange, tu prends sur toi tous mes torts. Ne suis-je pas pour quelque chose dans cette ruine? mes chiffons n'ont-ils pas bien pesé dans la balance? tu m'as fait maudire la vie heureuse, insouciante que nous avons menée pendant quatre ans. Te savoir banni pour six ans, n'y a-t-il pas de quoi mourir? Fait-on fortune en six ans? Reviendras-tu? J'étais bien inspirée, quand je me refusais avec une obstination instinctive à cette séparation de biens que ma mère et toi vous avez voulue à toute force. Que vous disais-je alors? N'était-ce pas jeter sur toi de la déconsidération? N'était-ce pas ruiner ton crédit ? Il a fallu que tu te sois fâché pour que j'aie cédé. Mon cher Paul, jamais tu n'as été si grand à mes yeux que tu l'es en ce moment. Ne désespérer de rien, aller chercher une fortune ! il faut ton caractère et ta force pour se conduire ainsi. Je suis à tes pieds. Un homme qui avoue sa faiblesse avec ta bonne foi, qui refait sa fortune par la même cause qui la lui a fait dissiper, par amour, par une irrésistible passion, oh Paul, cet homme est sublime. Va sans crainte ! marche à travers les obstacles, sans douter de ta Natalie, car ce serait douter de toi-même. Pauvre cher, tu veux vivre en moi ? Et moi ne serai-je pas toujours en toi ! Je ne serai pas ici, mais partout où tu seras, toi. Si ta lettre m'a causé de vives douleurs, elle m'a comblée de joie ; tu m'as fait en un moment connaître les deux extrêmes, car en voyant combien tu m'aimes, j'ai été fière d'apprendre que mon amour était bien senti. Parfois, je croyais t'aimer plus que tu ne m'aimais, maintenant je me reconnais vaincue, tu peux joindre cette supériorité délicieuse à toutes celles que tu as ; mais n'ai-je pas plus de raisons de t'aimer, moi ! Ta lettre, cette précieuse lettre où ton âme se révèle et qui m'a si bien dit que rien n'était perdu entre nous, restera sur mon cœur pendant ton absence, car toute ton âme gît là, cette lettre est ma gloire ! J'irai demeurer à Lanstrac avec ma mère, j'y serai comme morte au monde, j'économiserai nos revenus pour payer tes dettes intégralement. De ce matin, Paul, je suis une autre femme, je dis

adieu sans retour au monde, je ne veux pas d'un
plaisir que tu ne partagerais pas. D'ailleurs, Paul,
je dois quitter Paris et aller dans la solitude. Cher
enfant, apprends que tu as une double raison de
faire fortune. Si ton courage avait besoin d'aiguillon,
ce serait un autre cœur que tu trouverais maintenant en toi-même. Mon bon ami, ne devines-tu pas?
nous aurons un enfant! Vos plus chers désirs sont
comblés, Monsieur. Je ne voulais pas te causer de
ces fausses joies qui tuent, nous avons eu déjà trop
de chagrin à ce sujet, je ne voulais pas être forcée
de démentir la bonne nouvelle. Aujourd'hui je suis
certaine de ce que je t'annonce, heureuse ainsi de
jeter une joie à travers tes douleurs. Ce matin, ne
me doutant de rien, te croyant sorti dans Paris, j'é-
tais allée à l'Assomption y remercier Dieu. Pouvais-je prévoir un malheur? tout me souriait pendant cette matinée. En sortant de l'église, j'ai rencontré ma mère; elle avait appris ta détresse, et
arrivait en poste avec ses économies, avec trente
mille francs, espérant pouvoir arranger tes affaires.
Quel cœur, Paul! J'étais joyeuse, je revenais pour
t'annoncer ces deux bonnes nouvelles en déjeunant
sous la tente de notre serre où je t'avais préparé les
gourmandises que tu aimes. Augustine me remet ta
lettre. Une lettre de toi, quand nous avions dormi
ensemble, n'était-ce pas tout un drame? Il m'a pris
un frisson mortel, et puis j'ai lu!... J'ai lu en pleurant, et ma mère fondait en larmes aussi! Ne faut-il
pas bien aimer un homme pour pleurer, car les

pleurs enlaidissent une femme. J'étais à demi-morte. Tant d'amour et tant de courage ! tant de bonheur et tant de misères ! les plus riches fortunes du cœur et la ruine momentanée des intérêts ! ne pas pouvoir presser le bien-aimé dans le moment où l'admiration de sa grandeur vous étreint, quelle femme eût résisté à cette tempête de sentimens ? Te savoir loin de moi quand ta main sur mon cœur m'aurait fait tant de bien ; tu n'étais pas là pour me donner ce regard que j'aime tant, pour te réjouir avec moi de la réalisation de mes espérances ; et je n'étais pas près de toi pour adoucir tes peines par ces caresses qui te rendent ta Natalie si chère, et qui te font tout oublier. J'ai voulu partir, voler à tes pieds ; mais ma mère m'a fait observer que le départ de la *Belle-Amélie* devait avoir lieu le lendemain ; que la poste seule pouvait aller assez vite, et que dans l'état où j'étais ce serait une insigne folie que de risquer tout un avenir dans un cahot. Quoique déjà mère, j'ai demandé des chevaux, ma mère m'a trompée en me laissant croire qu'on les amènerait. Et elle a sagement agi, les premiers malaises de la grossesse ont commencé. Je n'ai pu soutenir tant d'émotions violentes, et je me suis trouvée mal. Je t'écris au lit, les médecins ont exigé du repos pendant les premiers mois. Jusqu'alors j'étais une femme frivole, maintenant je vais être une mère de famille. La Providence est bien bonne pour moi, car un enfant à nourrir, à soigner, à élever peut seul amoindrir les douleurs que me causera ton absence. J'aurai en lui un autre toi que je fêterai. J'avouerai hautement mon amour que nous avons si soigneusement caché. Je dirai la vérité. Ma mère a déjà trouvé l'occasion de démentir quelques calomnies qui courent sur ton compte. Les deux Vandenesse, Charles et Félix t'ont bien noblement défendu; mais ton ami M. de Marsay prend tout en raillerie, il se moque de tes accusateurs, au lieu de leur répondre; je n'aime pas cette manière de repousser légèrement des attaques sérieuses. Ne te trompes-tu pas sur lui? Néanmoins je t'obéirai, j'en ferai mon ami. Sois bien tranquille, mon adoré, relativement aux choses qui touchent à ton honneur. N'est-il pas le mien? Mes diamans seront engagés. Nous allons, ma mère et moi, employer toutes nos ressources pour acquitter intégralement tes dettes, et tâcher de racheter ton clos de Belle-Rose. Ma mère, qui s'entend aux affaires comme un vrai procureur, t'a bien blâmé de ne pas t'être ouvert à elle. Alors elle n'aurait pas acheté, croyant te faire plaisir, le domaine de Grainrouge, qui se trouvait enclavé dans tes terres, et t'aurait pu prêter cent trente mille francs. Elle est au désespoir du parti que tu as pris. Elle craint pour toi le séjour des Indes. Elle te supplie d'être sobre, de ne pas te laisser séduire par les femmes... Je me suis mise à rire. Je suis sûre de toi comme de moi-même. Tu me reviendras riche et fidèle. Moi seule au monde connais ta délicatesse de femme et tes sentimens secrets qui font de toi comme une délicieuse fleur humaine digne du ciel. Les Bordelais avaient bien raison de te donner ton joli surnom. Qui donc soignera ma fleur délicate? J'ai le cœur percé par d'horribles idées. Moi sa femme, sa Natalie, être ici, quand déjà peut-être il souffre. Et moi, si bien unie à toi, ne pas partager tes peines, tes traverses, tes périls. A qui te confieras-tu? Comment as-tu pu te passer de l'oreille à qui tu disais tout! Chère sensitive emportée par un orage, pourquoi t'es-tu déplanté du seul terrain où tu pourrais développer tes parfums? Il me semble que je suis seule depuis deux siècles, j'ai froid aussi dans Paris. J'ai déjà bien pleuré. Être la cause de ta ruine! quel texte aux pensées d'une femme aimante! tu m'as traitée en enfant à qui l'on donne tout ce qu'il demande, en courtisane pour laquelle un étourdi mange sa fortune. Ah! ta prétendue délicatesse a été une insulte. Crois-tu que je ne pouvais me passer de toilette, de bals, d'Opéra, de succès? Suis-je une femme légère? Crois-tu que je ne puisse concevoir des pensées graves, servir à ta fortune aussi bien que je servais à tes plaisirs? Si tu n'étais pas loin de moi, souffrant et malheureux, vous seriez bien grondé, monsieur, de tant d'impertinence. Ravaler votre femme à ce point? Mon Dieu, pourquoi donc allais-je dans le monde? pour flatter ta vanité; je me parais pour toi, tu le sais bien. Si j'avais des torts, je serais bien cruellement punie; ton absence est une bien dure expiation de notre vie intime. Cette joie était trop complète, elle devait se payer par quelque grande douleur, et la voici venue! Après ces bonheurs si soigneusement voilés aux regards curieux du monde, après ces fêtes continuelles entremêlées des folies secrètes de notre amour, il n'y a plus rien de possible que la solitude. La solitude, cher ami, nourrit les grandes passions, et j'y aspire. Que ferai-je dans le monde? à qui reporter mes triomphes? Ah! vivre à Lanstrac, cette terre arrangée par ton père, dans un château que tu as renouvelé si luxueusement, y vivre avec ton enfant en t'attendant, en t'envoyant tous les soirs, tous les matins, la prière de la mère et de l'enfant, de la femme et de l'ange, ne sera-ce pas un demi-bonheur? Vois-tu ces petites mains jointes dans les miennes? Te souviendras-tu, comme je vais m'en souvenir tous les soirs, de ces félicités que tu m'as rappelées dans ta chère lettre? Oh! oui, nous nous aimons autant l'un que l'autre! Cette bonne certitude est un talisman contre le malheur. Je ne doute pas plus de toi que tu ne doutes de moi. Quelles consolations puis-je te mettre ici, moi désolée, moi brisée, moi qui vois ces six années comme un désert à traverser? Allons, je ne suis pas la plus malheureuse; ce désert ne sera-t-il pas animé par notre petit? oui, je veux te donner un fils, il le faut, n'est-ce pas? Allons, adieu, cher bien-aimé, nos vœux et notre amour te suivront partout. Les larmes qui sont sur ce papier te diront-elles bien les choses que je ne puis exprimer? Reprends les baisers que te met, là, au bas,

Ta Natalie.

Cette lettre engagea Paul dans une rêverie autant causée par l'ivresse où le plongeaient ces témoignages d'amour, que par ses plaisirs évoqués à dessein ; il les reprenait un à un, afin de s'expliquer la nouvelle conjugale. Plus un homme est heureux, plus il tremble. Chez les âmes exclusivement tentres, et la tendresse comporte un peu de faiblesse, la jalousie et l'inquiétude sont en raison directe du bonheur et de son étendue. Les âmes fortes ne sont ni jalouses ni craintives ; la jalousie est un doute, la crainte est une petitesse. La croyance sans bornes est le principal attribut du grand homme : s'il est trompé, car la force aussi bien que la faiblesse peuvent rendre l'homme également dupe, son mépris lui sert de hache, il tranche tout. Cette grandeur est une exception. A qui n'arrive-t-il pas d'être abandonné de l'esprit qui soutient notre frêle machine et d'écouter la puissance inconnue qui nie tout ? Paul accroché par quelques faits irrécusables croyait et doutait tout à la fois. Perdu dans ses pensées, en proie à une terrible incertitude involontaire, mais combattu par les gages d'un amour pur et par sa croyance en Natalie, il relut deux fois cette lettre diffuse, sans pouvoir en rien conclure ni pour ni contre sa femme. L'amour est aussi grand par le bavardage que par la concision.

Pour bien comprendre la situation dans laquelle allait entrer Paul, il faut se le représenter flottant sur l'Océan comme il flottait sur l'immense étendue de son passé, revoyant sa vie entière ainsi qu'un ciel sans nuages, et finissant par revenir, après les tourbillons du doute, à la foi pure, entière, sans mélange du fidèle, du chrétien, de l'amoureux que rassurait la voix de son cœur. Et d'abord il est également nécessaire de rapporter ici la lettre à laquelle répondait Henri de Marsay.

Lettre du comte Paul de Manerville à M. Henri de Marsay.

Henri, je vais te dire un des plus grands mots qu'un homme puisse dire à son ami : je suis ruiné. Quand tu me liras, je serai prêt à partir de Bordeaux pour Calcutta, sur le navire *la Belle-Amélie*. Tu trouveras chez ton notaire un acte qui n'attend que ta signature pour être complet et dans lequel je te loue pour six ans mon hôtel par un bail simulé dont tu remettras la contre-lettre à ma femme. Je suis forcé de prendre cette précaution pour que Natalie puisse rester chez elle sans avoir à craindre d'en être chassée. Je te transporte également les revenus de mon majorat pendant quatre années, le tout contre une somme de cent cinquante mille francs que je te prie d'envoyer en une lettre de change sur une maison de Bordeaux, à l'ordre de M. Mathias. Ma femme te donnera sa garantie en surérogation de mes revenus. Si l'usufruit de mon majorat te payait plus promptement que je ne le suppose, nous compterons à mon retour. La somme que je te demande est indispensable pour aller tenter la fortune.

Si je t'ai bien connu, je dois la recevoir sans phrase à Bordeaux, la veille de mon départ. Je me suis conduit comme tu te serais conduit à ma place. J'ai tenu bon jusqu'au dernier moment sans laisser soupçonner ma ruine. Puis quand le bruit de la saisie-immobilière de mes biens disponibles est venu à Paris, j'avais fait de l'argent avec cent mille francs de lettres de change pour essayer du jeu. Quelque coup du hasard pouvait me rétablir. J'ai perdu. Comment me suis-je ruiné? volontairement, mon cher Henri. Dès le premier jour, j'ai vu que je ne pouvais tenir au train que je prenais, je savais le résultat, j'ai voulu fermer les yeux, car il m'était impossible de dire à ma femme : — Quittons Paris, allons vivre à Lanstrac. Je me suis ruiné pour elle comme on se ruine pour une maîtresse, mais avec certitude. Entre nous, je ne suis ni un niais, ni un homme faible. Un niais ne se laisse pas dominer, les yeux ouverts, par une passion ; puis un homme qui va reconstruire sa fortune aux Indes, au lieu de se brûler la cervelle, cet homme a du courage. Je reviendrai riche ou ne reviendrai pas. Seulement, cher ami, comme je ne veux de fortune que pour elle, que je ne veux être dupe de rien, que je serai six ans absent, je te confie ma femme. Tu as assez de bonnes fortunes pour respecter Natalie et m'accorder toute la probité du sentiment qui nous lie. Je ne sais pas de meilleur gardien que toi. Je laisse ma femme sans enfant, un amant serait bien dangereux pour elle. Sache-le, mon bon Marsay, j'aime éperduement

Natalie, bassement, sans vergogne. Je lui pardonnerais, je crois, une infidélité, non parce que je suis certain de pouvoir me venger, dussé-je en mourir ! mais parce que je me tuerais pour la laisser heureuse, si je ne pouvais faire son bonheur moi-même. Que puis-je craindre? Natalie a pour moi cette amitié véritable indépendante de l'amour, mais qui conserve l'amour. Elle a été traitée par moi comme un enfant gâté. J'éprouvais tant de bonheur dans mes sacrifices, l'un amenait si naturellement l'autre qu'elle serait un monstre si elle me trompait. L'amour vaut l'amour? Hélas! veux-tu tout savoir, mon cher Henri? je viens de lui écrire une lettre où je lui laisse croire que je pars l'espoir au cœur, le front serein, que je n'ai ni doute, ni jalousie, ni crainte, une lettre comme en écrivent les fils qui veulent cacher à leurs mères qu'ils vont à la mort. Mon Dieu, de Marsay, j'avais l'enfer en moi, je suis l'homme le plus malheureux du monde! A toi les cris, à toi les grincemens de dents! je t'avoue les pleurs de l'amant désespéré ; j'aimerais mieux rester six ans balayeur sous ses fenêtres que de revenir millionnaire après six ans d'absence, si cela était possible. J'ai d'horribles angoisses, je marcherai de douleur en douleur jusqu'à ce que tu m'aies écrit un mot par lequel tu accepteras un mandat que toi seul au monde peux remplir et accomplir. O mon cher de Marsay, cette femme est indispensable à ma vie, elle est mon air et mon soleil. Prends-la sous ton égide, garde-la-moi pure, quand même ce serait contre son gré. Oui, je serais encore heureux d'un demi-bonheur. Sois son chaperon, je n'aurai nulle défiance de toi. Prouve-lui qu'en me trahissant, elle serait vulgaire, qu'elle ressemblerait à toutes les femmes, et qu'il y aurait de l'esprit à me rester fidèle. Elle doit avoir encore assez de fortune pour continuer sa vie molle et sans soucis; mais si elle manquait de quelque chose, si elle avait des caprices, fais-toi son banquier, ne crains rien, je reviendrai riche. Après tout, mes terreurs sont sans doute vaines, Natalie est un ange de vertu. Quand Félix de Vandenesse, épris de belle passion pour elle, s'est permis quelques assiduités, je n'ai eu qu'à faire apercevoir le danger à Natalie, elle m'a tout aussitôt remercié si affectueusement que j'en étais ému aux larmes. Elle m'a dit qu'il ne convenait pas à sa réputation qu'un homme quittât brusquement sa maison, mais qu'elle saurait le congédier : elle l'a en effet reçu très-froidement et tout s'est terminé pour le mieux. Nous n'avons pas eu d'autre sujet de discussion depuis quatre ans, si toutefois on peut appeler discussion, la causerie de deux amis. Allons, mon cher Henri, je te dis adieu en homme. Le malheur est venu. Par quelque cause que ce soit, il est là; j'ai mis habit bas, la misère et Natalie sont deux termes inconciliables. La balance sera d'ailleurs très-exacte entre mon passif et mon actif; ainsi personne ne pourra se plaindre de moi; mais si quelque chose d'imprévu mettait mon honneur en péril, je compte sur toi. Enfin, si quelque événement grave arrivait, tu peux m'envoyer tes lettres sous l'enveloppe du gouverneur des Indes, à Calcutta, j'ai quelques relations d'amitié dans sa maison, et quelqu'un m'y gardera les lettres qui me viendront d'Europe. Cher ami, je désire te retrouver le même à mon retour, l'homme qui sait se moquer de tout et qui néanmoins est accessible aux sentimens d'autrui quand ils s'accordent avec le grandiose que tu sens en toi-même. Tu restes à Paris, toi ! Au moment où tu liras ceci, je crierai « — A Carthage ! »

Lettre du marquis Henri de Marsay au comte Paul de Manerville.

Ainsi, monsieur le comte, tu t'es enfoncé, monsieur l'ambassadeur a sombré. Voilà donc les belles choses que tu faisais? Pourquoi, Paul, t'es-tu caché de moi ? si tu m'avais dit un seul mot, mon pauvre bonhomme, je t'aurais éclairé sur ta position. Ta femme m'a refusé sa garantie. Puisse ce seul mot te dessiller les yeux ! S'il ne suffisait pas, apprends que tes lettres de change ont été protestées à la requête d'un sieur Lécuyer, ancien premier clerc d'un sieur Solonet, notaire à Bordeaux. Cet usurier en herbe, arrivé de Gascogne pour faire ici des tripotages, est le prête-nom de ta très-honorée belle-mère, créancière réelle des cent mille francs pour lesquels la bonne femme t'a compté, dit-on, soixante-dix mille francs. Comparé à madame Évangélista, le papa Gobseck est une flanelle, un velours, une potion calmante, une meringue à la vanille, un oncle à dénoûment ! Ton clos de Bellerose sera la proie de ta femme à laquelle sa mère donnera la différence entre le prix de l'adjudication et le montant de ses reprises. Madame Évangélista aura le Guadet et Grossou, et les hypothèques qui grèvent ton hôtel à Bordeaux lui appartiennent sous le nom des hommes de paille que lui a trouvés ce Solonet. Ainsi, ces deux excellentes créatures réuniront cent vingt mille livres de rente, somme à laquelle s'élève le revenu de tes biens, joint à trente et quelque mille francs en inscriptions sur le grand-livre que les petites chattes possèdent. La garantie de ta femme était inutile. Ce susdit sieur Lécuyer est venu ce matin m'offrir le remboursement de la somme que je t'ai prêtée contre un transport en bonne forme de mes droits. La récolte de 1825, que ta belle-mère a dans tes caves de Lanstrac, lui suffit pour me payer. Ainsi ces deux femmes ont déjà calculé que tu devais être en mer, mais je t'envoie ma lettre par un courrier, afin que tu sois encore à temps de suivre les conseils que je vais te donner. J'ai fait causer ce Lécuyer. J'ai saisi dans ses mensonges, dans ses paroles et dans ses réticences, les fils qui me manquaient pour faire reparaître la trame entière de la conspiration domestique ourdie contre toi. Ce soir à l'ambassade d'Espagne, j'offrirai mes complimens d'admiration à ta belle-mère et à ta femme. Je ferai la cour à madame Évangélista, je t'abandonnerai lâchement, je te dirai d'adroites injures, quelque chose de grossier serait trop tôt découvert par ce sublime Mascarille en jupons. Comment l'as-tu mise contre toi? Voilà ce que je veux savoir. Si tu avais eu l'esprit d'être amoureux de cette femme avant d'épouser sa fille, tu serais aujourd'hui pair de France, duc de Manerville et ambassadeur à Madrid. Si tu m'avais appelé près de toi lors de ton mariage, je t'aurais aidé à connaître, analyser les deux femmes avec lesquelles tu t'engageais ; et de ces observations faites en commun, il serait sorti quelques conseils utiles. N'étais-je pas le seul de tes amis en position de respecter ta femme. Étais-je à craindre? Après m'avoir jugé, ces deux femmes ont eu peur de moi et nous ont séparés. Si tu ne m'avais pas bêtement fait la moue, elles ne t'auraient pas dévoré. Ta femme a bien aidé à ce refroidissement, elle était serinée par sa mère à qui elle écrivait deux lettres dans la semaine, et tu n'y as jamais pris garde. J'ai bien reconnu mon Paul, quand j'ai su ce détail. Dans un mois, je serai assez près de ta belle-mère pour apprendre d'elle la raison de la haine hispano-italienne qu'elle t'a vouée, à toi, le meilleur homme du monde. Te haïssait-elle avant que sa fille n'aimât Félix de Vandenesse, ou te chasse-t-elle jusque dans les Indes pour rendre sa fille aussi libre que l'est en France une femme séparée de corps et de biens? Là est le problème. Je te vois bondir et hurler en apprenant que ta femme aime à la folie Félix de Vandenesse. Si je n'avais pas eu la fantaisie de faire un tour en Orient avec Montriveau, Ronquerolles et quelques autres bons vivans de ta connaissance, j'aurais pu te dire quelque chose de cette intrigue qui commençait quand je suis parti ; je voyais poindre alors les germes de ton malheur. Mais quel gentilhomme assez dépravé pourrait entamer de semblables questions, sans une première ouverture? Qui oserait nuire à une femme? Qui briserait le miroir aux illusions où l'un de nos amis se complaît à regarder les féeries d'un heureux mariage? Les illusions ne sont-elles pas la fortune du cœur? Ta femme, cher ami, n'était-elle pas dans la plus large acception du mot une femme à la mode? Elle ne pensait qu'à ses succès, à sa toilette; elle allait aux Bouffons, à l'Opéra, au bal; se levait tard, se promenait au bois, dînait en ville ou donnait elle-même à dîner. Cette vie me semble être pour les femmes ce qu'est la guerre pour les hommes; le public ne voit que les vainqueurs, il oublie les morts. Si les femmes délicates périssent à ce métier, celles qui résistent doivent avoir des organisations de fer, conséquemment peu de cœur, et des estomacs excellens. Là est la raison de l'insensibilité, du froid des salons. Les belles âmes restent dans la solitude, les natures faibles et tendres succombent, il ne reste que des galets qui maintiennent l'Océan social dans ses bornes en se laissant frotter, arrondir par le flot, sans s'user. Ta femme résistait admirablement à cette vie, elle y semblait habituée, elle apparaissait toujours fraîche et belle; pour moi, la conclusion était facile à tirer : elle ne t'aimait pas, et tu l'aimais comme un fou. Pour faire jaillir l'amour dans cette nature siliceuse, il fallait un homme de fer. Après avoir subi sans y rester le choc de lady Dudley, la femme de mon vrai père, Félix devait être son fait. Il n'y avait pas grand mérite à deviner que tu lui étais indifférent ; de cette indifférence au déplaisir, il n'y avait qu'un pas ; et, tôt ou tard, un rien, une discussion, un mot, un acte d'autorité pouvait le faire sauter à ta femme. J'aurais pu te raconter à toi-même la scène qui se passait tous les soirs dans sa chambre à coucher, entre vous deux. Tu n'as pas d'enfant, mon cher ? Ce mot n'explique-t-il pas bien des choses à un observateur ? Amoureux tu ne pouvais guère t'apercevoir de la froideur naturelle à une jeune femme que tu as formée à point pour Félix de Vandenesse. Eusses-tu trouvé ta femme froide, la stupide jurisprudence des gens mariés te poussait à faire honneur de sa réserve à son innocence. Comme tous les maris, tu croyais pouvoir la maintenir vertueuse dans un monde où les femmes s'expliquent d'oreille à oreille ce que les hommes n'osent dire, où tout ce qu'un mari n'apprend pas à sa femme est spécifié, commenté sous l'éventail en riant, en badinant, à propos d'un procès ou d'une aventure. Si ta femme aimait les bénéfices sociaux du mariage, elle en trouvait les charges un peu lourdes ; et la charge, l'impôt, c'était toi ! Ne voyant rien de ces choses, tu allais creusant des abîmes et les couvrant de fleurs, suivant l'éternelle phrase de la rhétorique ; tu obéissais tout doucement à la loi qui régit le commun des hommes et dont j'avais voulu te garantir. Cher enfant, il ne te manquait plus pour être aussi bête que le bourgeois trompé par son épouse et qui s'en étonne, ou s'en épouvante, ou s'en fâche, de me parler de tes sacrifices, de ton amour pour Natalie, de venir me chanter : — Elle serait bien ingrate si elle me trahissait, j'ai fait cela, j'ai fait ceci, je ferai mieux, j'irai pour elle aux Indes, je, etc. Mon cher Paul, as-tu donc vécu dans Paris, as-tu donc l'honneur d'appartenir par les liens de l'amitié à Henri de Marsay, pour ignorer les choses les plus vulgaires, les premiers principes qui meuvent le mécanisme féminin, l'alphabet de leur cœur. Exterminez-vous! allez pour une femme à Sainte-Pélagie, tuez vingt-deux hommes, abandonnez sept filles, servez Laban, traversez le désert, côtoyez le bagne, couvrez-vous de gloire, couvrez-vous de honte, refusez comme Nelson de livrer bataille pour aller baiser l'épaule de lady Hamilton, battez le vieux Wurmser comme Bonaparte, fendez-vous sur le pont d'Arcole, délirez comme Roland, cassez-vous une jambe éclissée pour valser six minutes avec une femme?.... Mon cher, qu'est-ce que ces choses ont affaire avec l'amour? Si l'amour se déterminait sur de tels échantillons, l'homme serait trop heureux ; quelques prouesses faites dans le moment du désir lui donneraient la femme aimée. L'amour, mon gros Paul! mais c'est une croyance comme celle de l'immaculée conception de la Sainte-Vierge, cela vient ou cela ne vient pas. A quoi servent des flots de sang versés, les mines du Potose, ou la gloire pour faire naître un sentiment involontaire, inexplicable ! Les jeunes gens comme toi, qui veulent être aimés par balance de compte, me semblent être d'ignobles usuriers. Nos femmes légitimes nous doivent des enfans et de la vertu, mais elles ne nous doivent pas l'amour. L'amour, Paul ! est la conscience du plaisir donné et reçu, la certitude de le donner et de le recevoir ; l'amour est un désir incessamment mouvant, incessamment satisfait et insatiable ! Le jour où Vandenesse a remué dans le cœur de ta femme la corde du désir que tu y laissais vierge, tes fanfaronnades amoureuses, tes torrens de cervelle et d'argent n'ont pas même été des souvenirs. Tes nuits conjugales semées de roses, fumée ! ton dévouement, un remords à offrir ! ta personne, une victime à égorger sur l'autel ! ta vie antérieure, ténèbres ! une émotion d'amour effaçait tes trésors de passion qui n'étaient plus que de la vieille ferraille. Il a eu, lui Félix, toutes les beautés, tous les dévouemens, gratis peut-être, mais en amour la croyance équivaut à la réalité. Alors ta belle-mère a été naturellement du parti de l'amant contre le mari ; secrètement ou patemment, elle a fermé les yeux, ou elle les a ouverts, je ne sais ce qu'elle a fait, mais elle a été pour sa fille, contre toi. Depuis quinze ans que j'observe la société, je ne connais pas une mère qui dans cette circonstance ait abandonné sa fille. Cette indulgence est un héritage transmis de femme en femme. Quel homme peut la leur reprocher? quelque rédacteur du code civil, qui a vu des formules là où il n'existe que des sentimens! La dissipation dans laquelle te jetait la vie d'une femme à la mode, la pente d'un caractère facile et ta vanité peut-être ont fourni les moyens de se débarrasser de toi par une ruine habilement concertée. De tout ceci, tu concluras, mon bon ami, que le mandat dont tu me chargeais et dont je me serais d'autant plus glorieusement acquitté qu'il m'aurait amusé, se trouve comme nul et non avenu. Le mal à prévenir est accompli, *consummatum est*. Pardonne-moi, mon ami, de t'écrire à la de Marsay, comme tu disais, sur des choses qui doivent te paraître graves; loin de moi l'idée de pirouetter sur la tombe d'un ami, comme les héritiers sur celle d'un parent. Mais tu m'as écrit que tu devenais homme, je te crois, je te traite en politique et non en amoureux. Pour toi, cet accident n'est-il pas comme la marque à l'épaule qui décide un forçat à se jeter dans une vie d'opposition systématique, à combattre la société? Te voilà dégagé d'un souci; le mariage te possédait, tu possèdes maintenant le mariage. Paul, je suis ton ami, dans toute l'acception du mot. Si tu avais eu la cervelle cerclée dans un crâne d'airain, si tu avais eu l'énergie qui t'est venue trop tard, je t'aurais prouvé mon amitié par des confidences qui t'auraient fait marcher sur l'humanité comme sur un tapis. Mais quand nous causions des combinaisons auxquelles j'ai dû la faculté de m'amuser avec quelques amis au sein de la civilisation parisienne, comme un bœuf dans la boutique d'un faïencier ; quand je te racontais sous des formes romanesques les véritables aventures de ma jeunesse, tu les prenais en effet pour des romans, sans en voir la portée. Aussi n'ai-je pu te considérer que comme une passion malheureuse ! Eh bien, foi d'homme, dans les circonstances actuelles tu joues le beau rôle, tu n'as rien perdu de ton crédit auprès de moi, comme tu pourrais le croire. Si j'admire les grands fourbes, j'estime et j'aime les gens trompés. A propos de ce médecin qui a si mal fini, conduit à l'échafaud par son amour pour une maîtresse, je t'ai raconté l'histoire bien autrement belle de ce pauvre avocat qui vit dans je ne sais quel bagne, marqué pour un faux, et qui voulait donner à sa femme, une femme adorée aussi! trente mille livres de rentes ; mais que sa femme a dénoncé pour se débarrasser de lui, et vivre avec un monsieur. Tu t'es récrié, toi et quelques niais qui soupaient avec nous. Eh bien! mon cher, tu es l'avocat, moins le bagne. Tes amis ne te font pas grâce de la déconsidération qui, dans notre société, vaut un jugement de cour d'assises. La sœur des deux Vandenesse, la marquise de Listomère et toute sa coterie où s'est enrégimenté ce petit Rastignac, un drôle qui commence à percer ; madame d'Aiglemont et son salon où règne Charles de Vandenesse, les Lenoncourt, la comtesse Fœdora et ses cavaliers servans, l'ambassade d'Espagne, enfin tout un monde soufflé fort habilement te couvre d'accusations boueuses. Tu es un mauvais sujet, un joueur, un débauché qui as mangé stupidement ta fortune. Après avoir payé tes dettes plusieurs fois, ta femme, un ange de vertu! vient d'acquitter cent mille francs de lettres de change, quoique séparée de biens. Heureusement, tu t'es rendu justice en disparaissant. Si tu avais continué, tu l'aurais mise sur la paille, elle eût été victime de son dévouement conjugal. Quand un homme arrive au pouvoir, il a toutes les vertus d'une épitaphe; qu'il tombe dans la misère, il a plus de vices que n'en avait l'enfant prodigue; tu ne saurais imaginer combien le monde te prête de péchés à la Don Juan. Tu jouais à la Bourse, tu avais des goûts licencieux dont la satisfaction te coûtait des sommes énormes et dont l'explication exige des commentaires et des plaisanteries qui font rêver les femmes. Tu payais des intérêts horribles aux usuriers. Les deux Vandenesse racontent en riant comme quoi Gobseck te donnait pour six mille francs une frégate en ivoire et la faisait racheter pour cent écus à ton valet de chambre, afin de te la revendre; comme quoi tu l'as démolie solennellement en t'apercevant que tu pouvais avoir un véritable brick avec l'argent qu'elle te coûtait. L'histoire est arrivée à Maxime de Trailles, il y a neuf ans; mais elle te va si bien que Maxime a pour toujours perdu le commandement de sa frégate. Enfin je ne puis te dire tout, car tu fournis à une encyclopédie de cancans que les femmes ont intérêt à grossir. Dans cet état de choses, les plus prudes ne légitiment-elles pas les consolations du comte Félix de Vandenesse? (leur père est enfin mort, hier!) Ta femme a le plus prodigieux succès. Hier, madame de Camps me répétait ces belles choses aux Italiens. — « Ne m'en parlez pas, lui ai-je répondu, vous ne savez rien vous autres! Paul a volé la Banque et abusé le Trésor royal, il a assassiné Ezzelin, fait mourir trois Médora de la rue St-Denis, et je le crois associé (je vous le dis entre nous) avec la bande des Dix-mille. Son intermédiaire est le fameux Jacques Collin, sur qui la police n'a pu remettre la main depuis qu'il s'est encore une fois évadé du bagne. Paul le logeait dans son hôtel. Vous voyez, il est capable de tout, il trompe le gouvernement. Ils sont partis tous deux pour aller travailler dans les Indes et voler le Grand-Mogol en lui prouvant, suivant l'arithmétique de Robert Macaire, que treize et huit font vingt-trois! » Elle a compris qu'une femme distinguée comme elle ne doit pas convertir ses belles lèvres en gueule de bronze vénitienne. En apprenant ces tragi-comédies, beaucoup de gens refusent d'y croire ; en prenant le parti de la nature humaine et de ses beaux sentimens, ils soutiennent que ce sont des fictions. Mon cher, M. de Talleyrand a dit ce magnifique mot : — *Tout arrive!* Certes il se passe sous nos yeux des choses encore plus étonnantes que ne l'est ce complot domestique ; mais le monde a tant d'intérêt à les démentir, à se dire calomnié ; puis ces magnifiques drames se jouent si naturellement, avec un vernis de si bon goût, que souvent j'ai besoin d'éclaircir le verre de ma lorgnette pour voir le fond des choses. Mais je te le répète, quand un homme est de mes amis, quand nous avons reçu ensemble le baptême du vin de Champagne, communié ensemble à l'autel de la Vénus Commode, quand nous nous sommes fait confirmer par les doigts crochus du Jeu, et que mon ami se trouve dans une position fausse, je briserais vingt familles pour le remettre droit. Tu dois bien voir ici que je t'aime; ai-je jamais, à ta connaissance, écrit des lettres aussi longues que l'est celle-ci? Lis donc avec attention ce qu'il me reste à te dire.

Hélas, Paul, il faut bien se livrer à l'écriture, je dois m'habituer à minuter des dépêches. J'aborde la politique! Je veux avoir dans cinq ans un portefeuille de ministre, ou quelque ambassade d'où je puisse remuer les affaires publiques à ma fantaisie. Il vient un âge où la plus belle maîtresse que puisse servir un homme est sa nation. Je me mets dans les rangs de ceux qui renversent le système aussi bien que le ministère actuel. Enfin, je vogue dans les eaux d'un certain prince qui n'est manchot que du pied et que je regarde comme un politique de génie, dont le nom grandira dans l'histoire; un prince complet comme peut l'être un grand artiste. Nous sommes, Ronquerolles, Montriveau, les Grandlieu, La Roche-Hugon, Serizy, Féraud et Granville, tous alliés contre le parti-prêtre, comme dit ingénieusement le parti-niais représenté par le *Constitu-*

tionnel. Nous voulons renverser les deux Vandenesse, les ducs de Lenoncourt, de Navarreins, de Langeais et la Grande-Aumônerie. Pour triompher, nous irons jusqu'à nous réunir à La Fayette, aux Orléanistes, à la Gauche, gens à égorger le lendemain de la victoire, car tout gouvernement est impossible avec leurs principes. Nous sommes capables de tout pour le bonheur du pays et pour le nôtre. Les questions personnelles en fait de roi, sont aujourd'hui des sottises sentimentales dont il faut déblayer la politique; sous ce rapport les Anglais avec leur doge sont plus avancés que nous ne le sommes. La politique n'est plus là, mon cher. Elle est dans l'impulsion à donner à la nation, en créant une olygarchie où demeure une pensée fixe de gouvernement et qui dirige les affaires publiques dans une voie droite, au lieu de laisser tirailler le pays en mille sens différens, comme nous l'avons été depuis quarante ans dans cette belle France, si intelligente et si niaise, si folle et si sage, à laquelle il faudrait un système plutôt que des hommes. Que sont les personnes dans cette belle question? Si le but est grand, si elle vit plus heureuse et sans troubles, qu'importe à la masse les profits de notre gérance, notre fortune, nos priviléges et nos plaisirs? Je suis maintenant carré par ma base. J'ai aujourd'hui cent cinquante mille livres de rentes dans le trois pour cent, et une réserve de deux cent mille francs pour parer à des pertes. Ceci me semble encore peu de chose, dans la poche d'un homme qui part du pied gauche pour escalader le pouvoir. Un événement heureux a décidé mon entrée dans cette carrière qui me souriait peu, tu sais combien j'aime la vie orientale! Après trente-cinq ans de sommeil, ma très-honorée mère s'est réveillée en se souvenant qu'elle avait un fils qui lui faisait honneur. Souvent quand on arrache un plant de vignes, à quelques années de là certains ceps reparaissent à fleur de terre; eh bien, mon cher, quoique ma mère m'eût presque arraché de son cœur, j'ai repoussé dans sa tête. A cinquante-six ans, elle se trouve assez vieillie pour ne plus pouvoir penser à un autre homme qu'à son fils. En ces circonstances, elle a rencontré dans je ne sais quelle chaudière d'eau thermale une délicieuse vieille fille anglaise, riche de deux cent quarante mille livres de rentes, à laquelle en bonne mère elle a inspiré l'audacieuse ambition de devenir ma femme. Une fille de trente-sept ans, ma foi! élevée dans les meilleurs principes puritains, une vraie couveuse qui soutient que les femmes adultères devraient être brûlées publiquement. — Où prendrait-on du bois? lui ai-je dit. Je l'aurais bien envoyée à tous les diables, attendu que deux cent quarante mille livres de rente ne sont pas l'équivalent de ma valeur physique ou morale et de mon avenir. Mais elle est seule et unique héritière d'un vieux podagre, quelque brasseur de Londres qui dans un délai calculable doit lui laisser une fortune au moins égale à celle dont la mignonne est déjà douée. Outre ces avantages, elle a le nez bleu turquin, des yeux de chèvre morte, une taille qui me fait craindre qu'elle ne se casse en trois morceaux si elle tombe ; elle a l'air d'une poupée mal coloriée ; mais elle est d'une économie ravissante, mais elle adorera son mari quand même, mais elle a le génie anglais, elle me tiendra mon hôtel, mes écuries, ma maison, mes terres, mieux que ne le ferait un intendant. Elle a toute la dignité de la vertu, elle se tient droit comme une confidente du Théâtre-Français ; rien ne m'ôterait l'idée qu'elle a été empalée, et que le pal s'est brisé dans son corps ; elle est d'ailleurs assez blanche pour n'être pas trop désagréable à épouser quand il le faudra absolument. Mais, et ceci m'affecte ! elle a les mains d'une fille vertueuse comme l'arche sainte, elles sont si rougeaudes que je n'ai pas encore imaginé le moyen de les lui blanchir sans trop de frais, et je ne sais comment lui en effiler les doigts qui ressemblent à des boudins ! Oh, elle tient évidemment au brasseur par ses mains, et à l'aristocratie par son argent ; mais elle affecte un peu trop les grandes manières comme les riches Anglaises qui veulent se faire prendre pour des ladies, et ne cache pas assez ses pattes de homard. Elle a d'ailleurs aussi peu d'intelligence que j'en veux chez une femme. S'il en existait une plus bête, je me mettrais en route pour l'aller chercher. Jamais cette fille, qui se nomme Dinah, ne me jugera ; jamais elle ne me contrariera, je serai sa chambre haute, son lord, ses communes. Enfin, Paul, cette fille est une preuve irrécusable du génie anglais, elle offre un produit de la mécanique anglaise arrivée à son dernier degré de perfectionnement ; elle a certainement été fabriquée à Manchester, entre l'atelier des plumes Perry et celui des machines à vapeur ou des rails. Ça mange, ça marche, ça boit, ça pourra faire des enfans, les soigner, les élever admirablement, et ça joue la femme à croire que c'en est une. Quand ma mère nous a présentés l'un à l'autre, elle avait si bien monté la machine, elle en avait si bien repassé les chevilles, tant mis d'huile dans les rouages, que rien n'a crié ; puis quand elle a vu que je ne faisais pas trop la grimace, elle a lâché les derniers ressorts, cette fille a parlé ! Enfin ma mère a lâché aussi le dernier mot. Miss Dinah Stevens ne dépense que trente mille francs par an, et voyage par économie depuis sept ans. Il existe donc un second magot ! Les affaires sont tellement avancées que les publications sont à terme, nous en sommes à *my dear love*, elle me fait des yeux à renverser un porte-faix. Les arrangemens sont pris, il n'est point question de ma fortune ; miss Stevens consacre une partie de la sienne à un majorat en fonds de terre, d'un revenu de cent vingt mille francs, et à l'achat d'un hôtel qui en dépendra ; la dot avérée dont je serai responsable est d'un million. Elle n'a pas à se plaindre, je lui laisse intégralement son oncle. Le bon brasseur a failli crever de joie en apprenant que sa nièce devenait marquise, il est capable de faire un sacrifice pour mon aîné. Je retirerai ma fortune des fonds publics aussitôt qu'ils atteindront quatre-vingts, et je placerai tout en terres. Dans deux ans, je puis avoir trois cent mille livres en revenus territoriaux. Une fois le brasseur en bière, je puis compter sur six cent mille livres de rente. Tu le vois, Paul? je ne donne à mes amis que les conseils dont je fais usage pour moi-même. Si tu m'avais écouté, tu aurais une Anglaise, quelque fille de Nabab qui te laisserait l'indépendance du garçon et la liberté nécessaire pour jouer le wisth de l'ambition. Je te céderais ma future femme, si tu n'étais pas marié. Mais il n'en est pas ainsi. Je ne suis pas homme à te remâcher le passé, à te rebouillir dans le jus de tes fautes. Ce préambule était nécessaire pour t'expliquer que je vais avoir l'existence nécessaire à ceux qui veulent jouer le grand jeu d'onchets. Je ne te faudrai point, mon ami. Au lieu d'aller te mariner dans les Indes, il est beaucoup plus simple de naviguer de conserve avec moi dans les eaux de la Seine. Crois-moi ! Paris est encore le pays où source le plus abondamment la fortune. Le Potose est situé rue Vivienne, ou rue de la Paix, à la place Vendôme ou rue de Rivoli. En toute autre contrée, des œuvres matérielles, des sueurs de commissionnaire, des marches et des contre-marches sont nécessaires à l'édification d'une fortune; mais ici les pensées suffisent. Ici, un homme, même médiocrement spirituel, aperçoit une mine d'or en mettant ses pantoufles, en se curant les dents après dîner, en se couchant, en se levant. Trouve un lieu du monde où une bonne idée, bien bête, rapporte davantage et soit plus tôt comprise? Si j'arrive en haut de l'échelle, crois-tu que je sois homme à te refuser une poignée de main, un mot, une signature? Ne nous faut-il pas, à nous autres vieux roués, un ami sur lequel nous puissions compter, quand ce ne serait que pour le compromettre en notre lieu et place, pour l'envoyer mourir comme simple soldat afin de sauver le général? La politique est impossible, sans un homme d'honneur avec qui l'on puisse tout dire et tout faire. Voici donc ce que je te conseille. Laisse partir *la Belle-Amélie*, reviens ici comme la foudre, je te ménagerai un duel avec Félix de Vandenesse où tu tireras le premier, et tu me l'abattras comme un pigeon. En France le mari insulté qui tue son rival devient un homme respectable et respecté. Personne ne s'en moque.. La peur, mon cher, est un élément social, un moyen de succès pour ceux qui ne baissent les yeux sous le regard de personne. Moi qui me soucie de vivre comme de boire une tasse de lait d'ânesse, et qui n'ai jamais senti l'émotion de la peur, j'ai remarqué, mon cher, les étranges effets produits par ce sentiment dans nos mœurs modernes. Les uns tremblent de perdre les jouissances auxquelles ils se sont acoquinés, les autres tremblent de quitter une femme. Les mœurs aventureuses d'autrefois, où l'on jetait la vie comme un chausson, n'existent plus! La bravoure de beaucoup de gens est le calcul habilement fait de la peur dont l'adversaire est saisi. Les Polonais se battent seuls, en Europe, pour le

plaisir de se battre, ils cultivent encore l'art pour
l'art et non par spéculation. Tue Vandenesse, et
ta femme tremble, et ta belle-mère tremble, et le
public tremble, et tu te réhabilites, et tu publies ta
passion insensée pour ta femme, et l'on te croit, et
tu deviens un héros. Telle est la France! Je ne suis
pas à cent mille francs près avec toi, tu paieras tes
principales dettes, tu arrêteras ta ruine en vendant
tes propriétés à réméré, car tu auras promptement
une position qui te permettra de rembourser avant
terme tes créanciers. Puis, une fois éclairé sur le
caractère de ta femme, tu la domineras par une
seule parole. En l'aimant, tu ne pouvais pas lutter
avec elle, mais en ne l'aimant plus, tu auras une
force indomptable. Je t'aurai rendu ta belle-mère
souple comme un gant, car il s'agit de te retrouver
avec les cent cinquante mille livres de rentes que ces
deux femmes se sont ménagées. Ainsi, renonce à
l'expatriation qui me paraît le réchaud de charbon
des gens de tête. T'en aller, n'est-ce pas donner gain
de cause aux calomnies? Le joueur qui va chercher
son argent pour revenir au jeu perd tout. Il faut
avoir son or en poche. Tu me fais l'effet d'aller
chercher des troupes fraîches aux Indes. Mauvais!
Nous sommes deux joueurs au grand tapis vert;
entre nous, le prêt est de rigueur. Ainsi, prends
des chevaux de poste, arrive à Paris et recommence
la partie; tu la gagneras avec Henri de Marsay pour
partner, car Henri de Marsay sait vouloir et sait
frapper. Vois où nous en sommes. Mon vrai père

fait partie du ministère anglais. Nous aurons des intelligences en Espagne par les Évangélista, car une fois que nous aurons mesuré nos griffes, ta belle-mère et moi, nous verrons qu'il n'y a rien à gagner quand on se trouve diable contre diable. Montriveau, mon cher, est lieutenant-général, il sera, certes, un jour ministre de la guerre, car son éloquence lui donne un grand ascendant sur la chambre. Voici Ronquerolles ministre d'État et du conseil privé. Martial de la Roche-Hugon est ambassadeur, il nous apporte en dot le maréchal duc de Carigliano et ce croupion de l'empire qui s'est soudé si bêtement à l'échine de la restauration, Sérizy mène le conseil-d'État où il est indispensable, Grandville tient la magistrature parisienne à laquelle appartiennent ses deux fils, les Grandlieu sont admirablement bien en cour, Féraud est l'âme de la coterie Limonville, bas intrigans qui sont toujours en haut, je ne sais pourquoi. Appuyés ainsi, qu'avons-nous à craindre ? Nous avons un pied dans toutes les capitales, un œil dans tous les cabinets, et nous enveloppons l'administration sans qu'elle s'en doute. La question argent n'est-elle pas une misère, un rien dans ces grands rouages préparés ? Qu'est surtout une femme ? resteras-tu donc toujours lycéen ? Qu'est la vie, mon cher, quand une femme est toute la vie ? une galère dont on n'a pas le commandement, qui obéit à une boussole folle, mais non sans aimant, que régissent des vents contraires et où l'homme est un vrai galérien qui exécute non-seulement la loi, mais encore celle qu'improvise l'argousin, sans vengeance possible. Pouah ! je comprends que, par passion, ou pour le plaisir que l'on éprouve à transmettre sa force à des mains blanches, on obéisse à une femme ; mais obéir à Médor !... dans ce cas, je brise Angélique. Le grand secret de l'alchimie sociale, mon bon, est de tirer tout le parti possible de chacun des âges par lesquels nous passons, d'avoir toutes ses feuilles au printemps, toutes ses fleurs en été, tous les fruits en automne. Nous nous sommes amusés, quelques bons vivans et moi, comme des mousquetaires noirs, gris et rouges, pendant douze années, ne nous refusant rien, pas même un coup de poignard par-ci, par-là ; maintenant, nous allons nous mettre à secouer les prunes mûres dans l'âge où l'expérience a doré les moissons. Viens avec nous, tu auras ta part dans le *pudding* que nous allons cuisiner. Arrive, et tu trouveras un ami tout à toi dans la peau de

HENRI DE M.

Au moment où Paul de Manerville achevait cette lettre dont chaque phrase était comme un coup de marteau donné sur l'édifice de ses espérances, de ses illusions, de son amour, il se trouvait au-delà des Açores. Au milieu de ces décombres, il fut saisi par une rage froide, une rage impuissante.

— Que leur ai-je fait ? se demanda-t-il.

Le mot des niais ; le mot des gens faibles qui ne savent rien voir, et ne peuvent rien prévoir. Il cria :

— Henri! Henri! à l'ami fidèle. Bien des gens seraient devenus fous. Paul alla se coucher ; il dormit de ce profond sommeil qui suit les immenses désastres, et dont fut invinciblement saisi Napoléon, après la bataille de Waterloo.

Paris, septembre-octobre 1835.

LA PAIX DU MÉNAGE.

L'aventure retracée par cette scène se passa vers la fin du mois de novembre 1809, moment où le fugitif empire de Napoléon atteignit à l'apogée de sa splendeur. Les fanfares de la victoire de Wagram retentissaient encore au cœur de la monarchie autrichienne ; la paix avait été signée entre la France et la coalition ; les rois et les princes étaient venus, comme des astres, accomplir leurs révolutions autour de Napoléon, qui se donna le plaisir d'entraîner l'Europe à sa suite, magnifique essai de la puissance qu'il devait plus tard déployer à Dresde. Jamais, au dire des contemporains, Paris ne vit de plus belles fêtes que celles qui précédèrent et suivirent le mariage de ce souverain avec une archiduchesse d'Autriche ; jamais, aux plus grands jours de l'ancienne monarchie, autant de têtes couronnées ne se pressèrent sur les rives de la Seine, et jamais l'aristocratie française ne fut aussi riche ni aussi brillante qu'elle le parut alors. Les diamans étaient répandus avec tant de profusion sur les parures, les broderies d'or et d'argent couvraient tant d'uniformes, qu'après la récente indigence de la république, il semblait voir toutes les richesses du globe roulant dans les salons de Paris. Une ivresse générale avait comme saisi cet empire d'un jour, et tous les militaires, sans en excepter leur chef, jouissaient en parvenus des trésors conquis par un million d'hommes à épaulettes de laine, dont on satisfaisait les exigences avec des rubans. A cette époque, la plupart des femmes affichaient cette aisance de mœurs et ce relâchement de morale qui signalèrent le règne de Louis XV. Soit pour imiter le ton de la monarchie écroulée, soit que certains membres de la famille impériale eussent donné l'exemple, ainsi que le prétendaient les frondeurs du faubourg Saint-Germain, il est certain que, hommes et femmes, tous se précipitaient vers les plaisirs avec une intrépidité qui faisait croire à la fin du monde. Mais il existait alors une autre raison de cette licence. L'engouement des femmes pour les militaires était devenu comme une frénésie. Cet enthousiasme, d'accord avec les vues de l'empereur, n'était arrêté par aucun frein. Les fréquentes prises d'armes qui faisaient ressembler tous les traités conclus entre l'Europe et Napoléon à des armistices, exposaient les passions à des dénouemens aussi rapides que les décisions de ce chef suprême des kolbacs, des dolmans et des aiguillettes qui plaisaient tant au beau sexe. Les cœurs étaient donc nomades comme les régimens D'un premier à un cinquième bulletin de la grande armée, une femme pouvait être

successivement amante, épouse, mère et veuve.
Était-ce la perspective d'un prochain veuvage, celle
d'une dotation, ou l'espoir de partager la gloire d'un
nom historique qui rendaient les militaires si séduisans? Les femmes étaient-elles entraînées vers eux
par la certitude que le secret de leurs passions serait
bien gardé par des morts? ou faut-il chercher la
cause de ce doux fanatisme dans le noble attrait que
le courage a pour elles? Peut-être ces raisons, que
l'historien futur des mœurs impériales s'amusera
sans doute à peser, entraient-elles toutes pour quelque chose dans la facile promptitude avec laquelle
elles se livraient à l'hymen et à l'amour. Quoi qu'il
en puisse être, il doit suffire ici de savoir que la
gloire et les lauriers couvraient bien des fautes; que
les femmes recherchaient avec ardeur ces hardis
aventuriers qui leur paraissaient de véritables sources d'honneurs, de richesses et de plaisirs; et qu'une
épaulette semblait être aux yeux d'une jeune fille un
hiéroglyphe qui signifiait bonheur et liberté. Un
trait qui caractérise cette époque, unique dans nos
annales, était une passion effrénée pour tout ce qui
brillait : jamais on ne donna tant de feux d'artifice,
jamais le diamant n'atteignit à une aussi grande valeur. Les hommes étaient aussi avides que les femmes de ces cailloux blancs dont ils se paraient comme
elles. Peut-être l'obligation de mettre le butin sous
la forme la plus facile à transporter avait-elle mis
les joyaux en honneur dans l'armée. Un homme n'était pas aussi ridicule qu'il le serait aujourd'hui,

quand le jabot de sa chemise ou ses doigts offraient aux regards de gros diamans. Murat, homme tout oriental, avait donné l'exemple d'un luxe absurde chez les militaires modernes.

Le comte de Gondreville, l'un des Lucullus de ce sénat conservateur qui ne conserva rien, n'avait tant tardé à donner une fête en l'honneur de la paix, que pour mieux faire sa cour à Napoléon, en s'efforçant d'éclipser les flatteurs par lesquels il avait été prévenu. Les ambassadeurs de toutes les puissances amies de la France sous bénéfice d'inventaire, les personnages les plus importans de l'empire, quelques princes même étaient en ce moment réunis dans les salons de l'opulent sénateur. La danse languissait, chacun attendait l'empereur, dont le comte faisait espérer la présence. Napoléon aurait tenu parole, sans la scène qui éclata le soir même entre Joséphine et lui, scène qui fit prévoir le prochain divorce de ces augustes époux. La nouvelle de cette aventure, alors tenue fort secrète, mais que l'histoire recueillait, ne parvint pas aux oreilles des courtisans et n'influa pas autrement que par l'absence de Napoléon sur la gaîté de la fête donnée par le comte de Gondreville. Les plus jolies femmes de Paris, empressées de se rendre chez lui sur la foi des ouï-dire, y faisaient en ce moment assaut de luxe, de coquetterie, de parure et de beauté. Orgueilleuse de ses richesses, la banque y défiait ces éclatans généraux et ces grands-officiers de l'empire tout nouvellement gorgés de croix, de titres et de décorations.

Ces grands bals étaient toujours des occasions saisies par de riches familles pour y produire leurs héritières aux yeux des prétoriens de Napoléon, dans le fol espoir d'échanger leurs magnifiques dots contre une faveur incertaine. Les femmes, qui se croyaient fortes de leur seule beauté, venaient en essayer le pouvoir. Alors, là comme ailleurs, le plaisir n'était qu'un masque. Les visages sereins et rians, les fronts calmes y couvraient d'odieux calculs ; les témoignages d'amitié mentaient ; plus d'un personnage se défiait moins de ses ennemis que de ses amis. Ces observations succinctes étaient nécessaires pour expliquer les événemens du petit imbroglio qui fait le sujet de cette scène, et la peinture, quelque adoucie qu'elle soit, du ton qui régnait alors dans les salons de Paris.

— Tournez un peu les yeux vers cette colonne brisée qui supporte un candélabre, voyez-vous une jeune femme coiffée à la chinoise ? Là, dans le coin, à gauche ! Elle a des clochettes bleues dans le bouquet de cheveux châtains qui retombe en gerbes sur sa tête. Ne voyez-vous pas ? Elle est si pâle qu'on la croirait souffrante. Elle est mignonne et toute petite. Maintenant, elle tourne la tête vers nous. Ses yeux bleus, fendus en amande et doux à ravir, semblent faits exprès pour pleurer. Mais tenez donc ! Elle se baisse pour regarder madame de Vaudremont à travers ce dédale de têtes toujours en mouvement, et dont les hautes coiffures lui interceptent la vue.

— Ah, j'y suis, mon cher. Tu n'avais qu'à me la désigner comme la plus blanche de toutes les femmes qui sont ici, je l'aurais reconnue, je l'ai déjà bien remarquée. Elle a le plus beau teint que j'aie jamais admiré. D'ici, je te défie de distinguer, sur son cou, les perles qui séparent chacun des saphirs de son collier. Mais elle doit avoir ou des mœurs, ou de la coquetterie. A peine les ruches de son corsage permettent-elles de soupçonner la beauté des contours. Quelles épaules, quelle blancheur de lis!

— Qui est-ce? demanda celui qui avait parlé le premier.

— Ah! je ne sais pas.

— Aristocrate! vous voulez donc, colonel, les garder toutes pour vous?

— Cela te sied bien de me goguenarder! reprit le militaire en souriant. Te crois-tu le droit d'insulter un pauvre général comme moi, parce que, rival heureux de Soulanges, tu ne fais pas une seule pirouette qui n'alarme madame de Vaudremont? Ou bien est-ce parce que je ne suis arrivé que depuis un mois dans la terre promise? Êtes-vous insolens, vous autres administrateurs qui restez collés sur vos chaises pendant que nous sommes au milieu des obus! Allons, monsieur le maître des requêtes, laissez-nous glaner dans le champ dont vous ne restez le possesseur tranquille que quand nous le quittons. Que diable, il faut que tout le monde vive! Si tu savais, mon ami, ce que sont les Allemandes, tu me servirais, je crois, même auprès de la Parisienne qui t'est chère.

— Colonel, puisque vous avez honoré de votre attention cette femme que j'aperçois ici pour la première fois, ayez donc la charité de me dire si vous l'avez vue dansant.

— Eh! mon cher Martial, d'où viens-tu? Si l'on t'envoie en ambassade, j'augure mal de tes succès. Ne vois-tu pas trois rangées des plus intrépides coquettes de Paris, entre notre jolie dame et l'essaim de danseurs qui bourdonne sous le lustre? Et ne t'a-t-il pas fallu l'aide de ton lorgnon pour la découvrir dans l'angle de cette colonne, où elle semble enterrée au sein d'une profonde obscurité malgré les bougies qui brillent au-dessus de sa tête. Entre elle et nous, tant de diamans et tant de regards scintillent, tant de plumes flottent, tant de dentelles, de fleurs et de tresses ondoient, que ce serait un vrai miracle si quelque danseur pouvait l'apercevoir au milieu de ces astres! Comment, Martial, tu n'as pas deviné la femme de quelque sous-préfet des Côtes-du-Nord ou de la Dyle qui vient essayer de faire un préfet de son mari?

— Oh! il le sera, dit vivement le maître des requêtes.

— J'en doute, reprit le colonel en riant, elle paraît aussi neuve en intrigue que tu l'es en diplomatie. Je gage, Martial, que tu ne sais pas comment elle se trouve là?

Le maître des requêtes regarda le colonel d'un

air qui décelait autant de dédain que de curiosité.

— Eh bien! continua le colonel, elle sera sans doute arrivée ici à neuf heures bien précises, et sera venue la première peut-être. Elle aura probablement fort embarrassé la comtesse de Gondreville, qui ne sait pas coudre deux idées. Rebutée par la dame du logis, repoussée de chaise en chaise par chaque nouvelle arrivée jusque dans les ténèbres de ce petit coin, elle s'y sera laissé enfermer, victime de son humilité et de la jalousie de ces dames, qui n'auront pas demandé mieux que d'ensevelir ainsi cette dangereuse figure. Elle n'aura pas eu d'ami pour l'encourager à défendre la place qu'elle a dû occuper d'abord sur le premier plan; puis chacune de ces perfides danseuses aura intimé l'ordre à tout homme composant sa coterie de ne pas engager notre pauvre amie, sous peine des plus terribles punitions. Et voilà, mon cher, comment ces minois si tendres, si candides en apparence, auront formé une coalition générale contre l'inconnue! Et cela, sans qu'aucune de ces femmes-là se soit dit autre chose que: — Connaissez-vous, ma chère, cette petite dame bleue? Tiens, Martial, si tu veux être accablé en un quart d'heure de plus de regards flatteurs et d'interrogations provocantes que tu n'en recevras peut-être dans toute ta vie, essaie de vouloir percer le triple rempart qui défend la reine de la Dyle, de la Lippe ou de la Charente. Tu verras si la plus stupide de ces femmes ne saura pas inventer aussitôt une ruse capable d'arrêter l'homme le plus déterminé à mettre en lumière notre plaintive inconnue. Ne trouves-tu pas qu'elle a un peu l'air d'une élégie?

— Vous croyez, colonel. Ce serait donc une femme mariée?

— Mais elle est peut-être veuve.

— Elle serait plus active, dit en riant le maître des requêtes.

— Peut-être est-ce une veuve dont le mari est vivant, répliqua le colonel.

— En effet, depuis la paix les dames font tant de ces sortes de veuves, répondit Martial. Mais, colonel, nous sommes deux niais! Cette tête exprime encore trop d'ingénuité pour que ce soit une femme. Il respire encore trop de jeunesse et de verdeur sur le front et autour des tempes! quels tons vigoureux de carnation! Rien n'est flétri dans les méplats des narines, des lèvres et du menton, tout en est frais comme un bouton de rose blanche; mais aussi tout y est enveloppé des nuages de la tristesse. Cette femme-là pleure.

— Quoi? dit le colonel.

— Je ne sais, reprit Martial, mais elle ne pleure pas d'être là sans danser; son chagrin ne date pas d'aujourd'hui; l'on voit qu'elle s'est faite belle pour ce soir, par préméditation. Elle aime déjà, je le parierais.

— Bah! peut-être est-ce la fille de quelque princillon d'Allemagne; personne ne lui parle, dit le colonel.

— Ah! combien une pauvre fille est malheureuse,

reprit Martial. A-t-on plus de grâce et de finesse qu'en a notre petite inconnue? elle est ravissante! Eh bien! pas une des infernales et laides mégères qui l'entourent et qui se disent sensibles ne lui adressera la parole. Si elle parlait, nous verrions si ses dents sont belles.

— Ah çà! tu t'emportes donc comme du lait à la moindre élévation de température? s'écria le colonel, un peu piqué de rencontrer si vite un rival dans son ami.

— Comment! dit le maître des requêtes sans s'apercevoir de l'interrogation du colonel, et en dirigeant son lorgnon sur tous les personnages dont ils étaient entourés, comment! personne ici ne pourra nous nommer cette fleur exotique!

— Eh! c'est quelque demoiselle de compagnie, lui dit le colonel.

— Bon! une demoiselle de compagnie avec des saphirs dignes d'une reine, et une robe de Malines! à d'autres, colonel! Vous ne seriez pas non plus très-fort en diplomatie, si, dans vos évaluations, vous passez en un moment de la princesse allemande à la demoiselle de compagnie.

Moins bavard et plus curieux, le colonel arrêta par le bras un petit homme gras dont chacun apercevait au même instant les cheveux grisonnans et les yeux spirituels à toutes les encoignures de portes, et qui se mêlait sans cérémonie aux différens groupes que formaient les hommes, par lesquels il était reçu avec une sorte de déférence.

— Gondreville, mon cher ami, lui dit le militaire, quelle est donc cette charmante petite femme assise là-bas sous cet immense candélabre?

— Le candélabre? Ravrio, mon cher, Isabey en a donné le dessin.

— Oh! j'ai déjà reconnu ton goût et ton faste dans le meuble. Mais la dame, la dame?

— Ah! je ne la connais pas. C'est sans doute une amie de ma femme.

— Ou ta maîtresse, vieux sournois.

— Non, parole d'honneur. La comtesse de Gondreville est la seule femme capable d'inviter des gens que personne ne connaît.

Malgré cette observation pleine d'aigreur, le gros petit homme s'éloigna en conservant sur les lèvres le sourire de satisfaction intérieure que la supposition du colonel y avait fait naître. Celui-ci rejoignit, dans un groupe voisin, le maître des requêtes occupé alors à y chercher, mais en vain, des renseignemens sur l'inconnue. Il le saisit par le bras et lui dit à l'oreille : — Mon cher Martial, prends garde à toi! Madame de Vaudremont te regarde, depuis quelques minutes, avec une attention désespérante. Elle est femme à deviner, au mouvement seul de tes lèvres, ce que tu me dirais. Nos yeux n'ont été déjà que trop significatifs. Elle en a très-bien aperçu et suivi la direction, et je la crois en ce moment plus occupée que nous-mêmes de la petite dame bleue.

— Vieille ruse de guerre, mon cher colonel! Que

m'importe, d'ailleurs? Je suis comme l'empereur, quand je fais des conquêtes, je les garde.

— Martial, ta fatuité cherche des leçons. Comment! faquin, tu as le bonheur d'être le mari désigné de madame de Vaudremont, d'une veuve de vingt-deux ans, affligée de quatre mille napoléons de rente, d'une femme qui te passe au doigt des diamans aussi beaux que celui-ci, ajouta-t-il en prenant la main gauche du maître des requêtes qui la lui abandonna complaisamment, et tu as encore la prétention de faire le Lovelace, comme si tu étais colonel, obligé de soutenir la réputation militaire dans les garnisons, fi! Mais réfléchis donc à tout ce que tu peux perdre.

— Je ne perdrai pas, du moins, ma liberté, répliqua Martial en riant forcément.

Il jeta un regard passionné à madame de Vaudremont, qui n'y répondit que par un sourire plein d'inquiétude, car elle avait vu le colonel examinant la bague du maître des requêtes.

— Écoute, Martial, reprit le colonel, si tu voltiges autour de ma jeune inconnue, j'entreprendrai la conquête de madame de Vaudremont.

— Permis à vous, cher cuirassier, mais vous n'obtiendrez pas cela, dit le jeune maître des requêtes en mettant l'ongle poli de son pouce sous une de ses dents supérieures, dont il fit résonner l'ivoire pour en tirer un petit bruit goguenard.

— Songe que je suis garçon, reprit le colonel, que mon épée est toute ma fortune, et que me défier ainsi, c'est asseoir Tantale devant un festin qu'il dévorera.

— Prrrr! Cette railleuse accumulation de consonnes servit de réponse à la provocation du colonel, que son ami toisa plaisamment avant de le quitter. Le colonel, homme de trente-cinq ans environ, portait une culotte de casimir blanc et des bas de soie qui trahissaient en lui une rare perfection de formes. Il avait cette haute taille qui distinguait les cuirassiers de la garde impériale, et son bel uniforme rehaussait encore la grâce de son corps, auquel l'équitation n'avait fait contracter qu'un embonpoint en harmonie avec ses proportions. Ses moustaches noires ajoutaient à l'expression franche d'un visage vraiment militaire dont le front était large et découvert, le nez aquilin et la bouche vermeille. Les manières du colonel, empreintes d'une certaine noblesse due à l'habitude du commandement, pouvaient plaire à une femme qui aurait eu le bon esprit de ne pas vouloir faire un esclave de son mari. Le colonel sourit en regardant le maître des requêtes, l'un de ses meilleurs amis de collége, qui, par sa taille moyenne quoique svelte, l'obligeait à porter un peu bas son coup-d'œil amical. Le baron Martial de la Roche-Hugon était un jeune Provençal, âgé d'une trentaine d'années, que Napoléon avait pris en goût. Martial semblait promis à quelque fastueuse ambassade. Il possédait à un haut degré le génie de l'intrigue, cette éloquence de salon et cette science des manières qui remplacent si facilement les éminentes qualités d'un homme solide. Sa figure vive, dont le teint paraissait plus blanc sous les boucles épaisses d'une forêt de cheveux noirs, décelait de l'esprit et de la grâce. Les deux amis furent obligés de se quitter en se donnant une cordiale poignée de main. La ritournelle qui prévenait les dames de former les quadrilles d'une nouvelle contredanse, chassa les hommes du vaste espace où ils causaient au milieu du salon.

Cette conversation rapide, tenue dans l'intervalle qui sépare toujours les contredanses, avait eu lieu devant une cheminée en marbre blanc sculpté, magnifique ornement du plus vaste des salons de l'hôtel Gondreville. Les demandes et les réponses de ce bavardage assez commun au bal avaient été comme soufflées par chacun des deux interlocuteurs à l'oreille de son voisin. Néanmoins, les girandoles et les flambeaux de la cheminée répandaient une si abondante lumière sur les deux amis, que leurs figures, trop fortement éclairées, ne purent déguiser, malgré leur discrétion diplomatique, l'imperceptible expression de leurs sentiments ni à la fine comtesse, ni à la candide inconnue assise auprès du candélabre. Cet espionnage de la pensée est peut-être, chez les gens intéressés à découvrir les secrets des autres, un des plaisirs qu'ils trouvent dans les réunions du monde, tandis que tant de niais dupés s'y ennuient sans oser en convenir. Mais, pour comprendre l'intérêt renfermé dans la conversation par laquelle commence ce récit, il est nécessaire de raconter l'événement qui, par d'indivisibles liens, avait réuni les personnages de ce petit drame, maintenant épars dans les salons. A onze heures du soir environ, pendant que les danseuses reprenaient leurs places, la société de l'hôtel Gondreville avait vu apparaître la plus belle femme de Paris, la reine de la mode, la seule qui manquât alors à cette splendide assemblée. Elle se faisait une loi de ne jamais arriver qu'au moment où les salons offraient ce mouvement animé qui ne permet pas aux femmes de garder long-temps la fraîcheur de leurs figures ni celle de leurs toilettes. Ce moment rapide est comme le printemps d'un bal. Une heure après, quand le plaisir a passé, que la fatigue arrive, tout y est flétri. Alors, madame de Vaudremont ne commettait jamais la faute de rester à une fête pour s'y montrer avec des fleurs penchées, des boucles défrisées, des garnitures froissées, avec une figure semblable à toutes celles qui, sollicitées par le sommeil, ne le trompent pas toujours. Elle se gardait bien de laisser voir, comme ses rivales, sa beauté endormie. Elle savait soutenir habilement sa réputation de coquetterie en se retirant toujours d'un bal aussi brillante qu'elle y était entrée. Les femmes se disaient à l'oreille, avec un sentiment d'envie, qu'elle préparait et mettait autant de parures qu'elle avait de bals à parcourir dans une soirée. Cette fois, madame de Vaudremont ne devait pas être maîtresse de quitter à son gré le salon où elle arrivait alors en triomphe. Un moment arrêtée sur le seuil de la porte, elle avait jeté des regards observateurs, quoique rapides, sur toutes les femmes dont elle analysa les toilettes, afin de se convaincre que la sienne éclipserait toutes les autres. La célèbre coquette s'était offerte à l'admiration de l'assemblée, conduite par un des plus braves colonels de l'armée, un favori de l'empereur, le comte de Soulanges. L'union momentanée et fortuite de ces deux personnages avait sans doute quelque chose de mystérieux. En entendant annoncer M. de Soulanges et la comtesse de Vaudremont, quelques femmes placées en tapisserie se levèrent, et des hommes accourus des salons voisins se pressèrent aux portes du salon principal. Un de ces plaisans, qui ne manquent jamais à ces réunions nombreuses, dit, en voyant entrer la comtesse et son chevalier : « Que les dames avaient tout autant de curiosité à contempler un homme fidèle à sa passion, que les hommes à examiner une jolie femme difficile à fixer. » Le comte de Soulanges était un jeune homme d'environ trente-deux ans. Il semblait fluet, mais il était nerveux. Ses formes grêles, son teint pâle, prévenaient peu en sa faveur. Quoique ses yeux noirs annonçassent beaucoup de vivacité, dans le monde il était taciturne ; mais il passait pour un homme très-séduisant dans le tête-à-tête. On s'accordait à reconnaître en lui beaucoup de capacité. La comtesse de Vaudremont était une femme grande, légèrement grasse, d'une peau éblouissante de blancheur, qui portait bien sa petite tête pleine de grâce, et possédait l'immense avantage d'inspirer l'amour par la gentillesse de ses manières. On éprouvait toujours un plaisir nouveau à la regarder ou à lui parler; elle était de ces femmes qui tiennent toutes les promesses que fait leur beauté. Ce couple, devenu pour quelques instans l'objet de l'attention générale, ne laissa pas long-temps la curiosité s'exercer sur son compte. Le colonel et la comtesse semblèrent parfaitement comprendre que le hasard venait de les placer dans une situation gênante. En les voyant s'avancer, Martial s'était mêlé au groupe d'hommes qui occupait le poste de la cheminée, et à travers les têtes qui lui formaient comme un rempart, il avait examiné madame de Vaudremont avec l'attention jalouse que donne le premier feu de la passion. Une voix secrète semblait lui dire que le succès dont il s'enorgueillissait serait peut-être précaire; mais le sourire de politesse froide par lequel la comtesse remercia M. de Soulanges, et le geste qu'elle fit pour le congédier en s'asseyant auprès de madame de Gondreville, détendirent tous les muscles que la jalousie avait contractés sur sa figure. Cependant apercevant debout, à deux pas du canapé sur lequel était madame de Vaudremont, M. de Soulanges, qui parut ne plus comprendre le regard par lequel la jeune coquette semblait lui avoir dit qu'ils jouaient l'un et l'autre un rôle ridicule, le Provençal à la tête volcanique fronça de nouveau les noirs sourcils qui ombrageaient ses yeux bleus, caressa par maintien les boucles de ses cheveux bruns, et, sans trahir l'é-

motion qui lui faisait palpiter le cœur, il surveilla la
contenance de la comtesse et celle de M. de Soulanges, tout en badinant avec ses voisins. Il saisit
alors la main du colonel qui venait pour renouveler
connaissance avec lui, et l'écouta sans l'entendre,
tant il était préoccupé. M. de Soulanges jetait des
regards tranquilles sur la quadruple rangée de femmes qui encadrait l'immense salon du sénateur, en
admirant cette bordure de diamans, de rubis, de
gerbes d'or et de têtes ravissantes dont l'éclat faisait
presque pâlir le feu des bougies, le cristal des lus-
tres et les dorures. Le calme insouciant de son rival
fit perdre contenance au maître des requêtes. Incapable de maîtriser la bouillante et secrète impatience
dont il était transporté, Martial s'avança vers madame de Vaudremont pour la saluer. Quand le Provençal apparut, M. de Soulanges lui lança un regard terne et détourna la tête avec impertinence.
Un silence grave régna dans le salon où la curiosité
fut à son comble. Toutes les têtes tendues offrirent
les expressions les plus bizarres, et chacun craignit
et attendit un de ces éclats que les gens bien élevés
se gardent toujours de faire. Tout-à-coup, la pâle
figure du comte devint aussi rouge que l'écarlate de
ses paremens, et ses regards se baissèrent aussitôt
vers le parquet, pour ne pas laisser deviner le sujet
de son trouble. Il venait de voir l'inconnue humblement placée au pied du candélabre. Vaincu par
une sombre pensée, il passa d'un air triste devant
le maître des requêtes, et alla se réfugier dans un

des salons de jeu. Martial crut, ainsi que toute l'assemblée, que Soulanges lui cédait publiquement la place, par la crainte du ridicule qui s'attache toujours aux amans détrônés ; il releva fièrement la tête, regarda l'inconnue ; puis, quand il s'assit avec aisance auprès de madame de Vaudremont, il l'écouta d'un air si distrait, qu'il n'entendit pas ces paroles prononcées sous l'éventail par la coquette :

— Martial, vous me ferez plaisir de ne pas porter ce soir la bague que vous m'avez arrachée. J'ai mes raisons. Je vous les expliquerai, dans un moment, quand nous nous retirerons. Vous me donnerez le bras pour aller chez la princesse de Wagram.

— Pourquoi donc avez-vous accepté la main de ce colonel? demanda le baron.

— Je l'ai rencontré sous le péristyle, répondit-elle ; mais laissez-moi, chacun nous observe!

Martial rejoignit le colonel de cuirassiers, et ce fut alors que la petite dame bleue devint le lien commun de l'inquiétude qui agitait à la fois et si diversement le cuirassier, M. de Soulanges, Martial, et la comtesse de Vaudremont. Quand les deux amis se séparèrent après s'être porté le défi qui termina leur conversation, le maître des requêtes s'élança vers madame de Vaudremont, et sut la placer au milieu du plus brillant quadrille. A la faveur de cette espèce d'enivrement dans lequel une femme est toujours plongée par la danse et par le mouvement d'un bal où les hommes se montrent avec tout le charlatanisme de la toilette, qui ne leur donne pas moins d'attraits qu'elle en prête aux femmes, Martial crut pouvoir s'abandonner impunément au charme qui attirait ses yeux vers le coin où l'inconnue était prisonnière. Il réussit à dérober à l'inquiète activité des yeux de la comtesse les premiers regards qu'il jeta sur la dame bleue ; mais enfin il fut surpris en flagrant délit ; et, s'il fit excuser une première préoccupation, il ne justifia pas l'impertinent silence par lequel il répondit plus tard à la plus séduisante des interrogations qu'une femme puisse faire. Plus il était rêveur, plus la comtesse se montrait pressante et taquine. Pendant que Martial dansait, le colonel allait de groupe en groupe y quêtant des renseignemens sur la jeune inconnue. Après avoir épuisé la complaisance de toutes les personnes, et même celle des indifférens, il allait se déterminer à profiter d'un moment où la comtesse de Gondreville paraissait libre pour lui demander à elle-même le nom de cette dame mystérieuse, quand il aperçut un léger vide entre la colonne brisée qui supportait le candélabre, et les deux divans qui venaient y aboutir. Le colonel profita du moment où la danse laissait vacante une grande partie des chaises qui formaient trois rangs de fortifications défendues par des mères ou par des femmes d'un certain âge, et entreprit de traverser cette palissade couverte de châles et de mouchoirs. Il se mit à complimenter les douairières ; puis, de femme en femme, de politesse en politesse, il finit par atteindre auprès de l'inconnue la place vide. Au risque d'accrocher les griffons et les chimères de l'immense flambeau, il se maintint là sous le feu et la cire des bougies, au grand mécontentement de Martial. Trop adroit pour interpeller brusquement la petite dame bleue qu'il avait à sa droite, le colonel commença par dire à une grande dame assez laide, qui se trouvait assise à sa gauche : — Voilà, madame, un bien beau bal ! Quel luxe, que de mouvement ! D'honneur, les femmes y sont toutes jolies ! Si vous ne dansez pas, c'est sans doute mauvaise volonté.

L'insipide conversation engagée par le colonel avait pour but de faire parler sa voisine de droite, qui, silencieuse et préoccupée, ne lui accordait pas la plus légère attention. L'officier tenait en réserve une foule de phrases qui devaient se terminer par un : — Et vous, madame? sur lequel il comptait beaucoup; mais il fut étrangement surpris en voyant l'inconnue livrée à une stupeur profonde. Il aperçut quelques larmes roulant dans le cristal de ses yeux, et son étonnement n'eut pas de bornes quand il remarqua que la jeune affligée était entièrement captivée par madame de Vaudremont.

— Madame est sans doute mariée, demanda enfin le colonel d'une voix mal assurée.

— Oui, monsieur, répondit l'inconnue.

— Monsieur votre mari est sans doute ici?

— Oui, monsieur.

— Et pourquoi donc, madame, restez-vous à cette place? est-ce par coquetterie?

L'inconnue sourit tristement.

— Accordez-moi l'honneur, madame, d'être votre cavalier pour la contredanse suivante, et je ne vous ramènerai certes pas ici! Je vois près de la cheminée une gondole vide, venez-y? Quand tant de gens s'apprêtent à trôner, et que la folie du jour est la royauté, je ne conçois pas que vous refusiez d'accepter le titre de reine du bal, qui semble promis à votre beauté.

— Monsieur, je ne danserai pas.

L'intonation brève des réponses laconiques de l'inconnue était si désespérante que le colonel se vit forcé d'abandonner la place. Martial devina la dernière demande du colonel et le refus qu'il essuyait, il se mit à sourire et à se caresser le menton en faisant briller la bague qu'il avait au doigt.

— De quoi riez-vous? lui dit la comtesse de Vaudremont.

— Du non-succès de ce pauvre colonel. Il vient de faire un pas de clerc...

— Je vous avais prié d'ôter votre bague, reprit la comtesse en l'interrompant.

— Je ne l'ai pas entendu.

— Mais vous n'entendez donc rien ce soir, monsieur le baron? répondit madame de Vaudremont d'un air piqué.

— Voilà un jeune homme qui a au doigt un bien beau brillant, dit alors l'inconnue au colonel prêt à faire retraite.

— Magnifique, répondit-il. Ce jeune homme est

le baron Martial de la Roche-Hugon, un de mes plus intimes amis.

— Je vous remercie de m'en avoir dit le nom, reprit l'inconnue. Il paraît fort aimable, dit-elle.

— Oui, mais il est un peu léger.

— On pourrait croire qu'il est bien avec la comtesse de Vaudremont, demanda la jeune dame en interrogeant des yeux le colonel.

— Du dernier mieux.

L'inconnue pâlit.

— Allons, pensa le joyeux militaire, elle aime ce diable de Martial.

— Je croyais madame de Vaudremont engagée depuis long-temps avec M. de Soulanges, reprit la jeune dame un peu remise d'une souffrance intérieure qui avait altéré l'éclat de son visage.

— Depuis huit jours, la comtesse le trompe, répondit le colonel ; mais vous devez avoir vu ce pauvre Soulanges, quand il est entré. Il essaie encore de ne pas croire à son malheur.

— Je l'ai vu, dit la dame. Puis elle ajouta un : — Monsieur, je vous remercie, dont l'intonation équivalait à un congé.

En ce moment, la contredanse étant près de finir, le colonel désappointé n'eut que le temps de se retirer en se disant par manière de consolation : — Elle est mariée.

— Eh bien! courageux cuirassier, s'écria le baron en entraînant le colonel dans l'embrasure d'une

34.

croisée pour y respirer l'air pur des jardins, où en êtes-vous ?

— Elle est mariée, mon cher.

— Qu'est-ce que cela fait?

— Ah! diantre, j'ai des mœurs, répondit le colonel. Je ne veux plus m'adresser qu'à des femmes que je puisse épouser. D'ailleurs, Martial, elle m'a formellement manifesté la volonté de ne pas danser.

— Colonel, parions votre cheval gris pommelé contre cent napoléons qu'elle dansera ce soir avec moi.

— Je veux bien, dit le colonel en frappant dans la main du fat. En attendant, je vais voir Soulanges, il connaît peut-être cette dame, qui m'a semblé s'intéresser à lui.

— Mon brave, vous avez perdu, dit Martial en riant. Mes yeux se sont rencontrés avec les siens, et je m'y connais. Cher colonel, vous ne m'en voudrez pas de danser avec elle après le refus que vous avez essuyé.

— Non, non, rira bien qui rira le dernier. Au reste, Martial, je suis beau joueur et bon ennemi, je te préviens qu'elle aime les diamans.

A ce propos, les deux amis se séparèrent. Le colonel se dirigea vers le salon de jeu où il aperçut le comte de Soulanges assis à une table de bouillotte. Quoiqu'il n'existât entre les deux colonels que cette amitié banale, établie par les périls de la guerre et les devoirs d'un même service, le colonel des cuirassiers fut douloureusement affecté de voir Soulanges, qu'il connaissait pour un homme sage, engagé dans une partie où il pouvait se ruiner. Les monceaux d'or et de billets étalés sur le fatal tapis attestaient la fureur du jeu. Un cercle d'hommes silencieux entourait les joueurs attablés à la bouillotte. Quelques mots retentissaient bien parfois comme : *Passe, jeu, tiens, mille louis, tenus;* mais il semblait en regardant ces cinq personnages immobiles, qu'ils ne se parlassent que des yeux. Quand le colonel, effrayé de la pâleur de Soulanges, s'approcha de lui, le comte gagnait. L'ambassadeur autrichien et un banquier célèbre se levaient complètement décavés de sommes considérables. Soulanges devint encore plus sombre qu'il ne l'était avant le coup, en recueillant une masse énorme d'or et de billets. Il ne compta même pas. Un amer dédain crispait ses lèvres. Il semblait menacer la fortune et la vie, au lieu de remercier le hasard.

— Courage! lui dit le colonel, courage, Soulanges. Puis, croyant lui rendre un vrai service en l'arrachant au jeu : — Venez, ajouta-t-il. J'ai une bonne nouvelle à vous apprendre, mais à une condition.

— Laquelle, demanda Soulanges.

— Celle de me répondre à ce que je vous demanderai.

Le comte de Soulanges se leva brusquement et mit son gain d'un air fort insouciant dans un mouchoir qu'il avait tourmenté d'une manière convulsive. Le visage de M. de Soulanges était si farouche qu'aucun joueur ne s'avisa de trouver mauvais qu'il *fît Charlemagne*. Les figures parurent même se dilater, quand cette tête maussade et chagrine ne fut plus dans le cercle lumineux que décrit au-dessus d'une table un flambeau de bouillotte. Cependant un diplomate qui était de la galerie dit à voix basse en prenant la place du colonel : — Ces diables de militaires s'entendent comme des larrons en foire ! Une seule figure blême et fatiguée se tourna vers le rentrant, et lui dit en lui lançant un regard qui brilla mais s'éteignit comme le feu d'un diamant qu'on fait jouer : — Le militaire n'est pas civil, monsieur.

— Mon cher, dit le colonel à Soulanges, qu'il avait attiré dans un coin, ce matin l'empereur a parlé de vous avec éloge, et votre promotion dans la garde n'est pas douteuse. Le patron a dit que ceux qui s'étaient mariés à Paris pendant la campagne ne devaient pas être considérés comme en disgrâce. Eh bien?

Le comte de Soulanges semblait ne rien comprendre à ce discours.

— Ah ça ! j'espère maintenant, reprit le colonel, que vous me direz si vous connaissez une petite femme charmante, assise au pied d'un candélabre...

A ces mots, les yeux du comte s'animèrent, il saisit avec une violence inouïe la main du colonel : — Mon cher général, lui dit-il d'une voix sensiblement altérée, si ce n'était pas vous, si un autre me faisait cette question, je lui fendrais le crâne avec cette masse d'or. Laissez-moi, je vous en supplie. J'ai plus envie, ce soir, de me brûler la cervelle que... Je hais tout ce que je vois. Aussi vais-je partir ; cette joie, cette musique, ces visages stupides qui rient, m'assassinent.

— Mon pauvre ami, reprit d'une voix douce le colonel en frappant amicalement dans la main de Soulanges, vous êtes passionné ! Que diriez-vous donc si je vous apprenais que Martial songe si peu à madame de Vaudremont qu'il s'est épris de cette petite dame ?

— S'il lui parle, s'écria Soulanges en bégayant de fureur, je le rendrai aussi plat que son portefeuille, quand même le fat serait dans le giron de l'empereur.

Et le comte tomba comme anéanti sur la causeuse vers laquelle le colonel l'avait mené. Ce dernier se retira lentement, car il s'aperçut que M. de Soulanges était en proie à une colère trop violente pour que des plaisanteries ou les soins d'une amitié superficielle pussent le calmer. Quand le cuirassier rentra dans le grand salon de danse, madame de Vaudremont fut la première personne qui s'offrit à ses regards, et il remarqua sur sa figure ordinairement si calme quelques traces d'une agitation mal déguisée. Une chaise était vacante auprès d'elle, le colonel vint s'y asseoir.

— Je gage que vous êtes tourmentée, dit-il.

— Bagatelle, général. Je voudrais être déjà partie d'ici, j'ai promis d'être au bal de la grande-duchesse de Berg, et il faut que j'aille auparavant chez la princesse de Wagram. M. de la Roche-Hugon, qui le sait, s'amuse à conter fleurette à des douairières.

— Ce n'est pas là tout-à-fait le sujet de votre inquiétude. Et je gage cent louis que vous resterez ici ce soir.

— Impertinent.

— J'ai donc dit vrai ?

— Eh bien ! que pensé-je ? reprit la comtesse en donnant un coup d'éventail sur les doigts du colonel. Je suis capable de vous récompenser si vous le devinez.

— Je n'accepterai pas le défi, j'ai trop d'avantages.

— Présomptueux !

— Vous craignez de voir Martial aux pieds...

— De qui ? demanda la comtesse en affectant la surprise.

— De ce candélabre, répondit le colonel en montrant le coin où était la belle inconnue, et regardant la comtesse avec une attention gênante.

— Vous avez deviné, répondit la coquette en se cachant la figure sous son éventail avec lequel elle se mit à jouer. — La vieille madame de Marigny, qui, vous le savez, est maligne comme un vieux singe, reprit-elle après un moment de silence, vient de me dire que M. de la Roche-Hugon courait quelques dangers à courtiser cette inconnue qui se trouve ce soir ici comme un trouble-fête. J'aimerais mieux voir la mort que cette figure si cruellement belle et pâle autant qu'une vision. C'est mon mauvais génie. — Madame de Marigny, continua-t-elle après avoir laissé échapper un signe de dépit, qui ne va au bal que pour tout voir en faisant semblant de dormir, m'a cruellement inquiétée. Martial me paiera cher le tour qu'il me joue. Cependant, engagez-le, général, puisque c'est votre ami, à ne pas me faire de la peine.

— Je viens de voir un homme qui ne se propose rien moins que de lui brûler la cervelle, s'il s'adresse à cette petite dame. Cet homme-là, madame, est de parole. Mais je connais Martial, ces périls sont autant d'encouragemens. Il y a plus, nous avons parié... Ici le colonel baissa la voix.

— Serait-ce vrai ? demanda la comtesse.

— Sur mon honneur.

— Merci, général, répondit madame de Vaudremont en lui lançant un regard plein de coquetterie.

— Me ferez-vous l'honneur de danser avec moi ?

— Oui, mais la seconde contredanse. Pendant celle-ci, je veux voir ce que peut devenir cette intrigue, et savoir qui est cette petite dame bleue. Elle a l'air spirituel.

Le colonel, voyant que madame de Vaudremont voulait être seule, s'éloigna satisfait d'avoir si bien commencé l'attaque qu'il méditait. Il se rencontre dans les fêtes quelques dames qui, semblables à madame de Marigny, sont là comme de vieux marins occupés sur le bord de la mer à contempler les jeunes matelots aux prises avec les tempêtes. En ce moment, madame de Marigny, qui paraissait s'intéresser aux personnages de cette scène, put facilement deviner la lutte à laquelle la comtesse était en proie. La jeune coquette avait beau s'éventer gracieusement, sourire à des jeunes gens qui la saluaient et mettre en usage les ruses dont une femme se sert pour cacher son émotion, la douairière, l'une des plus perspicaces et malicieuses duchesses que le dix-huitième siècle avait léguée au dix-neuvième, semblait lire dans son cœur et dans sa pensée. La vieille dame semblait reconnaître les mouvemens imperceptibles qui décèlent les affections de l'âme : le pli le plus léger qui venait rider ce front si blanc et si pur, le tressaillement le plus insensible des pommettes, le jeu des sourcils, l'inflexion la moins visible des lèvres dont le corail mouvant ne pouvait lui rien cacher, étaient pour la duchesse comme les caractères d'un livre. Du fond de sa bergère qu'elle remplissait entièrement, la coquette émérite, tout en causant avec un diplomate qui la recherchait afin de recueillir les anecdotes qu'elle contait à merveille, s'admirait elle-même dans cette jeune coquette. Elle la prit en goût en lui voyant si bien déguiser son chagrin et les déchiremens de son cœur. Madame de Vaudremont ressentait en effet autant de douleur qu'elle feignait de gaîté. Elle avait cru rencontrer en Martial un homme de talent sur l'appui duquel elle comptait pour embellir sa vie de tous les enchantemens du pouvoir. En ce moment, elle reconnaissait une erreur aussi cruelle pour sa réputation que pour son amour-propre. Chez elle, comme chez les autres femmes de cette époque, la soudaineté des passions augmentait leur vivacité. Les âmes qui vivent beaucoup et vite ne souffrent pas moins que celles qui se consument dans une seule affection. La prédilection de la comtesse pour Martial était née de la veille, il est vrai ; mais le plus inepte des chirurgiens sait que la souffrance causée par l'amputation d'un membre vivant est bien plus douloureuse que ne l'est celle d'un membre malade. Il y avait de l'avenir dans le goût de madame de Vaudremont pour Martial, tandis que sa passion précédente était sans espérance, et empoisonnée par les remords de Soulanges. La vieille duchesse, qui, en devinant les secrètes pensées de la jeune femme, épiait le moment opportun de lui parler, s'empressa de congédier son ambassadeur, car en présence de maîtresses et d'amans brouillés, tout intérêt pâlit, même chez une vieille femme. Pour engager la lutte, madame de Marigny lança sur madame de Vaudremont un regard sardonique qui fit craindre à la jeune coquette de voir son sort entre les mains de la douairière. Il est de ces regards de femme à femme qui sont comme des flambeaux amenés dans les dénoûmens de tragédie. Il faut avoir connu cette duchesse pour apprécier la terreur que le jeu de sa physionomie inspirait à la comtesse. Madame de Marigny était grande, ses traits faisaient dire d'elle : — Voilà une femme qui a dû être jolie ! Elle se couvrait les joues de tant de rouge que ses rides ne paraissaient presque plus ; mais loin de recevoir un éclat factice de ce carmin foncé, ses yeux n'en étaient que plus ternes. Elle portait une grande quantité de diamans, et s'habillait avec assez de goût pour ne pas prêter au ridicule. Son nez pointu annonçait l'épigramme. Un râtelier bien mis conservait à sa bouche une grimace d'ironie qui la faisait ressembler à Voltaire. Cependant l'exquise politesse de ses manières adoucissait si bien la tournure malicieuse de ses idées, qu'on ne pouvait l'accuser de méchanceté. Un regard triomphal anima les yeux gris de la vieille dame et sembla traverser le salon pour aller répandre l'incarnat de l'espérance sur les joues pâles de la jeune femme qui gémissait au pied du candélabre. Un sourire qui disait : — Je vous l'avais bien promis ! accompagna ce regard perçant. Cette révélation de l'alliance faite entre madame de Marigny et l'inconnue, ne pouvait échapper à l'œil exercé de la comtesse de Vaudremont, qui entrevit un mystère, et voulut le pénétrer. En ce moment, le baron de la Roche-Hugon avait achevé de questionner toutes les douairières pour apprendre le nom de la dame bleue; mais, ainsi que bien des antiquaires, il avait été malheureux dans ses recherches. Il venait de s'adresser en désespoir de cause à la comtesse de Gondreville, et n'en avait reçu que cette réponse peu satisfaisante : — C'est une dame que l'*ancienne* duchesse de Marigny m'a présentée. En ce moment, le maître des requêtes se tourna vers la bergère occupée par la vieille dame, surprit son regard d'intelligence avec l'inconnue, et résolut de l'aborder quoiqu'il fût assez mal avec elle depuis quelque temps. En voyant le sémillant baron rôdant autour de sa bergère, l'ex-duchesse sourit avec une malignité sardonique, et regarda madame de Vaudremont d'un air de triomphe qui fit rire le colonel.

— Si la vieille bohémienne prend un air d'amitié, pensa le baron, elle va sans doute me jouer quelque méchant tour. — Madame, lui dit-il, vous vous êtes chargée, me dit-on, de veiller sur un bien précieux trésor !

— Me prenez-vous pour un dragon? demanda la vieille dame. Mais de qui parlez-vous? ajouta-t-elle avec une douceur de voix qui rendit de l'espérance à Martial.

— De cette petite dame inconnue que la jalousie de toutes ces coquettes a confinée là-bas. Vous connaissez sans doute sa famille?

— Oui, dit la duchesse, c'est une héritière de province, mariée depuis deux ans, une fille bien née, que vous ne connaissez pas, vous autres. D'ailleurs elle ne va nulle part.

— Pourquoi ne danse-t-elle pas ! Elle est si belle ! Voulez-vous que nous fassions un traité de paix? Si vous daignez m'instruire de tout ce que j'ai intérêt à savoir, je vous jure que votre demande en restitution des bois de Marigny par le domaine extraordinaire, sera chaudement appuyée auprès de l'empereur.

— Monsieur le baron, répondit la vieille dame avec une gravité trompeuse, amenez-moi la comtesse de Vaudremont. Je vous promets de lui révéler le mystère qui rend notre inconnue si intéressante. Voyez! Tous les hommes du bal sont arrivés au même degré de curiosité que vous. Les yeux se portent involontairement vers ce candélabre où elle s'est modestement placée. Elle recueille tous les hommages qu'on a voulu lui ravir. Bienheureux celui qu'elle prendra pour danseur! Là, elle s'interrompit en fixant la comtesse de Vaudremont par un de ces regards qui disent si bien : — Nous parlons de vous. Puis elle ajouta : — Je pense que vous aimerez mieux apprendre le nom de l'inconnue de la bouche de votre belle comtesse que de la mienne?

L'attitude de la duchesse était si provoquante, que madame de Vaudremont se leva, vint auprès d'elle, s'assit sur la chaise que lui offrit Martial ; et, sans faire attention à lui : — Je devine, madame, lui dit-elle en riant, que vous parlez de moi, mais j'avoue mon infériorité, je ne sais si c'est en bien ou en mal.

Madame de Marigny serra, de sa vieille main sèche et ridée, la jolie main de la jeune femme, et, d'un ton de compassion, elle lui répondit à voix basse : — Pauvre petite !

Les deux femmes se regardèrent. Madame de Vaudremont comprit que le baron Martial était de trop, et le congédia en lui disant d'un air impérieux : — Laissez-nous !

Le maître des requêtes, peu satisfait de voir la comtesse sous le charme de la dangereuse sibylle qui l'avait attirée près d'elle, lui lança un de ces regards d'homme, puissans sur un cœur aimant, mais qui paraissent ridicules à une femme quand elle commence à juger celui dont elle s'est éprise.

— Auriez-vous la prétention de singer l'empereur? dit madame de Vaudremont en mettant sa tête de trois quarts pour contempler le maître des requêtes d'un air ironique.

Il avait trop l'usage du monde, trop de finesse et de calcul pour s'exposer à rompre avec une femme à la mode; d'ailleurs, il compta sur la jalousie qu'il se proposait d'éveiller en elle, comme sur le meilleur moyen de deviner le secret de sa froideur, et s'éloigna d'autant plus volontiers, qu'en cet instant une nouvelle contredanse mettait tout le monde en mouvement. Le baron eut l'air de céder la place aux quadrilles, alla s'appuyer sur le marbre d'une console, se croisa les bras sur la poitrine, et resta tout occupé de l'entretien des deux dames. De temps en temps, il suivait les regards que toutes deux jetèrent à plusieurs reprises sur l'inconnue. Comparant alors la comtesse à cette beauté nouvelle que le mystère dont elle s'enveloppait rendait si attrayante, le baron était en proie aux odieux calculs habituels aux hommes à bonnes fortunes. Il flottait entre sa fortune à faire et son caprice à contenter. Le reflet des lumières faisait si bien ressortir sa figure soucieuse et sombre sur les draperies de moire blanche froissées par ses cheveux noirs, qu'on aurait pu le comparer à quelque mauvais génie. De loin, plus d'un observateur dut sans doute se dire : — Voilà encore un pauvre diable qui paraît s'amuser beaucoup ! L'épaule droite légèrement appuyée sur le chambranle de la porte qui se trouvait entre le salon de danse et la salle de jeu, le colonel pouvait rire incognito, sous ses amples moustaches. Il jouissait du plaisir de contempler le tumulte du bal, il voyait cent jolies têtes tournoyant au gré des caprices de la danse ; il lisait sur quelques figures, comme sur celles de la comtesse et de son ami Martial, les secrets de leur agitation. En détournant la tête, il se demandait quel rapport existait entre l'air sombre du comte de Soulanges toujours assis sur sa causeuse, et la physionomie plaintive de la dame inconnue sur le visage de laquelle apparaissaient tour à tour les joies de l'espérance et les angoisses d'une terreur involontaire. Sa pensée embrassait tout. Il était là comme le roi de la fête, et trouvait dans ce tableau mouvant une vue complète du monde dont il riait en recueillant les sourires intéressés de cent femmes brillantes et parées ; car un colonel de la garde impériale, ayant déjà le grade de général, était certes un des plus beaux partis de l'armée. Il était minuit environ. Les conversations, le jeu, la danse, la coquetterie, les intérêts, les malices et les projets, tout était arrivé à ce degré de chaleur qui arrache à un jeune homme cette exclamation : — Le beau bal !

— Mon bon petit ange, disait madame de Marigny à la comtesse, vous êtes à un âge où j'ai fait bien des fautes. En vous voyant souffrir tout à l'heure mille morts, j'ai eu la pensée de vous donner quelques avis charitables. Commettre des fautes à vingt-deux ans, n'est-ce pas gâter son avenir, n'est-ce pas déchirer la robe qu'on doit mettre? Ma chère, nous n'apprenons que bien tard à nous en servir sans la chiffonner. Continuez, mon cœur, à vous faire des ennemis adroits et des amis sans esprit de conduite, vous verrez quelle jolie petite vie vous mènerez un jour.

— Ah! madame, une femme a bien de la peine à être heureuse, n'est-ce pas? s'écria naïvement la comtesse.

— Ma petite, il faut savoir choisir, à votre âge, entre les plaisirs et le bonheur. Vous voulez épouser Martial, qui n'est ni assez sot pour faire un bon mari, ni assez passionné pour être un amant. Il a des dettes, ma chère, il est homme à dévorer votre fortune; mais ce ne serait rien, s'il donnait le bonheur. Ne voyez-vous combien il est vieux? Cet homme doit avoir été souvent malade, il jouit de son reste. Dans trois ans ce sera un homme fini. L'ambitieux commencera, peut-être réussira-t-il. Je ne le crois pas. Qu'est-il? un intrigant qui peut posséder à merveille l'esprit des affaires et babiller agréablement; mais il est trop avantageux pour avoir un vrai mérite. Il n'ira pas loin. D'ailleurs, regardez-le? Ne lit-on pas sur son front que, dans ce moment-ci, ce n'est pas une jeune et jolie femme qu'il voit en vous, mais les deux millions que vous possédez? Il ne vous aime pas, ma chère, il vous calcule comme s'il s'agissait d'une multiplication. Si vous voulez vous marier, prenez un homme plus âgé, qui ait de la considération, et qui soit à la moitié de son chemin. Une veuve ne doit pas faire de son mariage une affaire d'amourette. Une souris s'attrape-t-elle deux fois au même piége? Maintenant un nouveau contrat doit être une spéculation pour vous, et il faut, en vous remariant, avoir au moins l'espoir de vous entendre nommer un jour madame la maréchale. En ce moment les yeux des deux femmes se fixèrent naturellement sur la belle figure du colonel. — Si vous voulez jouer le rôle difficile d'une coquette et ne pas vous marier, reprit la duchesse avec bonhomie, ah! ma pauvre petite, vous saurez mieux que toute autre amonceler les nuages d'une tempête et la dissiper. Mais, je vous en conjure, ne vous faites jamais un plaisir de troubler la paix des ménages, de détruire l'union des familles et le bonheur des femmes qui sont heureuses. Je l'ai joué, ma chère, ce rôle dangereux. Hé, mon Dieu, pour un triomphe d'amour-propre, on assassine souvent de pauvres créatures vertueuses, car il existe vraiment, ma chère, des femmes vertueuses, et l'on se crée des haines mortelles. Un peu trop tard j'ai appris que, suivant l'expression du duc d'Albe, un saumon vaut mieux que mille grenouilles! Certes, un véritable amour donne mille fois plus de jouissances que les passions éphémères qu'on excite! Eh bien! je suis venue ici pour vous prêcher. Oui, vous êtes la cause de mon apparition dans ce salon qui pue le peuple. Ne viens-je pas d'y voir des acteurs? Autrefois, ma chère, on les recevait dans son boudoir ; mais au salon, fi donc ! Pourquoi me regardez-vous d'un air si étonné? Écoutez-moi ! Si vous voulez vous jouer des hommes, reprit la vieille dame, ne bouleversez le cœur que de ceux dont la vie n'est pas arrêtée, de ceux qui n'ont pas de devoirs à remplir, les autres ne nous pardonnent pas les désordres qui les ont rendus heureux. Profitez de cette maxime due à ma vieille expérience. Ce pauvre Soulanges, par exemple, auquel vous avez fait tourner la tête, et que, depuis quinze mois, vous avez enivré, Dieu sait comme! eh bien, savez-vous sur quoi portaient vos coups? Sur sa vie tout entière ! Il est marié, il est adoré d'une charmante créature qu'il aime et qu'il trompe ; elle vit dans les larmes et dans le silence le plus amer. Soulanges a eu des momens de remords plus cruels que ses plaisirs n'étaient doux ! Et vous, petite rusée, vous l'avez trahi ! Eh bien ! venez contempler votre ouvrage ?

La vieille duchesse prit la main de madame de Vaudremont et elles se levèrent.

— Tenez, lui dit madame de Marigny en lui montrant des yeux l'inconnue pâle et tremblante sous les feux du lustre, voilà ma petite nièce, la comtesse de Soulanges. Elle a enfin cédé aujourd'hui à mes instances, elle a consenti à quitter la chambre de douleur où la vue de son enfant ne lui apportait que de bien faibles consolations, la voyez-vous? Elle vous paraît charmante : eh bien? chère belle, jugez de ce qu'elle devait être quand le bonheur et l'amour répandaient leur éclat sur cette figure maintenant flétrie.

La comtesse détourna silencieusement la tête et parut en proie à de graves réflexions. La duchesse l'amena jusqu'à la porte de la salle de jeu ; puis, après y avoir jeté les yeux, comme si elle eût voulu y chercher quelqu'un : — Et voilà Soulanges, dit-elle à la jeune coquette d'un son de voix profond.

La comtesse frissonna quand elle aperçut, dans le coin le moins éclairé du salon, la figure pâle et contractée de Soulanges appuyé sur la causeuse. L'affaissement de ses membres et l'immobilité de son front accusaient toute sa douleur. Les joueurs allaient et venaient devant lui, sans y faire plus d'attention que s'il eût été mort. Le tableau que présentaient la femme en larmes et le mari morne et sombre, séparés l'un de l'autre au milieu de cette fête, comme les deux moitiés d'un arbre frappé par la foudre, eut peut-être quelque chose de prophétique pour la comtesse. Elle craignit d'y voir une image des vengeances que lui gardait l'avenir. Son cœur n'était pas encore assez flétri pour que la sensibilité et l'indulgence en fussent entièrement bannies. Elle pressa la main de la duchesse en la remerciant par un de ces sourires qui ont une certaine grâce enfantine.

— Mon cher enfant, lui dit la vieille femme à

l'oreille, songez désormais que nous savons aussi bien repousser les hommages des hommes que nous les attirer.

— Elle est à vous, si vous n'êtes pas un niais. Ces dernières paroles furent soufflées par madame de Marigny à l'oreille du colonel, pendant que la belle comtesse se livrait à la compassion que lui inspirait l'aspect de M. de Soulanges. Madame de Vaudremont l'aimait encore assez sincèrement pour vouloir le rendre au bonheur, et se promettait intérieurement d'employer l'irrésistible pouvoir qu'exerçaient encore ses séductions sur lui, pour le renvoyer à sa femme.

— Oh! comme je vais le prêcher, dit-elle à madame de Marigny.

— N'en faites rien, ma chère! s'écria la duchesse en regagnant sa bergère, choisissez-vous un bon mari et fermez votre porte à mon neveu. Ne lui offrez même pas votre amitié. Croyez-moi, mon enfant, une femme ne reçoit pas d'une autre femme le cœur de son mari. Elle est cent fois plus heureuse de croire qu'elle l'a reconquis elle-même. En amenant ici ma nièce, je crois lui avoir donné un excellent moyen de regagner l'affection de son mari. Je ne vous demande, pour toute coopération, que d'agacer le général.

Et quand elle lui montra l'ami du maître des requêtes, la comtesse sourit.

— Eh bien! madame, savez-vous enfin le nom

de cette inconnue, demanda le baron d'un air piqué à la comtesse, quand elle se trouva seule.

— Oui, dit madame de Vaudremont en regardant le maître des requêtes.

Sa figure exprimait autant de finesse que de gaîté. Le sourire qui répandait la vie sur ses lèvres et sur ses joues, la lumière humide de ses yeux, étaient semblables à ces feux follets qui abusent le voyageur. Martial se crut toujours aimé ; il prit alors cette attitude coquette dans laquelle un homme se balance si complaisamment auprès de celle qu'il aime, et dit avec fatuité : — Et ne m'en voudrez-vous pas si je parais attacher beaucoup de prix à savoir ce nom ?

— Et ne m'en voudrez-vous pas, répliqua madame de Vaudremont, si, par un reste d'amour, je ne vous le dis pas, et si je vous défends de faire la moindre avance à cette jeune dame ? Vous risqueriez votre vie peut-être.

— Madame, perdre vos bonnes grâces, n'est-ce pas perdre plus que la vie ?

— Martial, dit sévèrement la comtesse, c'est madame de Soulanges. Son mari vous brûlerait la cervelle, si vous en avez toutefois.

— Ah, ah ! répliqua le fat en riant, le colonel laissera vivre en paix celui qui lui a enlevé votre cœur et se battrait pour sa femme ? Quel renversement de principes ! Je vous en prie, permettez-moi de danser avec cette petite dame. Vous pourrez ainsi avoir la preuve du peu d'amour que renfermait pour vous ce cœur de neige, car si le colonel trouve mauvais que je fasse danser sa femme, après avoir souffert que je vous...

— Mais elle aime son mari !

— Obstacle de plus que j'aurai le plaisir de vaincre.

— Mais elle est mariée !

— Plaisante objection !

— Ah ! dit la comtesse avec un sourire amer, vous nous punissez également de nos fautes et de nos repentirs.

— Ne vous fâchez pas, dit vivement Martial. Oh ! je vous en supplie, pardonnez-moi. Tenez, je ne pense plus à madame de Soulanges.

— Vous mériteriez bien que je vous envoyasse auprès d'elle.

— J'y vais, dit le baron en riant, et je reviendrai plus épris de vous que jamais. Vous verrez que la plus jolie femme du monde ne peut s'emparer d'un cœur qui vous appartient.

— C'est-à-dire que vous voulez gagner le cheval du colonel.

— Ah ! le traître, répondit-il en riant et menaçant du doigt son ami qui souriait.

Le colonel arriva, le baron lui céda la place auprès de la comtesse à laquelle il dit d'un air sardonique : — Madame, voici un homme qui s'est vanté de pouvoir gagner vos bonnes grâces dans une soirée !

Il s'applaudit en s'éloignant d'avoir révolté l'amour-propre de la comtesse et desservi le colonel; mais, malgré sa finesse habituelle, il n'avait pas deviné l'ironie dont les propos de madame de Vaudremont étaient empreints, et ne s'aperçut point qu'elle avait fait autant de pas vers son ami que son ami vers elle, quoiqu'à l'insu l'un de l'autre. Au moment où le maître des requêtes s'approchait en papillonnant du candélabre sous lequel la comtesse de Soulanges, pâle et craintive, semblait ne vivre que des yeux, son mari arriva près de la porte du salon en montrant deux yeux étincelans de passion. La vieille duchesse, attentive à tout, s'élança vers son neveu, lui demanda son bras et sa voiture pour sortir, en prétextant un ennui mortel et se flattant de prévenir ainsi un éclat fâcheux. Elle fit, avant de partir, un singulier signe d'intelligence à sa nièce, en lui désignant l'entreprenant cavalier qui se préparait à lui parler, et ce signe semblait dire : — Le voici, venge-toi. Madame de Vaudremont surprit le regard de la tante et de la nièce; une lueur soudaine illumina son âme, elle craignit d'être la dupe de cette vieille dame si savante et si rusée en intrigue. — Cette perfide duchesse, se dit-elle, aura peut-être trouvé plaisant de me faire de la morale en me jouant quelque méchant tour de sa façon. A cette pensée, l'amour-propre de madame de Vaudremont fut peut-être encore plus fortement intéressé que sa curiosité à démêler le fil de cette intrigue. La préoccupation intérieure à laquelle elle fut en proie ne la laissa pas maîtresse d'elle-même.

Le colonel, interprétant à son avantage la gêne répandue dans les discours et les manières de la comtesse, n'en devint que plus ardent et plus pressant. Les vieux diplomates blasés qui s'amusaient à observer le jeu des physionomies n'avaient jamais rencontré tant d'intrigues à suivre ou à deviner; car les passions qui agitaient le double couple se diversifiaient à chaque pas dans ces salons animés en se représentant avec d'autres nuances sur d'autres figures. Le spectacle de tant de passions vives, toutes ces querelles d'amour, ces vengeances douces, ces faveurs cruelles, ces regards enflammés, toute cette vie brûlante répandue autour d'eux ne leur faisait sentir que plus vivement leur impuissance. Enfin le baron avait pu s'asseoir auprès de la comtesse de Soulanges. Ses yeux erraient à la dérobée sur un cou frais comme la rosée, parfumé comme une fleur des champs. Il admirait de près des beautés qui de loin l'avaient étonné. Il pouvait voir un petit pied bien chaussé, mesurer de l'œil une taille souple et gracieuse. A cette époque, les femmes nouaient la ceinture de leurs robes précisément au-dessous du sein, à l'imitation des statues grecques. Cette mode était impitoyable pour les femmes dont le corsage avait quelque défaut. En jetant des regards furtifs sur ce sein, Martial resta ravi de la perfection des formes de la comtesse.

— Vous n'avez pas dansé une seule fois ce soir, madame, dit-il d'une voix douce et flatteuse, ce n'est pas faute de cavalier, j'imagine?

— Je ne vais point dans le monde, j'y suis inconnue, répondit avec froideur madame de Soulanges qui n'avait rien compris au regard par lequel sa tante venait de l'inviter à plaire au baron.

Martial faisait jouer par maintien le beau diamant qui ornait sa main gauche. Les feux jetés par la pierre semblèrent faire pénétrer une lueur subite dans l'âme de la jeune comtesse, qui rougit et regarda le baron avec une expression indéfinissable.

— Aimez-vous la danse, demanda le Provençal pour essayer de renouer la conversation.

— Oh! beaucoup, monsieur!

A cette étrange réponse, leurs regards se rencontrèrent. Le jeune homme, surpris de l'accent pénétrant qui réveilla dans son cœur une vague espérance, avait subitement interrogé les yeux de la jeune femme.

— Eh bien! madame, n'est-ce pas une témérité de ma part que de me proposer pour être votre partner à la première contredanse?

Une confusion naïve rougit les joues blanches de la comtesse.

— Mais, monsieur, j'ai déjà refusé un danseur, un militaire...

— Serait-ce ce grand colonel de cavalerie que vous voyez là-bas?

— Précisément.

— Eh! c'est mon ami, ne craignez rien. M'accordez-vous la faveur que j'ose espérer?

— Oui, monsieur.

Cette voix accusait une émotion si neuve et si profonde, que l'âme blasée du maître des requêtes en fut ébranlée. Il se sentit envahi par une timidité de lycéen, perdit son assurance, sa tête méridionale s'enflamma, il voulut parler, ses expressions lui parurent sans grâce, comparées aux reparties spirituelles et fines de madame de Soulanges. Il fut heureux pour lui que la contredanse commençât. Debout près de sa belle danseuse, il se trouva plus à l'aise. Pour beaucoup d'hommes, la danse est une manière d'être ; ils pensent, en déployant les grâces de leur corps, agir plus puissamment que par l'esprit sur le cœur des femmes. Le Provençal voulait sans doute employer en ce moment tous ses moyens de séduction, à en juger par la prétention de tous ses mouvemens et de ses gestes. Il avait amené sa conquête au quadrille où les femmes les plus brillantes du salon mettaient une chimérique importance à danser préférablement à tout autre. Pendant que l'orchestre exécutait le prélude de la première figure, le baron éprouvait une incroyable satisfaction d'orgueil, quand, passant en revue les danseuses placées sur les lignes de ce carré redoutable, il s'aperçut que la toilette de madame de Soulanges défiait même celle de madame de Vaudremont, qui, par un hasard cherché peut-être, faisait avec le colonel le vis-à-vis du baron et de la dame bleue. Les regards se fixèrent un moment sur madame de Soulanges, un murmure flatteur annonça qu'elle était le sujet de la conversation de chaque partner avec sa danseuse.

Les œillades d'envie et d'admiration se croisaient si vivement sur elle, que la jeune femme, honteuse d'un triomphe auquel elle semblait se refuser, baissa modestement les yeux, rougit, et n'en devint que plus charmante. Si elle releva ses blanches paupières, ce fut pour regarder son danseur enivré, comme si elle eût voulu lui reporter la gloire de ces hommages, et lui dire qu'elle préférait le sien à tous les autres. Elle mit de l'innocence dans sa coquetterie, ou plutôt elle parut se livrer à la naïve admiration par laquelle commence l'amour avec cette bonne foi qui ne se rencontre que dans de jeunes cœurs. Quand elle dansa, les spectateurs purent facilement croire qu'elle ne déployait ces grâces que pour Martial, et, quoique modeste et neuve au manége des salons, elle sut, aussi bien que la plus savante coquette, lever à propos les yeux sur lui, les baisser avec une feinte modestie. Quand les lois nouvelles de la trénis amenèrent Martial devant le colonel : — J'ai gagné ton cheval, lui dit-il en riant.

— Oui, mais tu as perdu quatre-vingt mille livres de rente, lui répliqua le colonel en lui montrant madame de Vaudremont.

— Et qu'est-ce que cela me fait! répondit Martial, madame de Soulanges vaut des millions.

A la fin de cette contredanse, plus d'un chuchottement résonnait à plus d'une oreille. Les femmes les moins jolies faisaient de la morale avec leurs danseurs, à propos de la naissante liaison de Martial et de la comtesse de Soulanges; les plus belles s'étonnaient d'une telle facilité ; les hommes ne concevaient pas le bonheur du petit maître des requêtes auquel ils ne trouvaient rien de bien séduisant ; quelques femmes indulgentes disaient qu'il ne fallait pas se presser de juger la comtesse, que les jeunes personnes seraient bien malheureuses, si un regard expressif ou quelques pas gracieusement exécutés, suffisaient pour compromettre une femme. Martial seul connaissait l'étendue de son bonheur. A la dernière figure, les dames du quadrille eurent à former le moulinet; ses doigts pressèrent alors ceux de la comtesse, et il crut sentir, à travers la peau fine et parfumée des gants, que les doigts de la jeune femme répondaient à son amoureux appel.

— Madame, lui dit-il au moment où la contredanse se termina, ne retournez pas dans cet odieux coin où vous avez enseveli jusqu'ici votre figure et votre toilette. L'admiration est-elle le seul revenu que vous puissiez tirer des diamans qui parent votre cou si blanc et vos nattes si bien tressées? Venez faire une promenade dans les salons pour y jouir de la fête et de vous-même.

Madame de Soulanges suivit l'adroit séducteur, qui pensait qu'elle lui appartiendrait plus sûrement, s'il parvenait à l'afficher. Ils firent alors quelques tours à travers les groupes qui encombraient les salons de l'hôtel. La comtesse de Soulanges inquiète s'arrêtait un instant avant d'entrer dans chaque salon, et n'y pénétrait qu'après avoir tendu le cou pour jeter un regard sur tous les hommes. Cette peur, qui comblait de joie le maître des requêtes, ne semblait calmée que quand il avait dit à sa tremblante compagne. — Rassurez-vous, *il* n'y est pas. Ils parvinrent ainsi jusqu'à une immense galerie de tableaux, située dans une aile de l'hôtel, et où l'on jouissait par avance du magnifique aspect d'un ambigu préparé pour trois cents personnes. Comme le repas allait commencer, Martial entraîna la comtesse vers un boudoir ovale donnant sur les jardins et où les fleurs les plus rares et quelques arbustes formaient un bocage parfumé sous de brillantes draperies bleues. Le murmure de la fête venait y mourir. La comtesse tressaillit en y entrant, et refusa obstinément d'y suivre le jeune homme ; mais, après avoir jeté les yeux sur une glace, elle y vit sans doute des témoins, car elle alla s'asseoir d'assez bonne grâce sur une voluptueuse ottomane.

— Cette pièce est délicieuse, dit-elle en admirant la tenture bleu-de-ciel, relevée par des perles.

— Tout y est amour et volupté, dit le jeune homme fortement ému.

A la faveur de la mystérieuse clarté qui régnait, il regarda la comtesse, et surprit sur sa figure doucement agitée une expression de trouble, de pudeur, de désir qui l'enchanta. Elle sourit, et ce sourire sembla mettre fin à la lutte des sentimens qui se heurtaient dans son cœur. Elle prit de la manière la plus séduisante la main gauche de son adorateur, et lui ôta du doigt la bague sur laquelle ses yeux s'étaient arrêtés.

— Le beau diamant ! s'écria-t-elle avec la naïve expression d'une jeune fille qui laisse voir les chatouillemens d'une première tentation.

Martial, ému de la caresse involontaire mais enivrante que la comtesse lui avait faite en dégageant le brillant, arrêta sur elle des yeux aussi étincelans que la bague.

— Portez-la, lui dit-il, en souvenir de cette heure céleste et pour l'amour de...

Elle le contemplait avec tant d'extase qu'il n'acheva pas, il lui baisa la main.

— Vous me la donnez, dit-elle avec un air d'étonnement.

— Je voudrais vous offrir le monde entier !

— Vous ne plaisantez pas, reprit-elle d'une voix altérée par une satisfaction trop vive.

— N'acceptez-vous que mon diamant ?

— Vous ne me le reprendrez jamais, demanda-t-elle.

— Jamais.

Elle mit la bague à son doigt. Martial, comptant sur un prochain bonheur, fit un geste pour passer sa main sur la taille de la comtesse qui se leva tout à coup, et dit d'une voix claire, sans aucune émotion : — Monsieur, j'accepte ce diamant avec d'autant moins de scrupule qu'il m'appartient.

Le maître des requêtes resta tout interdit.

— M. de Soulanges le prit dernièrement sur ma toilette et me dit l'avoir perdu.

— Vous êtes dans l'erreur, madame, dit Martial

d'un air piqué, je le tiens de madame de Vaudremont.

— Précisément, répliqua-t-elle en souriant. Mon mari m'a emprunté cette bague, la lui a donnée, elle vous en a fait présent; ma bague a voyagé, elle me dira peut-être tout ce que j'ignore, et m'apprendra le secret de toujours plaire. Monsieur, reprit-elle, si elle n'eût pas été à moi, soyez sûr que je ne me serais pas hasardée à la racheter chèrement, car une jeune femme est, dit-on, en péril près de vous. — Mais, tenez, ajouta-t-elle en faisant jouer un ressort caché sous la pierre, les cheveux de M. de Soulanges y sont encore.

Elle s'élança dans les salons avec une telle prestesse, qu'il paraissait inutile d'essayer de la rejoindre. D'ailleurs, Martial confondu ne se trouva pas d'humeur à tenter l'aventure. Le rire de madame de Soulanges avait trouvé un écho dans le boudoir. Le jeune fat y aperçut, entre deux arbustes, le colonel et madame de Vaudremont, qui riaient de tout cœur.

— Veux-tu mon cheval pour courir après ta conquête? lui dit le colonel.

La bonne grâce avec laquelle le baron supporta les plaisanteries dont il fut accablé par la future épouse du colonel et par le colonel lui-même, lui valut leur discrétion sur cette soirée où son ami troqua son cheval de bataille contre une jeune, riche et jolie femme. Madame de Vaudremont fit elle-même un troc avantageux, car Martial n'était pas encore conseiller d'état quand le général devint sénateur, maréchal d'empire, et fut créé duc de Carigliano. La comtesse de Soulanges, ayant fait non sans peine avancer son équipage, retourna chez elle sur les deux heures du matin. Pendant qu'elle franchissait l'intervalle qui sépare la Chaussée-d'Antin du faubourg Saint-Germain où elle demeurait, son âme fut en proie aux plus vives inquiétudes. Avant de quitter l'hôtel de Gondreville, elle en avait parcouru les salons sans y rencontrer ni sa tante ni son mari dont elle ignorait le départ. Alors d'affreux pressentimens vinrent tourmenter son âme ingénue. Témoin discret des souffrances éprouvées par son mari depuis le jour où madame de Vaudremont l'avait attaché à son char, elle espérait avec confiance qu'un prochain repentir lui ramènerait son époux. Aussi était-ce avec une incroyable répugnance qu'elle avait consenti au plan formé par sa tante, madame de Marigny, et en ce moment elle craignait d'avoir commis une faute. Cette soirée avait attristé son âme candide. Effrayée d'abord de l'air souffrant et sombre du comte de Soulanges, elle l'avait été encore plus par la beauté de sa rivale. Puis la corruption du monde lui avait serré le cœur. En passant sur le Pont-Royal, elle jeta les cheveux profanés qui se trouvaient sous le diamant, jadis offert comme le gage d'un amour pur. Elle pleura en songeant aux vives souffrances dont elle était depuis si long-temps la proie, et frémit plus d'une fois en pensant que le devoir des femmes qui veulent obtenir la paix en ménage, les obligeait à ensevelir au fond du cœur, et sans se plaindre, des angoisses aussi cruelles que les siennes. — Hélas! se dit-elle, comment peuvent faire les femmes qui n'aiment pas? Où est la source de leur indulgence? Je ne saurais croire, comme le dit ma tante, que la raison suffise pour les soutenir dans de tels dévouemens. Elle soupirait encore quand son chasseur abaissa l'élégant marchepied d'où elle s'élança sous le vestibule de son hôtel. Elle monta l'escalier avec précipitation, et quand elle arriva dans sa chambre, elle tressaillit de terreur en y voyant son mari, assis sur une chaise auprès de la cheminée.

— Depuis quand, ma chère, allez-vous au bal sans moi, sans me prévenir? demanda-t-il d'une voix altérée. Sachez qu'une femme est toujours déplacée sans son mari. Vous étiez singulièrement compromise dans le coin obscur où vous vous étiez nichée.

— O mon bon Léon! dit-elle d'une voix caressante, je n'ai pu résister au bonheur de te voir sans que tu me visses. C'est ma tante qui m'a menée à ce bal, et j'y ai été bien heureuse...

Ces accens désarmèrent les regards du comte et la sévérité factice qu'ils annonçaient. Il était facile de deviner qu'il venait de se faire de vifs reproches à lui-même, qu'il appréhendait le retour de sa femme, sans doute instruite au bal d'une infidélité qu'il espérait lui avoir cachée. Selon la coutume des amans qui se sentent coupables, il essayait, en querellant la comtesse le premier, d'éviter sa trop juste colère.

Il regarda silencieusement sa femme qui lui sembla plus belle que jamais dans sa brillante parure. Heureuse de voir son mari souriant, et de le trouver à cette heure dans une chambre où, depuis quelque temps, il était venu moins fréquemment, la comtesse rougit. Son bonheur enivra d'autant plus Soulanges, que cette scène succédait aux tourmens qu'il avait ressentis pendant le bal; il saisit la main de sa femme et la baisa par reconnaissance : ne se rencontre-t-il pas souvent de la reconnaissance dans l'amour?

— Hortense, qu'as-tu donc au doigt qui m'a fait tant de mal aux lèvres, demanda-t-il en riant.

— C'est mon diamant, que tu disais perdu, et que j'ai retrouvé.

A la Bouleaunière, juillet 1829.

FIN DE LA PREMIÈRE SÉRIE.

TABLE.

Le Bal de Sceaux   1
Gloire et Malheur. 93
La Fleur des Pois. 184
Le Pour et le Contre. . . . . *ib.*
Le Contrat de Mariage. 220
La Séparation. 325
La Paix du Ménage. 379

www.ingramcontent.com/pod-product-compliance
Lightning Source LLC
Chambersburg PA
CBHW060932230426
43665CB00015B/1910